本书得到重庆工商大学学术著作出版基金资助

上市公司精准扶贫行为：影响因素、经济后果及对乡村振兴的启示

石恒贵　著

中国财经出版传媒集团

经济科学出版社
Economic Science Press

·北京·

图书在版编目（CIP）数据

上市公司精准扶贫行为：影响因素、经济后果及对乡村振兴的启示/石恒贵著．－－北京：经济科学出版社，2024.3

ISBN 978 - 7 - 5218 - 5687 - 3

Ⅰ.①上… Ⅱ.①石… Ⅲ.①上市公司－扶贫－研究－中国 Ⅳ.①F279. 246②F126

中国国家版本馆 CIP 数据核字（2024）第 054993 号

责任编辑：黎子民 黄 硕
责任校对：王肖楠
责任印制：邱 天

上市公司精准扶贫行为：影响因素、经济后果及对乡村振兴的启示
石恒贵 著
经济科学出版社出版、发行 新华书店经销
社址：北京市海淀区阜成路甲 28 号 邮编：100142
总编部电话：010 - 88191217 发行部电话：010 - 88191522
网址：www. esp. com. cn
电子邮箱：esp@ esp. com. cn
天猫网店：经济科学出版社旗舰店
网址：http://jjkxcbs. tmall. com
固安华明印业有限公司印装
710 × 1000 16 开 16. 25 印张 240000 字
2024 年 3 月第 1 版 2024 年 3 月第 1 次印刷
ISBN 978 - 7 - 5218 - 5687 - 3 定价：59. 00 元
（图书出现印装问题，本社负责调换。电话：010 - 88191545）
（版权所有 侵权必究 打击盗版 举报热线：010 - 88191661
QQ：2242791300 营销中心电话：010 - 88191537
电子邮箱：dbts@ esp. com. cn）

前　言

精准扶贫贵在一个"精"字，就是因地制宜发展能为群众带来创收的产业，上市公司因为其体量大、覆盖行业多、产业链齐全，在精准扶贫中扮演了十分重要的角色。自 2016～2020 年，我国的上市公司参与精准扶贫的程度逐年加深，公司数量从 499家跃升至 1257 家，年平均扶贫投资金额由 2625 万元增长至 7041万元，实现脱贫人数由 2016 年的 86.6 万攀升至 2020 年的512 万人。

上市公司参与精准扶贫活动的主要影响因素包括：（1）公司特征影响扶贫方式。公司业绩越好，越愿意采取产业发展脱贫、转移就业脱贫、健康脱贫、社会脱贫方式；公司规模越大，越愿意采用产业发展脱贫和教育脱贫方式；而国有上市公司更喜欢教育、生态、兜底、社会及其他脱贫方式。（2）高管特征起调节作用。上市公司精准扶贫投入程度与女性比例和党员比例呈显著正相关，而与高管任期呈负相关。如果考虑了国有这一所有权性质的调节作用，国有企业精准扶贫投入程度与其高管学历、女性比例、党员比例呈正相关，而与高管年龄呈负相关。（3）经济政策不确定性有一定积极作用。经济政策不确定性对企业扶贫社会责任产生显著的正向影响，市场地位和产权性质在经济政策不确定性与企业扶贫社会责任之间产生部分的中介作用。（4）市场竞争在不同领域产生差异化影响。在非国有企业中，市场竞争程度和企业扶贫行为显著正相关，而国有企业扶贫社会责任的履行可能因为在一定程度上受到政府的干预，市场竞争程度对企业扶贫行为的影响并不明显。进一步在不同行业和不同地区进行研究，市场竞争对企业扶贫行为的影响是否存在差异，结果表明市场竞争与东部和西部制造业的企业扶贫行为有显著正向影响，对中部地区的企业扶贫行为并无明显影响。市场竞争对高附加值行业企业扶贫行为有显著正向影响，在低附加值行业中，市场竞争对企业扶贫行为没有影响。（5）同群效应产生正向激励。①企业扶贫行为会受到同地区和同行业企业扶贫行为的显著正向影响。②企业扶贫行为同群效应的形成机制包括社会学习机制和社会压力机制，处于信息劣势的企业，以及面临社会压力较大的企业，其扶贫行为更容易受到同群效应的影响。③同群效应的传染路径：小企业的扶贫行为主要受到小企业的影响，大企业的扶贫行为同时受到大企业和小企业的影响，但大企业的影响会更大；绩效好的企业的扶贫行为同时受到绩效好的企业和绩效差的企业的影响，但绩效差的企业对其影响更大；非国有企业的扶贫行为主要受到非国有企业扶贫行为的影响，国有企业的扶贫行为主要受到国有企业的影响。

我国上市公司参与精准扶贫具有一定的经济后果，主要包括：（1）上市公司精准扶贫能够弱化企业的融资约束。企业的扶贫责任行为能够在一定程度上缓解企业面临的融资压力，企业扶贫投入水平越高，企业受到政策扶持的可能性越大，融资约束就越小。（2）上市公司精准扶贫能够得到政府的税收补偿。实证发现我国上市公司的精准扶贫投入行为具有税收补偿效应，且该种补偿效应在上市公司获得的税收优惠和税收返还中均可体现，即便考虑到精准扶贫投入的税收补偿可能会延迟体现的因素后，实证结果依然稳健。进一步研究发现，上市公司精准扶贫的税收补偿效应在国有企业和融资约束较弱的公司中更为显著。（3）上市公司精准扶贫能够提高企业的财务绩效。上市公司精准扶贫能促进公司利润增长与产业发展，为上市公司带来良好的声誉和口碑，进而为企业带来各种所需的稀缺资源。最终这些都会表现在企业的财务绩效上。

上市公司在巩固拓展脱贫攻坚成果与乡村振兴有效衔接中的政策建议：（1）积极鼓励上市公司紧盯重点行业开展产业扶贫活动。通过持续精准扶贫信息披露，有效提高资本市场精准扶贫工作透明度，便于上市公司自行对标。农林产业扶贫、资产收益扶贫、旅游扶贫、电商扶贫、消费扶贫等成为上市公司产业扶贫的主要方式，并将成为上市公司开展扶贫工作的重点行业领域。（2）上市公司应设立扶贫专员，在公司与贫困村、贫困户之间发挥桥梁效应。扶贫专员作为联系贫困地区贫困户与上市公司的桥梁，在收集贫困地区产业政策、贫困户的真实需求方面具有重要的协调作用，既能实现公司和扶贫对象的精准对接，又能为合理决策提供符合实际的数据情况。（3）整合各产权性质的上市公司，发挥产业扶贫协同效应。（4）分类管理，完善产业扶贫的相关政策措施。在提供扶贫基本公共服务基础上，将产业扶贫进行分类，如消费扶贫通过市场可以自主解决的，电商扶贫可以通过技术手段解决的，这类产业扶贫尽量维持现行政策；而对于农林产业扶贫、资产收益扶贫、旅游扶贫等产业扶贫，企业投入较大，收益不能达到社会平均水平，这类产业扶贫需要加大扶持力度。（5）加强政府、社会对企业产业扶贫的监督。在加强产业扶贫支持力度的同时加大对上市公司扶贫过程中违法违规行为的惩罚力度，做到项目、资金全流程可视化，巩固产业扶贫政策的成效。（6）积极引导上市公司精准扶贫与乡村振兴相结合。上市公司在巩固脱贫攻坚成果时，要不断创造，继续提供就业岗位，拓宽增收渠道，提高帮扶地区职业教育水平，做好脱贫攻坚和乡村振兴的衔接点，减少和防止贫困人口返贫。随着乡村振兴战略的提出和推动，未来上市公司必将从精准扶贫走向全面参与乡村振兴，成为乡村振兴的一支重要力量，而乡村振兴战略，也必将为积极参与的上市公司提供广阔的发展空间。(7)设立乡村振兴产业基金。推动乡村产业发展需要发挥产业基金作用，因此应发挥国家财政资金投入引导作用，以市场化方式设立数百亿元规模乡村振兴产业引导基金，鼓励民营企业参与基金投资、管理和使用，形成政策持续化、产业规模化、融资便利化的良好态势。

本书的研究局限性：本书主要以沪深A股中参与精准扶贫活动的上市公司为样本，没有考虑非上市公司在精准扶贫中的重要作用。同时由于非上市公司的相关数据难以获取，在现状分析和实证分析中尚未纳入非上市公司的扶贫情况，研究结论可能存在一定的偏颇和局限性。

本书未来的研究展望：乡村振兴是我国现代化的必由之路，也是实现共同富裕的必然要求。参与乡村振兴既是企业拓展发展空间的需要，也是履行社会责任促进共同富裕的需要。未来将进一步总结上市公司参与精准扶贫活动的相关经验，帮助市场主体在借鉴经验的过程中找到自身的盈利模式。同时鼓励企业立足自身优势创新经营，创新乡村振兴模式。既要引导激励国有企业和社会资本参与乡村振兴，也要在发挥市场机制作用的基础上让投资主体充分认识到投资的回报与风险，创新盈利模式，激发资本主体自发进入乡村振兴行业领域，进而促进乡村发展进入良性循环。

本书的逻辑主线是基础理论—影响因素—经济后果—实践启示。本书是重庆工商大学科研启动项目（中国上市公司精准扶贫行为研究，编号：1955035）的阶段性成果之一，由重庆工商大学石恒贵教授任主编，负责大纲的拟订、编写和总纂工作。具体编写分工如下：第1~4章，由重庆工商大学詹学刚副教授撰写；第5章由重庆工商大学研究生李秋明撰写；第6章由重庆工商大学研究生王玉撰写；第7章由重庆工商大学研究生何源丰撰写；第8章由重庆工商大学研究生赖思捷撰写；第9章由重庆工商大学研究生谢宇轩撰写；第10章由重庆工商大学研究生杨珺婕撰写；第11章由重庆工商大学研究生张朕宁撰写；第12章由重庆工商大学研究生文文撰写；第13章由重庆工商大学研究生文肆超撰写；第14章由重庆工商大学研究生张一凡撰写；第15章由重庆工商大学研究生鲜萱撰写，第16章由重庆工商大学研究生孟子暄撰写，第17章由重庆工商大学研究生洪至远撰写。

石恒贵

2024 年 1 月

目　　录

第一篇　基　础　篇

第二篇　影响因素篇

第四篇 启 示 篇

第一篇

基础篇

第 1 章

绪　　论

1.1　研究背景及意义

1.1.1　研究背景

2011 年《中国农村扶贫开发纲要（2011～2020 年)》提出通过专项扶贫、行业扶贫、社会扶贫、国际合作等多种方式，推动我国农村贫困地区脱贫。习近平总书记 2013 年 11 月在湘西考察时首次提出"扶贫要实事求是，因地制宜，要精准扶贫，切忌喊口号"。2014 年 5 月，国务院扶贫开发领导小组办公室等七部门联合印发《建立精准扶贫工作机制实施方案》，由此在全国范围内拉开了精准扶贫工作的序幕。2015 年 1 月习近平总书记在云南考察时再次提出"深入实施精准扶贫、精准脱贫，项目安排和资金使用都要提高精准度，扶到点上"。自此，精准扶贫上升为国家战略，各级政府、各部委、各行业、企业积极实施精准扶贫行动，确保 2020 年全国范围内实现全面精准脱贫。在此指导下，我国开展了"精准扶贫行动"，对贫困地区加大了基础设施投资、资金支持、人才支持等。扶贫开发已经从以解决温饱为主要任务的阶段转入巩固温饱成果、加快脱贫致富、改善生态环境、提高发展能力、缩小发展差距的新阶段。《中国企业扶贫研究报告（2018）》显示，在参与定点扶贫的300多家中央单位中，中央企业占了近1/3。中央企业结对帮扶的246个国家扶贫开发工作重点县，占全国592个扶贫开发工作重点县的41.6%，分布于全国21个省（区、市）。此外，中央企业还对口支援西藏自治区21个县和青海省藏区16个县。据不完全统计，党的十八大以来，中央企业投入定点扶贫资金超过了75亿元。国资委聚合中央企业扶贫力量，设立了"中央企业贫困地区产业投资基金"，股东达到104家，两期募集资金规模达到154亿元。财政部、国家开发投资公司和中国烟草总公司共同发起"贫困地区产业发展基金"，基金总规模达到182亿元，吸引社会资本超过1000亿元。1995年开始的"光彩事业"是联系民营企业参与中西部贫困地区经济社会发展的重要支撑平台，成为PPP模式促进贫困地区发展的典范。仅2010~2014年，全国共实施光彩项目39559个，公益捐赠427亿元，培训463万人，安排就业654万人，带动脱贫826万人。2015年10月，全国工商联、国务院扶贫办、中国光彩事业促进会等联合启动了"万企帮万村"精准扶贫行动，已有6万多家民营企业参与其中。截至2018年6月底，进入"万企帮万村"精准扶贫行动台账管理的民营企业达5.54万家，精准帮扶6.28万个村（其中，建档立卡贫困村3.99万个），帮助755.98万建档立卡贫困人口；产业投入597.52亿元，公益投入115.65亿元，安置就业54.92万人，技能培训58.31万人。

我国的国有企业不仅需要实现作为市场主体的经济目标，还具有重要的社会使命，参与扶贫工作、促进欠发达地区经济社会发展是国有企业的重要责任，也是其维护品牌形象、促进企业价值提升的重要方式。民营企业作为私营部门的核心力量参与社会扶贫工作，是企业发挥其信息优势、效益优势和效率优势的结果。我国企业参与扶贫工作，不仅是对企业使命、价值的再定义，还是对减贫、扶贫工作的重要创新，是我国扶贫系统的重要内容，而且具有重要的推广和借鉴意义。企业在扶贫工作中的有效参与，不仅增加了贫困地区民众的收入，而且以经济手段改变着农民的生产生活方式和乡村面貌，推动了农村整体经济社会的发展，以及工业化和城镇化的发展。具体来看，企业扶贫中吸收了大量的农村劳动力，为农民增收创造了新的机会，改善了农村经济落后的面貌，不断提高农民对市场的认知，促进了贫困状态的"跃迁"，企业在农村的发展从另一方面推动了我国的工业化过程并加速了农村的市场经济发展。

为鼓励广大社会力量参与精准扶贫，2016 年 9 月 9 日，中国证监会公开发布了《中国证监会关于发挥资本市场作用服务国家脱贫攻坚战略的意见》，提出将对全国 592 个贫困县企业 IPO、新三板挂牌、债券发行、并购重组等开辟绿色通道，支持和鼓励上市公司、证券基金期货经营机构履行扶贫社会责任，切实加强贫困地区投资者保护。2016 年底，沪深交易所分别发布《关于进一步完善上市公司扶贫工作信息披露的通知》和《关于做好上市公司扶贫工作信息披露的通知》，要求上市公司设立扶贫产业基金，实施扶贫投资项目，并全面细化上市公司在扶贫相关社会责任方面信息披露要求：一是要求上市公司在年度报告全文"重要事项"章节中，充分披露公司年度精准扶贫概要、扶贫工作具体成果、后续精准扶贫计划等内容；披露社会责任报告的公司，还应当在社会责任报告中单独、重点披露履行精准扶贫社会责任的情况。二是增加定量披露要求。三是鼓励上市公司通过临时报告的形式披露设立扶贫产业基金、参加扶贫公益活动、实施扶贫投资项目的重大进展等有助于投资者了解上市公司积极履行精准扶贫社会责任的相关信息。

在我国脱贫攻坚取得全面胜利后，巩固拓展脱贫攻坚成果与乡村振兴有效衔接，仍然需要上市公司继续巩固脱贫攻坚成果，持续开展企业扶贫社会责任，在乡村振兴中发挥重要作用。

1.1.2 理论价值

中国证监会、沪深交易所建立的上市公司精准扶贫信息披露制度，是指导和引导上市公司践行精准扶贫社会责任、落实国家脱贫攻坚战略的有效制度。通过信息披露，有效提高资本市场精准扶贫工作透明度，增强上市公司精准扶贫责任。同时精准扶贫信息披露也便于上市公司自行对标，上市公司披露的精准扶贫相关信息是资本市场服务脱贫攻坚战略的重要元素，基于信息披露的统计分析结果有利于整体协调推进扶贫工作。农林产业扶贫、资产收益扶贫、旅游扶贫、电商扶贫、消费扶贫等是上市公司产业扶贫的主要方式，同时也将为上市公司开展扶贫工作提供重要参考。本书分析上市公司精准扶贫的影响因素和经济后果，作为公司与贫困户沟通的桥梁，对接贫困村、贫困户的直接需求，真正让公司的产业扶贫措施落到实处，发挥企业扶贫的巩固拓展脱贫攻坚成果和进一步实施乡村产业振兴的效果。

1.1.3 现实意义

企业是最重要的市场主体之一，是社会生产和流通的直接承担者，在各类扶贫后盾单位中具有独特优势。企业既能直接投入人力、物力、财力用于产业扶贫，又能够发挥产业链的优势，撬动整合社会资源用于产业扶贫；既可以通过"以购代捐""以买代帮"等消费扶贫方式直接帮助贫困地区发展产业、开拓市场、打造品牌，又能够借助其销售渠道、采购渠道、生态圈等帮助扶贫产业项目快速对接市场、产生效益。企业既可将其现代化的经营理念、管理方式和先进技术导入扶贫产业项目，指导贫困地区和贫困户找准产业发展方向、推动产业项目建设和发展，提升扶贫产业项目的生产工艺技术和管理水平，提高扶贫产业项目的经营效率，又能够及时指导帮助贫困地区和贫困户防控市场风险。同时，产业扶贫有利于企业完善价值链、产业链和供应链，有利于企业树立良好的社会形象和品牌形象，有利于企业享受政府的税收减免等扶持政策。合理引导企业在产业扶贫中的积极性、主动性和创造性，对于做好精准扶贫具有重要现实意义。

上市公司精准扶贫信息披露已成为财务报告和社会责任报告中的重要组成部分，但是对于上市公司精准扶贫行为的影响因素，却鲜有学者进行深入分析和研究，本书将基于上市公司的精准扶贫行为，探讨上市公司精准扶贫的影响因素、经济后果及改善路径。本书的主要贡献在于通过分析发现我国上市公司存在的精准扶贫行为，并实证探索影响上市公司参与精准扶贫活动的主要因素，以及上市公司参与精准扶贫活动的经济后果，为进一步规范和引导上市公司巩固拓展脱贫攻坚成果与乡村振兴有效衔接提供参考建议。

1.2　研究内容

（1）上市公司精准扶贫行为的作用机理分析。精准扶贫经济效应的机理分析。一方面，参与精准扶贫首先能给上市公司带来良好的舆论效应，良好的舆论同时又有助于提升企业形象。其次，良好的舆论使企业在与政府和农民之间的三者博弈中处于有利地位。另一方面，良好的舆论有助于增强企业家的社会保障、荣誉感和自豪感。同时，在开展精准扶贫的过程中，公司向市场传递了良好的信号，进一步促进了上市公司的发展。

（2）上市公司精准扶贫行为的现状分析。收集上市公司的 2016～2020 年财务年报或社会责任报告，手工收集上市公司精准扶贫信息，特别是年度精准扶贫投入金额及效果，以及分项投入金额。在分析上市公司精准扶贫行为的现状时，着重了解投入金额占营业收入或总资产的比例，了解精准扶贫投入程度。

（3）上市公司精准扶贫行为的影响因素分析。实证分析上市公司精准扶贫行为的影响因素。一般而言公司规模越大，业绩越好，利润越多，能够投入精准扶贫开发的资金就越多。同时产权性质、高管特征也会影响上市公司的精准扶贫行为，需要深入分析上市公司精准扶贫行为的动机。

（4）上市公司精准扶贫行为的经济后果分析。实证分析上市公司精准扶贫行为的经济后果。首先，分析上市公司精准扶贫行为的扶贫效果，上市公司规模越大，产业扶贫投入金额越多，其产业脱贫效果越好，而且国有上市公司的产业脱贫效果显著好于民营公司。其次，实证分析精准扶贫行为对公司业绩、股价的影响。

（5）上市公司精准扶贫行为对乡村振兴的启示。分析上市公司精准扶贫行为对乡村振兴的启示。结合我国扶贫工作机制和上市公司精准扶贫行为，借鉴脱贫攻坚的经验成果，提出上市公司参与乡村振兴的启示。

1.3 研究方法及研究框架

1.3.1 研究方法

规范分析与实证分析相结合。规范分析作为理论体系的基本整合方法，为实证分析提供了理论依据。选取部分上市公司进行企业扶贫的试点并对其进行剖析，分析其精准扶贫的动机及后果，为全国推广提供借鉴，同时进行实证研究深入分析上市公司精准扶贫行为的影响因素及效果。

文献研究与实地调研相结合。通过对国内外相关研究成果进行梳理，构建企业扶贫的基本逻辑框架，辨析相关概念，并结合自身理解对企业扶贫行为进行界定，同时就企业扶贫的供需展开分析，扫清理论障碍。文献回顾与分析是梳理当前已有的研究文献，且对相关文献的研究结论进行分析总结，了解目前的研究进展，在此基础上梳理现有研究的不足，为下一步论文的写作铺垫研究基调。同时开展上市公司精准扶贫活动的实地调研，具体而言，本书是在调研、梳理、分析、总结上市公司精准扶贫的研究进展的基础上，厘清现阶段上市公司开展精准扶贫活动的影响因素和经济后果情况。

1.3.2 研究框架

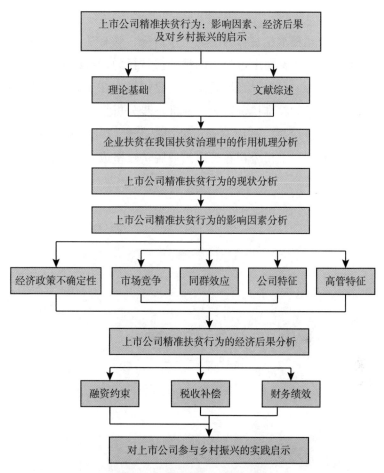

图 1-1 研究框架与技术路线

本书按照基础理论—影响因素—经济后果—实践启示这一逻辑主线，深入分析了上市公司精准扶贫的开展现状、影响因素及经济后果，最后对上市公司提出参与乡村振兴的实践启示。

1.4　特色与创新

　　对于上市公司精准扶贫行为的动机及后果，鲜有学者进行系统、深入地分析和研究，本书针对上市公司的精准扶贫行为，探讨上市公司精准扶贫的开展现状、影响因素及经济后果。主要创新点在于通过实证分析发现我国上市公司存在的精准扶贫行为，并进一步分析上市公司开展精准扶贫行为的动机及经济后果，进而对上市公司提出参与乡村振兴的实践启示，为进一步规范和引导上市公司在巩固拓展脱贫攻坚成果与乡村振兴有效衔接中提供参考建议。

第 2 章
企业精准扶贫的理论基础与研究现状

2.1 理论基础

2.1.1 受托责任理论

剑桥大学的罗贝特（Roberts，1991）曾指出，受托责任是组织和社会生活的"中枢系统"，但"现实中它却以畸形的分裂、破坏性的形式实践和体现着"。"受托责任"对应的英文单词是"accountability"。韦伯词典中，对"受托责任"的定义强调了"对行为承担责任或作出解释的义务或意愿"，牛津词典中将"受托责任"定义为"有义务被要求对责任和行为作出解释，并且能够被计算或解释"。布兰克法律词典中，"受托责任"意指"承担责任或解释责任的状态"。

门罗（Munro，1996）将受托责任定义为"向他人解释和证明自己行为合理的意愿和能力""受托责任无所不在，人们总是要对自己的言行作出解释"。他认为，受托责任深深地扎根于社会实践中，并且和企业的实践相互渗透，当实践不断改变时，就有必要重新考察受托责任的含义。

社会心理学家泰罗克（Tetlock，1985）认为，"受托责任是重要的准则和规范的实施机制：它既是单个决策者之间的社会心理链接，又是这些决策者所从属的社会系统"。泰罗克特别强调受托责任过程中社会情境的影响，并指出，人们要对自己的决策承担责任这一事实的存在，也形成对其行为或明或暗的约束。

美国密西西比大学管理学系的组织行为学家弗林克和乔治梅森大学心理学系的克利莫斯基（Klimoski，2004）指出，"企业组织发展的历史长河中撒满了受托责任失败的残骸"，从巴林银行的垮掉到安然、世通的丑闻，甚至安达信的崩溃，都是受托责任失败的例证。弗林克和克利莫斯基（Frink & Klimoski，2004）还认为，充分理解公司受托责任，有助于更好维持组织的生存。对于受托责任的性质，他们认为受托责任是将各种社会制度联系起来的黏合剂，受托责任根源于各种可行的社会制度，受托责任的定义应包括两个主题：一是情境，即给定情形下的参与主体和参与内容；二是某种形式的评价和反馈。他们还引入角色理论，并以此为基础为受托责任构建了一个框架。

杨时展先生（1990）在阅读大量国外文献后翻译"accountability"这个词时，他认为，受托责任是由于委托关系的建立而发生的。委托关系建立后，作为一个受托人，就要以最大的善意、最经济有效的办法、最严格地按照当事人的意志来完成委托人所托付的任务。这种责任叫"受托责任"。杨时展先生还认为受托责任包含以下四点：（1）严格按照委托人的意图，最大善意地完成任务；用最经济、有效、严密的方法保管和使用由于完成托付的任务而获得的资源。（2）建立必要的会计和内部控制制度，将完成的任务和因此而发生的资源的收支以及收支的结果据实向委托人报告。（3）为了便于提出报告，接受审查，平常应对任务完成的情况，资金、资源收支使用的情况进行记录。（4）为了证明这些记录是实在的，要保存一切足以证明完成受托责任情况的各种证据。

王光远教授（1996）认为，受托责任是一个含有丰富内容的动态的概念。他综合会计审计学者传统研究的成果，将受托责任分为受托财务责任和受托管理责任。前者要求受托人尽一个最大善良管理人的责任，诚实经营，保护受托资财的安全完整，同时要求其行动符合法律的、道德的、技术的和社会的要求；后者要求受托人不仅应合法经营，而且应有效经营、公平经营，也就是说，受托人要按照经济性、效率性、效果性，甚至公平性和环保性来使用和管理受托资源。在分析管理审计发展的动因时，王光远教授还特别提到组织的复杂化、委托人的多样化对受托责任的影响，也分析了委托人和受托人之间存在的信息供求矛盾。

瞿曲（2006）借鉴社会学家帕罗特的"社会系统"概念，认为受托责任系统包括受托责任关系，也包括受托责任过程；受托责任包括行为责任和报告责任，但关键是报告责任的履行，如何真实反映受托人的行为是会计的职责，而确保报告行为与行为责任的一致是审计的职责；在理解受托责任时，应考虑受托责任关系中各参与方的行为。

2.1.2 委托代理理论

詹森和麦卡林（Jensen & Mecking，1976）在《企业理论：经理行为、代理成本与所有权结构》一书中认为，企业的本质是契约，是一个使许多个人冲突的目标在合同关系框架中实现均衡的复杂过程的焦点。代理关系是其中的一种契约关系，代理关系的产生是因为契约的制定和强制执行不是无代价的。（Fama & Jensen，1983）。在企业所有权与经营权分离、信息不对称的情况下，委托人与代理人都追求自身效用的最大化，但二者的效用函数并不一致，这样，委托人必须设计出一个满足参与约束和激励相容约束的契约，但这种契约的制订与执行是有成本的，即代理成本。詹森和麦卡林将代理成本分为委托人激励和监督代理人，使其为委托人的利益而尽力的监督成本；代理人保证不侵害委托人利益，否则给予补偿的担保成本；代理人的行动与使委托人效用最大化的行动存在差异，因此造成委托人利益受损的剩余损失。法马和詹森（Fama & Jensen，1983）认为应将由于完全强制执行契约的成本超过利益所造成的产出价值损失也包括在代理成本之中。瓦茨（Watts，1998）则认为担保成本包括对审计委员会、非执行董事和内部审计师的花费。

亚当斯（Adams，1994）运用委托代理理论对内部审计的基本原理进行了详细阐释，他指出内部审计和其他干预机制如财务报告、外部审计一样，能够帮助维持所有者和经理之间合同签订、执行的有效性。委托代理理论不但能够有助于解释组织里内部审计的存在，而且能解释内部审计的一些特征如规模、活动范围诸如财务或经营审计的形成。代理理论还可以解释内部审计活动之间具有代表性的差异是否反映了组织形式不同而形成的不同的契约联系。

亚当斯（Adams，1994）以保险公司为例，认为所有权和控制权松散的公司更可能采用内部监督机制诸如内部审计、非执行董事或审计委员会，而且，为了防止代理人利用这种松散的股权结构对监督机制采取不利措施来满足个人私利，保险公司会引入额外的控制机制。例如，在审计章程中明确内部审计的职责和作用以及内部审计不受约束可以直接向董事会或审计委员会汇报，以阻止经理人缩减内部审计的范围或忽视内部审计的建议；聘任有资格和经验的内部审计师、提供员工发展和培训的机会、保证内部审计有充足的费用开支、增强内部审计的独立性等。

亚当斯（Adams，1994）还提出了四个与内部审计有关的假设：内部审计的存在与否因企业而不同；内部审计的特征因企业而不同；即使企业处于同一行业，内部审计活动因公司所有权和控制权分离程度的不同而不同；在复杂经营环境下的内部审计部门不会受到公司主要变化的影响，并且用委托代理理论分别进行了解释和分析，但他没有运用实证研究方法予以证明。

2.1.3 交易成本理论

交易成本理论以有限理性和机会主义为假设前提，主要用于设计内部机制以减少有限理性，阻止不适当的投机行为。威廉姆森（Williamson，1985）认为交易成本理论可以很好地解释内部审计在成本节约方面的优势，尤其是在层状结构组织中；相比外部审计提供给所有者和债权人的财务会计信息，内部审计提供给高管层的经营信息更能促进成本节约。因而，内部审计的设立正是为了降低企业的交易成本。

交易成本经济学以一种特别的方式使用成本节约这个术语，威廉姆森提出了三个条件即资产专用性、不确定性和频率来论证公司内部产品比一般市场产品的交易成本低，也鼓励企业使用内部审计。第一个维度是资产的专用性。资产的专用性约束了资产的用途，限制了随意和无代价的转移，进一步约束了专用性资产只能用于内部产品，这时在组织内部就会产生投机行为或机会主义倾向，出现和组织目标不符的行为，而内部审计就可以进行检查。第二个维度是环境的不确定性。由于企业面临外部环境的复杂性和不可预知性，而市场中即使是最佳契约也是不完备的，交易内部化就能较好地处理这个问题，因为内部组织可以按照需要调整而不用修改正式的协议，内部审计也会随着不确定性的增大而增加存在的必要性。第三个维度是频率。只有当潜在的需求足够大时，投资专用资产和建立内部组织才是值得的。如果需求很小，这类投资就不划算了，因此内部审计的存在是由组织的规模化以及对内部审计的需求大小决定的。

威廉姆森（Williamson，1985）认为内部审计在搜集有洞察力的和重要的信息方面有两个独特的有利条件。首先，内部审计不需要遵循一般审计准则（GAAS）去评论由公认会计准则（GAAP）约束的记录和文件。他们可以检查所有经营和系统，采用正式或非正式的方法搜集关于组织及其活动的重要信息。其次，作为组织中的一员，内部审计师能够更容易取得和组织内部其他成员的合作。内部审计师和组织成员有较长期的联系，不会被看作是外部人，这一点是外部审计师做不到的。因此，内部审计师可以得到外部审计不能获取的重要披露事项。由于具有这些优势，内部审计能够以一种节约组织成本的活动方式获得重要的信息。

但是，在交易成本经济学理论的框架下分析内部审计的成本节约性，应有一个前提条件，即内部审计必须是客观的。彭诺（Penno，1990）发现，只有当内部审计报告的上级部门在组织内的级别足够高时，内部审计报告才具有客观性。如果报告的上级部门层级较低，就会有一种趋势使得这些审计发现可能存在偏差，比如，内部审计师很少报告关于他上级的负面消息，但是，如果内部审计师向 CEO 或审计委员会报告，可能偏差更少，内部审计也更加客观。

安德森（Anderson et al., 1993）对公司治理中三种监督机制即外部审计、内部审计和董事会制度进行研究，认为每个公司都有一个最佳监督机制的安排模式，他们发现资源配置适当的公司会更重视内部审计的监督作用，而且在内部审计方面的投入要大于外部审计。

2.1.4 公司治理理论

最早提出与公司治理类似概念的是威廉姆森（Williamson，1975），他将公司治理定义为：公司治理就是限制针对事后产生的准租金分配的种种约束方式的总和，包括所有权的配置、企业的资本结构、对管理者的激励机制、公司接管、董事会制度、来自机构投资者的压力、产品市场的竞争、劳动力市场的竞争、组织结构等。法马和詹森（Fama & Jensen，1983）认为公司治理研究的是所有权和经营权分离情况下的"代理人问题"，如何降低代理成本是公司治理要解决的中心问题。哈特（Hart，1995）认为，在存在代理问题、契约不完全的情况下，就会产生公司治理结构的问题；治理结构被视为一种机制，用以界定初始契约中无法明确的决策。蒙克斯和米诺（Monks & Minow，2001）将公司治理定义为在决定公司发展方向和业绩过程中各参与者之间的关系，他们认为主要的参与者是股东、管理层和董事会。李建伟（2004）提到，美国著名公司法学者汉密尔顿认为，在美国，公司治理一词通常是指上市公司的职业经理、公司董事会以及公司股东之间的关系。吴敬琏先生认为，公司治理结构是指由所有者、董事会和高级执行人员即高级经理三者组成的一种组织结构。布莱尔（Blair，1995）从狭义和广义的角度探讨公司治理的含义：狭义的公司治理是指有关公司董事会的功能和结构、股东的权力等方面的制度安排；广义的公司治理则是指有关公司控制权和剩余索取权分配的一整套法律、文化和制度性安排，这些安排决定公司的目标、谁在什么状态下实施控制、如何控制、风险和收益如何在企业不同的成员之间分配这样一系列问题。因而经济学家和法学家普遍认为，公司治理是一套制度安排。

作为制度安排的公司治理，其目的和功能是什么呢？施莱费尔和维什尼（Shleifer & Vishny，1997）认为公司治理就是要解决出资者应该怎样控制经理，以使他们为自己的利益服务。李维安教授等（2002）将公司治理的基本功能归纳为两点：一是保证公司管理行为符合国家法律法规、政府政策、企业的规章制度，如章程等，保证公司信息记录的正确真实，保证各方面当事人对公司经营情况有一个全面真实的了解；二是对公司财富最大化的追求，即要促使经营者（即代理人）在合法经营的前提下努力工作，建立经营者决策的监督机制和经营者考核撤换制度。而这两个功能有助于达到公司治理的最终目的，即使公司管理达到高效率的运作和取得高效益的结果。

詹森（Jensen，1993）将公司治理机制分为四类：资本市场，法律法规、政治制度，产品和要素市场，董事会领导的内部控制系统。丹尼斯（Denis，2001）将公司治理机制划分为四类：法律法规机制、内部控制机制、外部控制机制、产品市场竞争。内部控制机制又包括董事会、高管层的薪酬制度和股权激励、非执行股东、负债，外部控制机制则主要是指公司控制权市场。李维安教授等（2002）将公司治理分为内部治理和外部治理，将内部治理机制分为激励机制、监督机制和决策机制，内部审计就包含在监督机制里面；外部治理机制则包括一般少数股东以及潜在股东、资本市场、股票交易所等，以及经理市场、产品市场、社会舆论监督和国家法律法规等。郑志刚（2004）按机制设计或实施所利用资源的来源，将公司治理机制分为内部控制系统和外部控制系统。外部控制系统包括法律与政治途径、产品要素市场的竞争、公司控制权市场、声誉市场和职业关注；内部控制系统包括激励合约设计、董事会与外部董事、大股东治理、债务融资等。丹尼斯（Denis，2001）详细回顾了治理机制的理论与经验研究，他指出，分析特定的公司治理机制，有两个问题十分重要：一是该治理机制是否能缩小经理人和股东之间的利益差距（如果可以，则是怎样缩小的）；二是该治理机制对企业业绩或企业价值能否产生重大影响。

克依和赖特（Keasy & Wright，1993）强调从两个方面看待公司治理：首先，对管理层业绩的监控和确保管理层对股东的报告责任，实际上强调了公司治理监督（stewardship）和报告责任履行的维度。其次，治理结构和程序也包括激励管理者增加公司价值、促进公司发展的行为的机制。"良好"的公司治理应既能确保控制，又能促进公司发展、提供提升业绩的各种工具、促进机制和结构的混合。吴敬琏先生（1994）认为一个好的公司治理结构应该是：第一，所有权和控制权在业主与经营者之间适度分离，以便公司领导人有充分的自主权来实现有效率的管理；第二，企业领导人应当充分了解股东、职工和社会公众对公司的期望，并有充足的动力去努力实现这种期望；第三，公司的股东，特别是大股东应当充分掌握关于公司运作的信息以便判断他们的愿望是否得以实现，同时掌握充分的权力和手段，能在经营者未能实现自己的愿望时果断采取行动进行干预。实际上，公司治理机制就是一个受托责任的履行过程，公司治理的最终目的是确保受托责任的有效履行。

2.1.5　利益相关者理论

利益相关者理论是 20 世纪 60 年代前后在西方国家逐步发展起来的，80 年代以后其影响迅速扩大，并开始影响美英等国的公司治理模式的选择，并促进了企业管理方式的转变。之所以会出现利益相关者理论，是有其深刻的理论背景和实践背景的。利益相关者理论立足的关键之处在于：它认为随着时代的发展，物质资本所有者在公司中地位呈逐渐弱化的趋势。所谓弱化物质所有者的地位，指利益相关者理论强烈地质疑"公司是由持有该公司普通股的个人和机构所有"的传统核心概念。利益相关者包括企业的股东、债权人、雇员、消费者、供应商等交易伙伴，也包括政府部门、本地居民、本地社区、媒体、环保主义等的压力集团，甚至包括自然环境、人类后代等受到企业经营活动直接或间接影响的客体。这些利益相关者与企业的生存和发展密切相关，他们有的分担了企业的经营风险，有的为企业的经营活动付出了代价，有的对企业进行监督和制约，企业的经营决策必须要考虑他们的利益或接受他们的约束。从这个意义讲，企业是一种智力和管理专业化投资的制度安排，企业的生存和发展依赖于企业对各利益相关者利益要求的回应的质量，而不仅仅取决于股东。这一企业管理思想从理论上阐述了企业绩效评价和管理的中心，为其后的绩效评价理论奠定了基础。

"利益相关者"理论最早被提出可以追溯到弗里曼出版的《战略管理：利益相关者管理的分析方法》一书，该书明确提出了利益相关者理论。利益相关者理论是指企业的经营管理者为综合平衡各个利益相关者的利益要求而进行的管理活动。与传统的股东至上主义相比较，该理论认为任何一个公司的发展都离不开各利益相关者的投入或参与，企业追求的是利益相关者的整体利益，而不仅仅是某些主体的利益。利益相关者理论的核心观点在于，组织应当综合平衡各个利益相关者的利益要求，而不仅专注于股东财富的积累。企业不能一味强调自身的财务业绩，还应该关注其本身的社会效益。企业管理者应当了解并尊重所有与组织行为和结果密切相关的个体，尽量满足他们的需求。根据利益相关者理论，将各利益相关者纳入组织决策，既是一种伦理要求，也是一种战略资源，而这两点都有助于提升组织的竞争优势。

企业的生存和繁荣离不开利益相关者的支持，但利益相关者可以从多个角度进行细分，不同类型的利益相关者对于企业管理决策的影响以及被企业活动影响的程度是不一样的（陈宏辉，2002）。20 世纪 90 年代中期，国内外很多专家和学者采用多锥细分法从不同角度对利益相关者进行了划分。弗里曼（Freeman，1984）认为，利益相关者由于所拥有的资源不同，对企业产生不同的影响。他从三个方面对利益相关者进行了细分：（1）持有公司股票的一类人，如董事会成员、经理人员等，称为所有权利益相关者；（2）与公司有经济往来的相关群体，如员工、债权人、内部服务机构、雇员、消费者、供应商、竞争者、地方社区、管理机构等称为经济依赖性利益相关者；（3）与公司在社会利益上有关系的利益相关者，如政府机关、媒体以及特殊群体，称为社会利益相关者。弗雷德里克（Frederick，1988）从利益相关者对企业产生影响的方式来划分，将其分为直接的和间接的利益相关者。直接的利益相关者就是直接与企业发生市场交易关系的利益相关者，主要包括：股东、企业员工、债权人、供应商、零售商、消费商、竞争者等；间接的利益相关者是与企业发生非市场关系的利益相关者，如中央政府、地方政府、外国政府、社会活动团体、媒体、一般公众等。查卡姆（Charkham，1992）按照相关群体是否与企业存在合同关系，将利益相关者分为契约型和公众型利益相关者两种。惠勒（Wheeler，1998）从相关群体是否具备社会性以及与企业的关系是否直接由真实的人来建立两个角度，比较全面地将利益相关者分为四类：（1）主要的社会性利益相关者，他们具备社会性和直接参与性两个特征；（2）次要的社会利益相关者，他们通过社会性的活动与企业形成间接关系，如政府、社会团体、竞争对手等；（3）主要的非社会利益相关者，他们对企业有直接的影响，但却不作用于具体的人，如自然环境等；（4）次要的非社会利益相关者，他们不与企业有直接的联系，也不作用于具体的人，如环境压力集团、动物利益集团等。

米切尔评分法由美国学者米切尔和伍德于1997年提出来的，它将利益相关者的界定与分类结合起来。首先认为，企业所有的利益相关者必须具备以下三个属性中至少一种：合法性、权利性以及紧迫性。他们从这三个方面对利益相关者进行评分，根据分值来将企业的利益相关者分为三种类型：（1）确定型利益相关者，同时拥有合法性、权力性和紧迫性。他是企业首要关注和密切联系的对象，包括股东、雇员和顾客。（2）预期型利益相关者，拥有三种属性中任意两种。同时拥有合法性和权利性，如投资者、雇员和政府部门等；同时拥有合法性和紧迫性的群体，如媒体、社会组织等；同时拥有紧迫性和权利性，却没有合法性的群体，比如，一些政治和宗教的极端主义者、激进的社会分子，他们往往会通过一些比较暴力的手段来达到目的。（3）潜在型利益相关者，他们只具备三种属性中的其中一种。

企业的利益相关者是指那些与企业决策行为相关的现实及潜在的、有直接和间接影响的人和群体，包括企业的管理者、投资人、雇员、消费者、供应商、债权人、社区、政府等，这既包括股东在内，又涵盖了股东之外与企业发展相关的群体。每个利益相关者群体都希望组织在制定战略决策时能给他们给予优先考虑，以便实现他们的目标，但这些权益主体的相关利益及所关心的焦点问题存在很大的差别，且往往互有矛盾。公司不得不根据对利益相关者的依赖程度作出权衡，优先考虑某类利益相关者。"股东优先"的治理模式正是因此而产生的。然而，企业虽是由出资者设立，以获取盈利为出发点，但其毕竟是存在于社会之中，与社会及其他社会成员之间存在着千丝万缕的联系，而且这些利益相关者都对企业承担着不同的风险，企业的生存和发展取决于其能否有效处理同各个利益相关者之间的关系，而股东只是利益相关者之一。因此，从利益相关者视角来分析企业的公司治理问题，如今得到了普遍的认可。

2.1.6　战略性企业社会责任理论

企业社会责任（Corporate Social Responsibility）是指企业在追求经济效益的同时，自愿承担起对各种利益相关者的责任。这些利益相关者包括股东、员工、消费者、社区和其他外部环境。企业社会责任的内容涵盖了经济责任、法律责任、伦理责任和慈善责任等多个层面。

在早期企业社会责任不是强制性的，也不是道德意义上的普遍预期。企业开展社会责任行为被认为是企业的一种利他主义行为。在利他主义的观点下，企业从事社会责任的目的是造福社会，而与企业绩效和商业收益无关，因此，慈善活动被认为是独立于创造利润或提升形象的压力（Carroll，1979；Edmondson & Carroll，1999；Campbell et al.，1999；Sánchez，2000）。因此，以弗里德曼为代表的学者认为企业社会责任和经济效益是相悖的，企业开展社会责任不利于股东价值最大化的实现，企业不应该开展社会责任活动。然而以弗里曼为主的学者从利益相关者的角度出发，认为企业社会责任维护了利益相关者的利益，能提高公司声誉，从而帮助企业提升经济绩效，企业应该开展社会责任活动。随着经验的不断总结及理论的不断完善，学者对社会责任的理解逐渐深入，关注的焦点从"应否"履行社会责任向"怎样"履行社会责任及履行的"好坏"转移，战略性企业社会责任（Strategic Corporate Social Responsibility）的研究应运而生（吉利和刘钟敏，2018）。

在战略性企业社会责任的观点下，企业可以通过社会责任创造共享价值，协调企业和社会之间的利益关系，而不是企业与其环境之间的"零和博弈"（Porter，2003）。战略观点下的企业社会责任具有两个重要的特点：第一，战略性企业社会责任源于企业的自愿且主动性参与，而非被动参与的；第二，战略性企业社会责任可以谋求企业利益和社会效益的"双赢"，企业捐赠能够间接的服务于公司的利益（吉利和刘钟敏，2018）。发展至今，战略性企业社会责任已经成为企业捐赠最重要的解释（Zhang et al.，2010；Gao et al.，2012）。战略性企业社会责任研究企业如何通过结合经济和社会价值创造获得竞争优势，以及市场和竞争如何塑造企业社会责任行为。其研究的重点在于解释企业社会责任与财务业绩之间的关系（Zhang et al.，2010；Gao et al.，2012），并试图说明企业可以从社会责任中获得哪些竞争优势从而提高企业业绩（山立威等，2008；Su & He，2009；Zhang et al.，2010；李维安等，2015）。在解释企业社会责任如何促进企业业绩时，战略性企业社会责任认为履行企业社会责任可以作为企业获取竞争优势的某一方面，因而企业履行精准扶贫社会责任可以获得政府补助、税收优惠以及融资方面的扶持政策，进而提升其竞争优势。

2.2　国内外研究综述

2.2.1　国外研究现状

1. 贫困理论

自英国经济学家马尔萨斯（Malthus）开创贫困研究以来，学术界围绕着贫困的概念、成因、治理等开展了广泛研究。早期研究普遍将贫困界定为收入的匮乏，后续学者对其进行了丰富和拓展，认为贫困包括制度贫困、能力贫困与权利贫困等，是一种多维贫困交织的形态。贫困概念界定的不断演进使得贫困成因也呈现出一定的复杂性，既包含制度缺陷、资源匮乏等客观因素,也包含贫困人口内生动力不足等主观因素。可见,贫困这一古老的命题,伴随着人类社会的嬗变不断被注入新的诠释,呈现出动态性、多维性和复杂性的状态。

贫困直接导致或衍生的社会问题是世界性治理难题,学者在对贫困成因进行深入剖析的基础上,提出了一系列反贫困理论。在宏观层面,马克思(Marx)、森(Sen)、赫希曼(Hirschman)、讷克斯(Nurkse)等学者分别提出了马克思主义反贫困理论、权利贫困理论、涓滴理论、恶性循环贫困理论等多种理论,这些理论认为消灭资本主义私有制、赋权、经济增长带动、大规模资本投资等是解决贫困问题的有效路径。在微观层面,森(Sen)、舒尔茨(Schultz)、世界银行(World Bank)分别提出了能力贫困理论、人力资本理论、社区主导理论,这些理论认为扩大个人选择范围以发展人的能力、增加贫困群体人力资本投资、社区成员及其组织为贫困群体提供保障可以有效减缓贫困。可见,学术界从不同角度为贫困治理提供了丰富的理论借鉴。

2. 企业扶贫

国外对企业参与扶贫开发的研究多从企业社会责任与扶贫开发的紧密联系上进行阐述。卡罗尔(Carroll)认为企业的社会责任包含经济责任、法律责任、道德责任和慈善责任,其中承担社会责任的最高境界就是慈善责任(公益责任)。精准扶贫属于慈善责任的范畴,因此企业承担精准扶贫工作是企业履行社会责任的重要内容。国际上各国企业参与减贫早有先例,在第二人口大国印度,私营制造企业通过企业社会责任的实践实现减贫,为其他企业如何更好地履行和实践企业社会责任改善贫困面貌提供了参考和借鉴(Martina Wuttke,2014);在贫穷国家毛里求斯,大约有 11%的企业投入了企业资金用于减贫,并认为企业减贫的社会责任在社会活动中应优先考虑(Nicolas J. F,2009);在尼日利亚,企业家能力和企业的社会责任被认为是减缓贫困发生率、去除不安全及解决不发展问题的解药(Lukman Raimi,2015)。

企业扶贫捐赠的动机包括道德动机、经济动机和政治动机。企业扶贫是为了承担社会责任，无偿地帮助他人。企业社会责任最早被定义为企业依照社会的目标和价值观制定政策，作出决策，采取行动，企业在不断发展赚取利润的同时，也会为社会的发展作出贡献（Bowen et al.，1953）。国外有研究表明企业的捐赠纯粹是为了承担社会责任，利他动机（Campbell et al.，1999）。经济动机体现在企业参与扶贫的同时获取一定的回报。政治动机可以从资源依赖理论的视角进行说明，资源依赖理论最早由费佛尔和萨兰奇科在著作《组织的外部控制：资源依赖观点》中提出，这套关于企业组织间的分析理论包括以下四点：①企业最关心的是生存；②企业的生存需要资源，而资源通常不能自己生成；③基于以上两点，企业必须与它所依赖的环境中的因素进行互动，而这些因素通常包含其他组织；④基于以上三点，企业的生存建立在企业与其他企业建立关系的能力上（Pfeffr et al.，2003）。

2.2.2 国内研究现状

1. 精准扶贫思想

习近平精准扶贫思想的核心是立足社情实际，面几贫困地区，找准扶贫对象，区分贫困等次，把准致贫病因，因地制宜，杜绝一概而论；分类施策，不搞大水漫灌。开展针对性帮扶，一省对一省、一企助一村、一户行一策，真正实现精准扶贫、精准脱贫。冰冻三尺非一日之寒，思想之伟力厚植于基层工作的生动实践；升华于实现民族复兴的伟大梦想。

20 世纪 80 年代末期，习近平同志在福建宁德工作期间提出了"弱鸟先飞""滴水穿石""四下基层"等许多发展理念、观点和方法。其中不乏精准扶贫的理念，如因地制宜发展经济是"弱鸟"先飞且飞得快和高的重要途径等。2012 年底，习近平总书记在河北省阜平县考察扶贫开发工作时指出，推进扶贫开发、推动经济社会发展，首先要有一个好思路、好路子。要坚持从实际出发，因地制宜，理清思路、完善规划、找准突破口。要做到宜农则农、宜林则林、宜牧则牧，宜开发生态旅游，则搞生态旅游，真正把自身比较优势发挥好，使贫困地区发展扎实建立在自身有利条件的基础之上。理清发展思路，因地制宜找准发展思路的论述，表明这一阶段习近平精准扶贫思想已处于萌芽时期。

2013 年 11 月，习近平总书记在湖南湘西考察时首次提出"精准扶贫"概念，他指出，扶贫要实事求是，因地制宜。要精准扶贫，切忌喊口号，也不要定好高骛远的目标。2014 年 10 月的首个"扶贫日"，习近平总书记作出重要批示，各级党委、政府和领导干部对贫困地区和贫困群众要格外关注、格外关爱，加大扶持力度，善于因地制宜，注重精准发力，充分发挥贫困地区广大干部群众能动作用，扎扎实实做好新形势下扶贫开发工作，推动贫困地区和贫困群众加快脱贫致富步伐。2014 年 11 月初，习近平总书记在福建调研时指出，当年苏区老区人民为了革命和新中国的成立不惜流血牺牲，今天这些地区有的还比较困难，要通过领导联系，加快科学扶贫和精准扶贫。表明习近平总书记将精准扶贫视为扶贫开发方式的新要求。

在习近平精准扶贫思想指引下，我国精准扶贫实践不断深入推进。2013 年底中共中央办公厅、国务院办公厅印发《关于创新机制扎实推进农村扶贫开发工作的意见》，提出以建立精准扶贫工作机制为核心的六项机制创新和十项重点工作。围绕该文件相关部委出台了《关于改进贫困县党政领导班子和领导干部经济社会发展实绩考核工作的意见》《关于印发〈建立精准扶贫工作机制实施方案〉的通知》《关于印发〈扶贫开发建档立卡工作方案〉的通知》等配套政策文件。特别是《关于建立精准扶贫工作机制实施方案的通知》和《扶贫开发建档立卡工作方案》的出台，将精准扶贫要求落实到行动与实施层面。

2015 年，习近平精准扶贫思想逐步上升为国家扶贫开发战略，并不断丰富和完善。2015 年 2 月，习近平总书记主持召开陕甘宁革命老区脱贫致富座谈会，向参会市县委书记提出"如何打好扶贫攻坚战、加快改善老区老百姓生活"等四个问题，并指出，各级党委和政府要增强使命感，贯彻精准扶贫要求，做到目标明确、任务明确、责任明确、举措明确，把钱真正用到刀刃上，真正发挥拔穷根的作用。2015 年 6 月，习近平总书记在贵州召开部分省区市党委主要负责同志座谈会上进一步指出，扶贫开发贵在精准，重在精准，成败之举在于精准。各地都要在扶持对象精准、项目安排精准、资金使用精准、措施到户精准、因村派人（第一书记）精准、脱贫成效精准上想办法、出实招、见真效。要因地制宜研究实施"四个一批"的扶贫攻坚行动计划，即通过扶持生产发展一批，通过移民搬迁安置一批，通过低保政策兜底一批，通过医疗救助扶持一批，实现贫困人口精准脱贫。

2015 年 11 月 27 日至 28 日，中央扶贫开发工作会议在北京召开，习近平总书记发表长篇重要讲话，系统阐述精准扶贫精准脱贫方略，标志着习近平精准扶贫思想的形成。会后，中共中央、国务院颁布《关于打赢脱贫攻坚战的决定》（以下简称《决定》），要求各级党委和政府要把扶贫开发工作作为重大政治任务来抓，实施全党全社会共同参与的脱贫攻坚战。2016 年 12 月，国务院印发《"十三五"脱贫攻坚规划》（以下简称《规划》），提出要按照党中央、国务院决策部署，坚持精准扶贫、精准脱贫基本方略，坚持精准帮扶与区域整体开发有机结合，大力推进实施一批脱贫攻坚工程。《规划》系统阐述了"十三五"时期脱贫攻坚工作的指导思想、目标，以及产业发展脱贫等多项贫困人口和贫困地区脱贫的具体路径和方法。为贯彻落实《决定》，中央及有关部门先后出台了 100 多项政策文件，表明我国以习近平精准扶贫思想为指导的脱贫攻坚顶层设计的"四梁八柱"基本完成。

2. 企业扶贫

在中国，企业直接参与扶贫工作由来已久。早在 1994 年颁布的《国家八七扶贫攻坚计划（1994～2000 年）》中，国家就已经开始鼓励企业直接参与扶贫工作。2013 年精准扶贫提出以后，国家又进一步出台了相应的政策来加大对企业参与扶贫开发的鼓励，如 2013 年中共中央办公厅、国务院办公厅下发的《关于创新机制扎实推进农村扶贫开发工作的意见》；2014 年国务院办公厅颁布的《关于进一步动员社会各方面力量参与扶贫开发的意见》等。为了支持企业参与扶贫工作，各级行政及事业单位也出台了一系列优惠和配套政策。在中央层面，2016 年全国工商联、国务院扶贫办、中国光彩会与中国农业发展银行签订了《政策性金融支持"万企帮万村"精准扶贫行动战略合作协议》，对参与"万企帮万村"的民营企业在扶贫的贷款上给予支持；2019 年财政部、税务总局、国务院扶贫办联合印发了《关于企业扶贫捐赠所得税税前扣除政策的公告》和《关于扶贫货物捐赠免征增值税政策的公告》，对企业扶贫捐赠的所得税和增值税给予减免等。在监管部门层面，2016 年中国证监会发布了《中国证监会关于发挥资本市场作用服务国家脱贫攻坚战略的意见》，对投向贫困地区的定向增发融资，优先给予审核批复；对于贫困地区企业发行的企业债、公司债、中期票据和短期融资券等债券，监管和审核部门也优先给予审批。

国内学者更多地研究企业社会责任的影响因素及企业如何参与扶贫开发。众多研究成果表明企业社会责任的影响因素有：规模越大、盈利能力越好的公司越趋向于发生社会责任行为，并披露公司社会责任信息（沈洪涛，2007）；直接与消费者接触的行业比其他行业具有更强的经济动机通过更多捐款来履行社会责任，进而获得广告效用（山立威等，2008）；消费者口碑敏感行业的上市公司越愿意通过履行社会责任来获得消费者认同（张正勇等，2012）；在社会信任指数、组织密度较高的地区，企业更趋向于参与捐赠（宋罡等，2013）；市场制度环境也是公司慈善行为的影响因素（唐跃军等，2014）。对于企业如何参与精准扶贫开发，积极引导非公有制企业服务"三农"建设，各地政府和行业协会公布企业参与当地精准扶贫的服务重点，需要加强政府领导，利用企业的市场、管理、技术等优势，充分发挥社会力量扶贫的重要作用，并就确保非公有制企业服务"三农"取得实效提出路径建议（马晓英，2017）。陕西省"府谷现象"就是一个好例子，该县引导民营企业积极参与扶贫开发，并阐明了企业和农民之间良性互动的正反馈关系和运作机理及动力机制（张琦，2011）。

对于企业扶贫的动机，国内学者认为存在道德动机、经济动机和政治动机。道德伦理理论认为，企业履行社会责任是源于内心的道德使命。作为社会组织的重要成员，企业具有回馈社会、为社会创造价值的"企业道德"。精准扶贫是我国的重要战略目标，是改善民生、实现共同富裕的基本路径。基于此，企业的道德使命可能会促使其积极承担精准扶贫社会责任。有学者以产权性质为视角，发现国有企业具有参与扶贫的道德动机。公有制属性决定了国有企业在追求利润的同时，还要注重对其社会效益的维护。因此，国有企业更愿意参与扶贫行动，且在资源投入和方式选择上表现出"利他"倾向。

企业通过履行社会责任可以获取经济利益。比如，企业承担社会责任可以赢得媒体和消费者的关注，获取广告效用。企业履行社会责任还可以积累声誉资本，提升竞争优势。因此，经济动机可能是逐利企业响应国家扶贫战略的有效解释。任长秋和王钊（2020）基于注意力视角实证检验了企业精准扶贫的经济动机。他们发现，兼任董事长的 CEO 会推动企业积极从事扶贫活动，目的在于提升自身的媒体关注度和影响力，以谋取更好的职业发展。此外，基于声誉的溢出效应，产业多元化的企业更能够获取精准扶贫信号传递所带来的声誉和影响力的提升，从而对扶贫事业表现出更强的参与意愿。部分学者还关注了行业对企业精准扶贫的影响。实证结果表明，企业处于高污染和高消费者敏感性行业时，更容易介入精准扶贫，希望通过在扶贫活动中的良好表现扭转形象或赢得消费者的忠诚度。

在我国特殊的体制背景下，政府对企业的经营活动具有较强的影响力。已有研究发现，企业积极参与符合政策导向的活动可以拉近其与地方政府的距离。因此，企业有动机将精准扶贫作为建立并维护政企关系的重要渠道，以获得财政补贴、税收优惠、银行贷款等政治资源（杨义东等，2020）。有学者立足于地方政府和官员的政治压力，证实了企业精准扶贫的政治动机。地方政府精准扶贫的财政压力会促使企业被动开展扶贫活动，且当政府掌握的稀缺资源较多时，企业更可能考虑其政治诉求，加大扶贫投入（严若森等，2020）。洪佳莹（2019）和王伦（2020）研究企业精准扶贫和融资约束、企业创新关系的问题，借鉴卡普兰和戴维（Kaplan & Zingales，1997）的思路，构建 KZ 指数模型，具体从是否扶贫和扶贫水平两个维度验证企业精准扶贫行为是否影响融资约束，洪佳莹（2019）认为，实施精准扶贫活动的企业相对于未扶贫的企业，其融资约束会更小，并且社会责任敏感性企业和处于制度环境落后的中西部地区的企业其精准扶贫对融资约束的缓解作用更显著。王伦（2020）发现，精准扶贫力度与研发投入强度呈正向影响，精准扶贫力度越大，对融资约束的缓解作用越大，研发投入强度越大。

3. 上市公司精准扶贫

贾雨佳（2018）在 A 股中选取了具有代表性的参与精准扶贫的 20 家上市公司，对其精准扶贫投入与经营利润相关性作了实证研究，运用成本信号解释精准扶贫投入能促进公司利润增长与产业发展。黄晓蓓、钟宏武（2019）也对我国上市公司 2017 年的精准扶贫投入与成效进行数据分析对比，发现上市公司的精准扶贫投入与成效具有响应整体政策水平一般（精准扶贫的上市公司 733 家，占 A 股主板上市公司总数的 38%）、扶贫方式的多样化、扶贫投入的力度大、不同行业和地区的扶贫特征差异较大等特点。具体而言，有 314 家上市公司以产业扶贫方式帮助贫困地区（占扶贫样本总数 42.8%），其中涉及最多的项目类型是农林产业扶贫（有 219家）；有 293 家上市公司参与教育脱贫（占比 39.97%），资助贫困生和改善教育资源；以帮助易地搬迁方式参与脱贫的企业仅 33 家。目前金融业、制造业以及电力、热力、燃气及水的生产和供应业是扶贫投入资金绝对数量最多的几大行业。

在钟宏武（2018）和贾雨佳（2018）对上市公司精准扶贫的实践性总结基础上，杜世风、石恒贵、张依群（2019）依据社会责任理论，首先对上市公司精准扶贫行为影响因素开展前端研究并进行了实证分析，发现上市公司精准扶贫行为的主要影响因素是公司业绩、公司规模和国有产权。公司业绩表现越好或规模越大或性质是国有企业的，越容易发生精准扶贫行为，且精准扶贫投入的强度也越大。张玉明、刑超（2019）基于资源依赖理论，以 2016 ~ 2017 年参与产业精准扶贫的 A 股上市公司为样本进行实证研究，也得到精准扶贫的产业分项投入程度与企业绩效之间呈现正向关系的结论，但认为市场化程度发挥削弱二者关系的负向调节作用，当精准扶贫地区的市场化程度越高，企业产业精准扶贫对绩效的提升能力反而越差。

但是，扶贫方式的多样化使得上市公司扶贫活动呈现出显著差异。产业发展扶贫和转移就业扶贫与企业自身生产经营密切相关，强调企业发展与扶贫的协调统一。如企业利用产业优势为贫困人口提供就业，在提高贫困人口自我发展能力的同时，节约自身用工成本，但这种扶贫方式需要资源的持续投入，见效慢且可能存在风险。其他扶贫方式在企业生产经营之外。如企业通过援建学校、设立助学基金参与教育扶贫，阻断贫困代际传递。该类扶贫方式风险小、扶贫成效更容易被外界感知，但与企业发展战略的融合度较低，对企业经营发展的提升作用可能仅局限于短期。那么，上市公司会以什么方式参与精准扶贫？现有研究主要采用了以下三类方法：

（1）采用案例分析法，对企业扶贫方式进行提炼总结。如郭俊华和边少颖立足恒大集团帮扶大方县脱贫的案例，总结了恒大集团以异地搬迁扶贫为基础，多种扶贫方式共同开展的综合扶贫模式。这种扶贫模式在充分考虑大方县自然环境差、教育落后等现实困境的基础上，结合恒大集团的资金、产业等资源优势，对各种精准扶贫方式进行有效整合，是对企业扶贫路径的优化。

又如京东集团在参与扶贫中实现企业更好发展。农村人口占我国总人口的一半左右，农村市场发展潜力巨大。目前，电商在农村市场的渗透率比较低，意味着同样的市场投入在农村市场获得的边际效益高于城市市场。电商企业参与扶贫有独特的优势。电商企业经过多年发展，已形成包括产品供应、销售推广、物流配送、售后服务等环节的完整产业链，具有平台、渠道、信息等诸多方面的优势。与传统营销体系相比，电商企业对市场变化更敏感，供应链更有弹性。电商平台进入农村基层，能为不同层次群众提供广泛的参与机会，他们可以从产品生产、网上销售、仓储配送、售后服务等多个环节参与电商业态，有利于精准扶贫、精准脱贫，有利于大众创业、万众创新。把精准扶贫融入企业经营链条。贫困地区由于区位、资源等条件的约束，简单的救济不足以帮助其形成造血功能。同时，贫困地区市场主体发育不足、市场体系建设滞后，产业发展步履维艰。因此，只有从产业发展的各个环节提供系统支持，才能帮助贫困地区和贫困人口实现稳定脱贫。京东集团在扶贫工作中摸索出培训—金融—农资—安全—运输—销售—品牌—招工 8 个环节的帮扶体系,把扶贫开发融入企业经营链条。对于有一定网上销售基础的地区,推出地方特产馆项目。立足"一村一品一店"模式,由地方政府、京东集团、企业共建协作平台,从售前的京东集团下沉农村地区调研地方特产、当地政府挑选挖掘特产、审核把控产品品质,到售中的地方企业运营推广、京东集团提供专业指导,再到售后的品质回访、保障服务等,三方共同构建区域特产发展链条。截至 2016 年第一季度,已上线 30 个贫困县特色馆。对于不具备网上销售条件的地区,推出品牌包销模式,即帮助贫困地区培育或引入特色生态农产品,京东集团提供品牌包装、收购包销一条龙服务,帮助贫困地区打出品牌、开拓市场,解除其产销后顾之忧。此外,京东集团自营电商模式能为贫困地区人口提供大量就业岗位,通过用工实现精准扶贫。目前,京东集团有 9 万多蓝领工人。从 2016 年起,计划每年拿出不低于 2 万名正式合同工名额,定向招收建档立卡贫困家庭劳动力,达到一人就业、全家脱贫。把精准扶贫作为长远事业来经营。摆脱贫困是人类社会面临的长期挑战,需要有长期战略、长远谋划,企业应在其中找准定位、积极作为。京东集团参与精准扶贫不是一时心血来潮,而是将其作为一项长远事业来经营。首先,积极在贫困地区培植产业链,发展农产品精深加工,让贫困农户更多地分享农产品增值收益,建立农民增收致富长效机制。京东集团联合四川省仁寿县开展"枇杷节"活动,往年不好卖的枇杷实现了量价齐增。2015 年全县枇杷销售总额达到 3.7 亿元,同比增长 76%。同时,扶持当地加工企业将枇杷加工成枇杷汁,缓解鲜枇杷当季销售压力,带动当地企业发展和农民就业。其次,扶贫的根本是"扶人",即提高贫困人口素质和技能。京东集团将广泛联合社会培训资源,为贫困户提供种养、电商等技能培训服务,完善涉农电商服务生态。协助贫困县政府部门加强对贫困户的实用技术培训,带动更多人脱贫,防止贫困代际传递。对于数万名基层员工,京东集团提供全面的培训支持,提高员工素质,让员工与企业一起成长。最后,发挥自身在产业链上的影响力,广泛动员供应商、服务商等各类合作伙伴共同参与扶贫开发事业,促进形成全社会共同参与扶贫的协作机制和长效机制。

（2）采用规范研究法，对企业扶贫方式进行理论剖析。如张春敏和赵萌提出，国有企业在产业链中具备技术、品牌、资金等优势，这些优势使得国有企业能够通过提供就业、采购农产品等方式推动贫困地区稳步脱贫。此外，很多贫困地区具有丰富的自然资源，但因基础设施建设不足，面临着资源无法有效整合的困境。国有企业可以据此提供资金、技术支持，通过加强基础设施建设、提供公共产品等方式推动贫困地区经济的发展。

（3）采用实证分析法，对上市公司扶贫方式选择的一般规律进行考察。随着精准扶贫信息披露的日益完善，部分学者基于样本数据对企业扶贫方式选择的一般规律进行考察，发现企业扶贫方式选择与履责动机有关。易玄等通过实证研究发现，国有企业偏向于整合型精准扶贫，如产业发展扶贫、转移就业扶贫。政治关联民营企业更青睐于慈善型精准扶贫，如教育扶贫、健康扶贫。原因在于，国有企业的"利他"倾向使其更注重扶贫持续性而非扶贫成本。政治关联民营企业的精准扶贫更可能受到政治因素的驱动，因此，政治关联民营企业在扶贫活动中更可能权衡成本和收益，选择成本低、风险低的扶贫方式。施赟和舒伟则以扶贫类别数和产业扶贫占利润比为衡量指标，考察了国有企业和非国有企业在扶贫投向上的区别。与国有企业多元化投入不同，非国有企业基于扶贫双方互利共赢的目的，倾向于将扶贫资金投入到与自身主业相关的领域，从而在产业扶贫上表现出更大的扶贫力度。这点与易玄等的结论有所出入，主要是因为两者对企业扶贫投向的度量存在差异。黄珺等对媒体关注下企业扶贫方式的选择进行研究，实证结果表明，媒体报道会促使企业在教育、健康和生态保护等扶贫项目中投入更多的资金。这是因为，与其他扶贫项目相比，教育、健康和生态保护等扶贫项目成本低、外部可视化程度高，容易满足企业在媒体关注下维护外部形象的履责需求。

4. 精准扶贫与乡村振兴的关系

习近平总书记在党的十九大报告中明确提出了实施乡村振兴战略，在中央农村工作会议上深刻阐述了什么是中国特色社会主义乡村振兴之路，怎样走好中国特色社会主义乡村振兴之路。这是党中央着眼于实现全面建成小康社会、基本实现现代化、建成社会主义现代化国家战略目标而作出的重大战略决策。由于目前我国已进入了全面建成小康社会的决胜阶段，乡村振兴和精准扶贫都受到学术界的高度重视。

（1）乡村振兴与精准扶贫的相互促进作用。精准扶贫与乡村振兴本质看实属"一体两面"，从达成目标看，二者都针对"三农"问题，促进"三农"问题又好又快解决，为农村、农民、农业提供更好的环境和出路；从时间节点上看，2020 年是全面建成小康社会的决胜之年，也是脱贫攻坚工作的重要转折之年；从实施内容上看，无论是《中共中央国务院关于实施乡村振兴战略的意见》的纲领性谋划，还是《乡村振兴战略规划（2018 ~ 2022 年)》阶段性部署，都将打好精准脱贫攻坚战作为重点详述。因此从辩证的角度可以看出，二者的关系问题十分重要。

①精准扶贫为乡村振兴奠定了基础。刘升（2019）认为精准扶贫通过资源下乡的方式为贫困地区输入了大量资源，着重分析了精准扶贫投入巨量资源奠定了产业、人才、文化、生态和组织等多方面基础，为乡村振兴战略的实施提供了条件。舒畅（2019）从精准扶贫的重要性角度出发，在认为精准扶贫是乡村振兴战略的重要组成部分，是帮助贫困群众脱贫致富，有效解决"三农"问题的重要抓手的基础上，分析了目前我国精准扶贫助增收的途径及发展现状，并指出精准扶贫帮助贫困群众增收致富，也是乡村振兴发展战略的重要内容。由于目前我国"三农"面对着严峻的问题，农村人口流失现象严重、经济滞后、基础设施落后等问题层出不穷，对脱贫攻坚以及之后的乡村振兴都提出了严峻的挑战，因而许多学者都从精准扶贫角度出发，对精准扶贫提供解决角度和思路，从而以小见大用"阶梯式"的方式解决目前精准扶贫中存在的问题，为乡村振兴奠定基础。

②乡村振兴提升并巩固了精准扶贫。精准扶贫与乡村振兴都是面对"三农"问题提出的对策和思考，二者相互集成相互衔接，精准扶贫对乡村振兴的影响不言而喻，但就乡村振兴对精准扶贫的反作用机制，目前学术界的研究较为狭窄，搜索相关文献，其中以李敏（2019）的观点最为新颖，他认为乡村振兴对精准扶贫的长效机制有着十分重要的意义，从脱贫

攻坚要具有长期性和持续性这一目标入手，指出脱贫的难点就在于做到稳定脱贫而不返贫，着眼于构建精准扶贫长效机制，提出了具体的举措。

（2）乡村振兴战略与精准扶贫耦合衔接。张文光（2019）认为乡村振兴战略侧重于从顶层设计，是一个系统性工程。精准扶贫从致贫的因素出发，针对不同原因，采取不同的扶贫措施，侧重于微观政策，并从正确认识精准扶贫与乡村振兴战略有效衔接的逻辑关系、准确把握精准扶贫与乡村振兴战略有效衔接的实施路径、全面建立精准扶贫与乡村振兴战略有效衔接的保障机制三个角度出发，为二者衔接和保障提出了解决之策。

（3）精准扶贫助力乡村振兴实施路径。实施乡村振兴战略，是党的十九大作出的重大决策部署，是决胜全面建成小康社会、全面建设社会主义现代化国家的重大历史任务，是新时代做好"三农"工作的总抓手。因此，2018年3月8日，习近平总书记在两会审议时为乡村振兴战略的实施指出了五个具体路径，即产业振兴、文化振兴、生态振兴、组织振兴和人才振兴，既是我国面对"三农"问题的又一理论创新，又体现了中国特色社会主义的核心要义，这五大振兴相互不同又密切联系，共同助力于乡村振兴的实现和"三农"问题的有力解决。

①产业振兴。依据我国乡村目前面临的问题，结合前人研究，从产业振兴角度出发，主要有以下几种方式。首先，立足当地特色产业带动经济发展。牛胜强（2019）认为，实现产业振兴应立足资源禀赋和特色产业基础做好文章，将乡村振兴的战略思想和原则深度融入产业扶贫实践，从而科学构建产业扶贫长效机制提高长效发展动能。其次，发挥旅游产业的巨大吸引力，助推产业振兴，例如在《精准扶贫视角下发展乡村旅游的意义、困境及路径探究》一书中，张莉、邵俭福（2019）就指出乡村旅游精准扶贫是新兴的产业扶贫形式，是乡村振兴的新希望、农村产业联合发展的新动力、农民增收的新渠道和贫困人口自我提升的新路径。最后，主要结合目前新兴电商经济的新势头，将电商与产业振兴相结合，其中叶诗凡（2019）认为随着互联网的应用和普及，电子商务在计算机技术和"互联网＋"战略的共同作用下取得了长足进步，有效地带动国民经济特别是农村经济的进步和发展，成为国家精准扶贫的重要手段之一。

②文化振兴。文化振兴主要是从精神文明建设的角度出发，立足于我国农村文化建设严重滞后的现状，对乡村文化建设提出的要求，尤其是孙志国、刘红、刘之杨（2018）等人立足现状从分析原因的角度入手，指出可以从专利、地理标志、传统知识等当地特有传统文化入手促进经济发展的同时带动当地文化振兴。当然，这里所谓的文化振兴不仅是指开发当地的文化资源，更是通过转变当地人的精神风貌，达到当地农户从外部"输血"向内部"造血"思维的转换，"扶贫先扶智"让农户在更好地理解扶贫政策的基础上，调动其生产发展积极性，切实从扶贫对象所需出发，使农户可以真正结合实际情况反映问题、解决问题，从而达到精准扶贫助力乡村振兴的目标。

③生态振兴。乡村生态振兴是乡村振兴战略的重要组成部分，对农业可持续发展、改善农村居住条件、增加农民收入、增强农民的幸福感和获得感都具有重要意义。而目前我国为了促进乡村振兴的高速发展，片面追求经济效益给农村生态环境造成了不可弥补的伤害，违背了"绿水青山就是金山银山"的发展理念，因此生态振兴最重要的目标就是立足于可持续的同时，以发展的眼光研究贫困问题，在生态保护与修复中脱贫，实现环境优化和脱贫共赢的局面，张玉等人（2019）就对江西省采取的生态振兴项目成果进行研究，立足江西省重点生态功能区贫困县现状，具体问题具体分析，在总结成果的同时提出了相应的改善措施。

④组织振兴。组织振兴是乡村振兴的关键，对乡村全面振兴激发农业农村内生发展动力起着至关重要的作用。而农村基层党组织这一理论上的"领头羊"作用发挥不足，因此恢复其重要作用显得尤为重要。其中，王韬钦（2019）的《乡村组织振兴的基本逻辑及实现路径探讨》就从目前乡村组织面临的困境出发，指出目前制约我国组织振兴的四对基本矛盾，并着力从协调国家有效治理和乡村基层民主之间的关系角度解决目前我国组织振兴存在的问题。而殷梅英（2018）的《以组织振兴为基础推进乡村全面振兴》则从另一个角度出发，分析了目前农村中常见的四种组织，即农村基层党组织、农村专业合作经济组织、社会组织、村民自治对乡村振兴的意义和作用，二者虽角度不同，但都题材新颖且分析准确到位。同时驻

村工作队和驻村干部等形式的帮扶，也对乡村振兴起到了至关重要的作用。驻村工作队的队员或驻村干部往往是具有相关专业技能、知识或能力的人才，将他们纳入扶贫组织体系来，能够更好发挥政策的上传下达作用，推进脱贫政策落实的同时，与当地实际存在的脱贫问题相结合，团结和整合具体资源，在与农户亲切沟通的过程中确保当地脱贫攻坚保质保量地完成。

⑤人才振兴。农村社会经济发展，人才起着至关重要的作用，习近平总书记也提出"乡村振兴，关键在人"的重要论断，而作为第一资源的人才目前在我国的农村却面临着挑战：留守老幼多、青壮年劳动力缺失、对优秀人才缺乏吸引力等，而面对上述问题，不同作者从不同角度提出了相应的解决之策。刘秋林、李林春（2019）以厦门海洋职业技术学院新型职业农民素质提升工程为例提出培养"新型农民"提高其"造血能力"；余应鸿（2018）认为教育精准扶贫作为精准扶贫的一种模式，能有效提升贫困人口的人力资本和社会资本，是最有效、最直接的精准扶贫，可充分发挥教育精准扶贫作用，帮助农村贫困人口实现脱贫与发展。人才振兴的途径一方面是利用教育扶贫，通过教育的手段，提高农村的教育现状和整体素质，解决目前农村面临的教育落后和人才外流的现象，另一方面则可以通过专门的科技扶贫手段，培养或吸纳科技人才，立足实际对面临的贫困问题提出具体举措。

2.2.3 文献评述

已有研究发现上市公司实施精准扶贫是基于三类动机：道德动机、经济动机和政治动机，但企业内外部利益关系的复杂性使得既有研究尚显不足，不同动机下企业扶贫的驱动因素有待学者们深入研究。已有研究表明，企业内在特征及其所处的外部环境等都会对社会责任的履行产生影响，因此，在考虑到企业内外部复杂利益关系的情况下，目前有关精准扶贫驱动因素的研究还存在较大空间，需要学者进行后续补充完善。

尽管学者针对上市公司精准扶贫后果的研究已经取得了初步成效，但相关研究的广度和深度尚显不足，上市公司精准扶贫究竟会对自身经营发展产生何种影响还有待进一步探索。已有研究发现，企业精准扶贫在获取政治资源、缓解融资约束等方面具有积极作用，且扶贫活动最终能够带来企业绩效的提升。但现实情况是很多企业对是否参与扶贫活动仍处于观望状态，他们认为，实施精准扶贫对经济资源的占用会造成效率损失。因此，有必要进一步研究上市公司参与扶贫活动对自身发展的影响，比如上市公司精准扶贫能否降低融资风险？参与扶贫活动可以降低企业代理成本吗？对这些问题进行研究可以帮助企业全面、正确地认识精准扶贫的经济后果，从而引导企业主动参与扶贫活动。

2.3 本 章 小 结

贫困治理是一个社会再动员、再组织、再塑造的过程，是国家治理的重要组成部分。重视构建社会共治的制度基础。多元社会主体共同参与，是包括贫困治理现代化在内的国家治理现代化的重要特征。不同社会主体通过共同参与和相互协作，可以更好地形成合力，这是提升国家治理效能的重要途径。党的十八大以来，我们党动员全社会参与脱贫攻坚工作，推动形成专项扶贫、行业扶贫、社会扶贫等多方力量、多种举措有机结合和互为支撑的"三位一体"大扶贫格局，营造全社会参与贫困治理的良好氛围，脱贫攻坚领域国家治理体系和治理能力现代化水平显著提升。

第3章
企业扶贫在精准扶贫中的
作用机理分析

3.1　企业扶贫与精准扶贫

3.1.1　精准扶贫的内涵

习近平总书记的精准扶贫思想的核心内容是精确到人、精确到时间、精确到目标、精确到政策，对"扶持谁、谁来扶、怎么扶、如何退"作出周密部署，在2020年使我国7000多万贫困人口全部实现脱贫，真正实现小康社会一个都不能少。

"扶持谁"标准的确定还存在两方面复杂的问题，一方面，农民的收入难以准确统计，农村地区的就业灵活多样、非正式职业大量存在，农民收入来源复杂并且没有纳入国家信用体系，单凭实地走访调查收入也会面临农民不愿露富而隐藏收入的状况；另一方面，即使农村人口收入可准确获得，但由于教育、健康、住房条件等差异，实际的贫困程度不能仅仅通过收入水平来反映。精准识别则在此基础之上，改变了以往单一收入维度来评判贫困与否的唯一标准，综合考察贫困人口教育、医疗、住房等多方面情况，并以稳定实现扶贫对象不愁吃、不愁穿，保障其义务教育、基本医疗和住房（"两不愁三保障"）作为最终目标。

谁来扶？中央统筹，省负总责，市县抓落实。习近平总书记在中央扶贫开发工作会议上指出：要解决好"谁来扶"的问题，应加快形成中央统筹、省（自治区、直辖市）负总责、市（地）县抓落实的扶贫开发工作机制，做到分工明确、责任清晰、任务到人、考核到位。他强调，越是进行脱贫攻坚战，越是要加强和改善党的领导。脱贫攻坚任务重的地区党委和政府要把脱贫攻坚作为"十三五"期间头等大事和第一民生工程来抓，坚持以脱贫攻坚统揽经济社会发展全局。

怎么扶？实施"五个一批"工程。2015 年 10 月 16 日，习近平主席在减贫与发展高层论坛上首次提出"五个一批"的脱贫措施，根据贫困户的致贫原因和实际情况通过"五个一批"进行分类施策，将"扶贫、扶智、扶志"有机结合，从"输血式"向"造血式"不断转化，实现了扶贫的可持续。

如何退中国特色的渐进退出与第三方评估。精准扶贫是为了精准脱贫。精准扶贫阶段，与建档立卡相对应，国家对贫困户、贫困县、贫困村进行动态调整，并由此建立了一套基于我国国情与当前扶贫现状的贫困退出机制。为实现贫困群体精准退出，习近平总书记在中央扶贫开发工作会议上的讲话中提出四点方略，即要设定时间表，实现有序退出；要留出缓冲期，在一定时间内实行摘帽不摘政策；要实行严格评估，按照摘帽标准验收；要实行逐户销号，做到脱贫到人。为了保证扶贫资源落到实处，同时为了避免部分贫困群体陷入"福利陷阱"，在退出考核中，引入第三方评估，以增强脱贫工作绩效的可信度并确保退出后可持续地发展，实现"真脱贫、脱真贫"。

对于市场主体而言精准扶贫属于社会责任的范畴，属于社会责任中的慈善责任，具有一定的公益性和无偿性。精准扶贫是针对扶贫对象的精准化扶贫战略，具体而言，就是要从识别、帮扶、管理和考核四个方面引导各类扶贫资源，优化扶贫资源配置，构建到村到户的长效扶贫机制。

精准扶贫的重要意义是准确有效地解决贫困问题。精准扶贫是抵消经济扶贫效果下降而必须采取的措施，精准扶贫是我国农村扶贫的主要途径。一般说来，精准扶贫主要是针对贫困居民，谁穷就扶持谁。从精准扶贫的意义来看，我国以往的扶贫战略瞄准并不十分准确有效，但事实上，并不是过去扶贫的精准度不够高，而是现在让扶贫单位和扶贫对象变得更加准确，贫困县经过跟踪识别后，再以贫困村为目标，我国的扶贫工作成效也发生了翻天覆地的变化。

精准扶贫通过帮扶主体针对不同贫困区域的自然环境和不同农户状况，运用科学有效的程序，对潜在帮扶区域和帮扶农户实施精准识别，对识别出的贫困村和贫困人口实行一对一精准帮扶、劳动力技能培训、资金支持、人才开发、市场开拓、基础设施和服务设施建设等措施，帮助贫困村或贫困人口制定巩固脱贫规划，发展农业生产，摆脱多维贫困生活状态，保护贫困主体合法权益的一种社会工作。

3.1.2 企业扶贫的特征

综合已有成果，本书将企业扶贫行为分为两个类别，一类是通过产业发展帮助贫困人群和贫困户实现脱贫致富。此类行为多以企业为主导并直接实施，以产业项目为载体，产业项目同企业生产经营和产业发展密切相关，并且帮扶对象因企业的让利或补偿直接受益。另一类企业扶贫行为，主要涉及帮扶贫困地区或贫困人口的企业慈善行为。此类企业扶贫行为的特点为以企业的名义针对贫困地区或贫困人口进行扶贫和慈善活动使贫困人口直接受益。

3.1.3 企业扶贫与精准扶贫的关系

精准扶贫主要是相对于粗放扶贫的对称，是就贫困居民而言的，谁贫困就扶持谁，指针对不同贫困区域环境、不同贫困农户状况，运用科学有效程序对扶贫对象实施精准识别、精确帮扶、精确管理的致贫方式。

企业扶贫是相对于政府扶贫、社会团体扶贫而言，扶贫主体是企业。精准扶贫是由习近平总书记最先提出，以共同富裕为理论基础，以全面建成小康社会为现实基础的最新减贫思想，精准扶贫需要政府、企业和社会团体等多主体共同参与。

强化国有企业帮扶责任，深入推进中央企业定点帮扶贫困革命老区"百县万村"活动。用好贫困地区产业发展基金。引导中央企业设立贫困地区产业投资基金，采取市场化运作，吸引企业到贫困地区从事资源开发、产业园区建设、新型城镇化发展等。继续实施"同舟工程——中央企业参与'救急难'行动"，充分发挥中央企业在社会救助工作中的补充作用。地方政府要动员本地国有企业积极承担包村帮扶等扶贫开发任务。同时引导民营企业参与扶贫开发。充分发挥工商联的桥梁纽带作用，以点带面，鼓励引导民营企业和其他所有制企业参与扶贫开发。组织开展"万企帮万村"精准扶贫行动，引导东部地区的民营企业在东西部扶贫协作框架下结对帮扶西部地区贫困村。鼓励有条件的企业设立扶贫公益基金、开展扶贫慈善信托。完善对龙头企业参与扶贫开发的支持政策。吸纳贫困人口就业的企业，按规定享受职业培训补贴等就业支持政策，落实相关税收优惠政策。设立企业扶贫光荣榜，并向社会公告。

由此看出两者是精准扶贫的不同种类，只是从不同视角出发。

3.2 企业扶贫在精准扶贫中的作用机理分析

3.2.1 企业扶贫的目标

企业最终是以盈利为目的，其一切行动都是围绕自身经济利益展开的。但是任何一个企业都是社会的重要组成部分，它必须承担一定的社会责任。企业从事扶贫正是企业履行社会责任的重要方式。企业的扶贫社会责任是最高的责任，是成为一个好的有社会责任感的企业的重要条件之一。

3.2.2 企业扶贫在精准扶贫中的作用机理分析

企业扶贫在我国精准扶贫体系中的作用机理分析见图3-1。

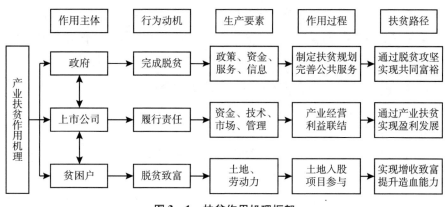

图 3-1 扶贫作用机理框架

如图3-1所示，上市公司作为连接政府、市场、贫困户的作用主体，具有履行战略性社会责任的动机，拥有资金、技术、市场、管理的优势，通过农林产业脱贫、乡村旅游脱贫、农村电商脱贫、资产收益脱贫、涉农科技脱贫等产业扶贫路径，实行产业经营，并建立贫困户的利益联结机制，实现公司的盈利发展和贫困户的增收脱贫致富，完成政府的脱贫攻坚目标。

上市公司通过与建档立卡贫困户的利益联结（通过土地入股，劳动用工，转移就业等）行为，既保证产业项目的顺利实施，又保障贫困户获得收益，形成良好的上市公司带动贫困户的带贫益贫机制。

3.3 企业扶贫的博弈分析

利益相关者理论在20世纪80年代发展较快，利益相关者既包括传统的八种利益相关者，还包括广义的市场及贫困户等。在不完全信息动态博弈中，类型由"自然"给定，"自然"先选自己的行动，其他参与人后选自己的行动。由此上市公司和利益相关者之间的博弈性质属于动态贝叶斯博弈。企业与其他利益者之间扶贫也存在博弈分析中的不完全信息博弈情形。

假设企业扶贫存在两个时期 t = 1，2，两个参与人分别为上市公司和其利益相关者。在企业扶贫开始 t = 1 时，上市公司先选择履行一定水平的企业扶贫行为 R，由于信息不对称，利益相关者只能根据预测到的上市公司扶贫行为 R 来判断上市公司的市场价值 V_0。π 为上市公司在企业扶贫 t = 2 时所获得的利润，同时假设 π 在区间 [0，θ] 上均匀分布。上市公司自己知道 θ，利益相关者只知道 θ 的概率分布 μ(θ)。$V_0(A)$ 是给定企业扶贫水平 A 时上市公司在 t = 1 时的市场价值，$\frac{\theta}{2}$ 是上市公司在 t = 2 时的期望价值，$\frac{A}{\theta}$ 是上市公司因履行企业扶贫导致财务危机的概率，它来源于 π 在区间 [0，θ] 上均匀分布的假设，C 是破产损失，r 是权数。

假设上市公司的目标是追求企业扶贫两个时期公司市场价值最大化，则有：

$$U(A，V_0(A)，\theta) = (1-r)V_0(A) + r\left[\frac{\theta}{2} - C \times \frac{A}{\theta}\right] \qquad (3-1)$$

式（3-1）说明在一定假设下，上市公司的市场价值是某企业扶贫水平下公司市场价值 $V_0(A)$ 与分布类型 θ 的函数。

利益相关者认为如果公司属于类型 θ 的期望值 θ(A)，那么公司的市场价值 $V_0(A) = \frac{\theta}{2}$。因而只考虑分离均衡（因为履行企业扶贫的公司期望那些不履行企业扶贫的公司会被利益相关者区分开来），那么市场价值越高的公司，越有履行企业扶贫责任的意愿：

$$\frac{\partial^2(A，V_0(A)，\theta)}{\partial A \partial \theta} = \frac{r \times C}{\theta^2} > 0 \qquad (3-2)$$

将 $V_0(A)$ 代入公司的效用函数式（3-1），并对 A 求一阶导数，则有：

$$\frac{\partial U}{\partial A} = \frac{1}{2}(1-r)\frac{\partial \theta(A)}{\partial A} - r \times c \times \frac{1}{\theta} \qquad (3-3)$$

在均衡情况下，利益相关者从 A 可以推断出 θ，则有：

$$\theta(A(\theta)) = \theta \qquad (3-4)$$

因此有，
$$\frac{\partial \theta}{\partial A} = \left[\frac{\partial A}{\partial \theta}\right]^{-1} \qquad (3-5)$$

最后将式（3-5）代入一阶条件微分方程（3-3），则得：

$\frac{1}{2}(1-r)\left[\frac{\partial A}{\partial \theta}\right]^{-1} - r \times c \times \frac{1}{\theta} = 0$，求解该方程，可得：

$$A(\theta) = \left[\frac{1-r}{4rc}\right]\theta^2 + c \text{（其中 c 为常数）} \qquad (3-6)$$

这就是上市公司的均衡战略，即在一定的利润水平下，上市公司选择履行适当水平的企业精准扶贫社会责任。

将 θ 代入 $V_0(A) = \frac{\theta}{2}$，可得上市公司的市场价值：

$$V_0(A) = \left[(A-C) \times \frac{rc}{1-r}\right]^{\frac{1}{2}} \qquad (3-7)$$

这是利益相关者的均衡战略，即对公司履行企业扶贫社会责任水平作出判断后，认可公司的市场价值，从而接受公司的产品或服务，或者有更高的意愿与其合作。

这个均衡结果意味着如果上市公司的规模越大，资金实力越雄厚，履行企业扶贫社会责任的意愿就越强烈。当然如果上市公司不太关注自己的公众声望，那么其履行企业扶贫的水平就越低。这也暗示上市公司履行企业扶贫社会责任的目的是向利益相关者传递信号。

3.4　本章小结

众所周知，法马提出了有效市场假说：高效市场拥有大量理性和追求利润最大化的投资者，每个人都可以获取信息和竞争，将会有很多的买卖双方。资本市场中也有很多信息，无论是好消息还是负面消息。此外，资本市场正在以非常快的速度变化，任何人都很难准确预测第二天会发生什么。信号理论认为，当有关上市公司的信息出现在市场上时，市场就会对此迅速产生反应。市场上的投资者会利用这些信息买卖股票，进而影响上市公司的股价。即单一股票市场的价格可以反映已经发生或预期发生的事情，股票价格也可以作为投资者对公司期望的"风向标"。股票价格是以证券的内在价值为基础，资本市场是否有效直接关系到证券内在价值的偏差程度。如果资本市场能够利用所有可用的信息来确定资产价格，则可以认为这些信息是有效的。也就是说，影响证券价格有效性的最关键因素之一是上市公司应被迫披露及时、准确、有效的信息。上市公司有义务按规定披露信息，使投资者能够充分了解真实信息，从而影响公司股价，增加公司超额收益。

精准扶贫经济效应的机理分析。一方面，参与精准扶贫首先能给上市公司带来良好的舆论效应，良好的舆论同时又有助于提升企业形象。同时，良好的舆论使企业在政府与农民之间的三者博弈中处于有利地位。另一方面，良好的舆论有助于增强企业家的社会保障、荣誉感和自豪感。同时，在开展精准扶贫的过程中，公司向市场传递了良好的信号，进一步促进了上市公司的发展，并逐渐形成了良性循环，更进一步带来良好的市场反应。

第 4 章
上市公司精准扶贫的现状分析

4.1 企业扶贫的相关制度背景

4.1.1 国外企业扶贫的制度变革

企业参与农村扶贫开发工作已有悠久的历史，但学者直接以企业扶贫为研究内容的成果不多，更多是从企业社会责任角度考察扶贫动机和扶贫效果。

西方学者多德早在 1932 年强调商业公司除获取利润的天然使命以外，还应当具备相应的社会服务功能。英国学者谢尔顿在《管理哲学》中把"企业社会责任要与公司经营者满足产业内外各种人类需要的责任联系，并认为企业社会责任包含道德因素"。1979 年卡罗尔把企业社会责任界定为"特定的社会对企业所寄托的经济、法律、伦理和自由决定的期望，是社会寄希望于企业履行之义务"。他把企业社会责任分为四个层次，由低到高分别是经济责任、法律责任、伦理责任和慈善责任。其中，企业的慈善责任是最高的责任，而企业承担扶贫责任就是社会责任的一种重要体现。

4.1.2 我国企业扶贫的制度发展

中国独特的制度背景使得中国的工业化显著有别于世界各国的特点之一就是农村工业化。新中国企业扶贫的历程，有助于了解我国企业扶贫制度的发展。概括起来我国企业扶贫主要经历五个阶段。

1. 企业的间接减贫功能发挥阶段（1949~1977 年）

新中国成立后，我国国民经济快速恢复，农村和城市沿着不同的路径发展。大量工业企业建立，工业企业数从 1957 年的 16.95 万户增加到 1977 年的 32.27 万户，城市工业企业的发展模式和重工业化的产业发展使企业在改善民生方面作用难以发挥。在农村，大力发展集体经济和合作经济成为农村发展的主导事项，此时农村主要在加大基础设施建设，这些水利等基础设施提高了农业劳动生产率，间接地促进了民众温饱问题的缓解，为增加居民收入进而缓解贫困人口脱贫提供物质基础。

2. 乡镇企业为主参与下的"开发式扶贫"探索阶段（1978~1993 年）

农村家庭责任制改革后，农村生产力得以解放，人民生活水平大幅度提升，广大农民从土地中解放出来，出现了大量的富裕人口。在集体经济的影响下，集体企业大量出现。这些企业有效地适应了城市高工业化灵活性不足以及无法弥补乡镇经济发展的需要，解决农民就业问题，大大振兴了乡村经济的发展和农民收入水平的提高，缓解了农民贫困状况。到 1993 年，乡镇企业数量发展到 2452.93 万个，企业职工数达到 12345.31 万元，企业总产值达到 32132.32 亿元。1993 年，农村居民家庭平均每人纯收入达到 921.6 元，较 1978 年增加了 5.9 倍，农民生活水平得以显著改善。同时，适应国家政策，城市企业针对邻近的农村，利用技术、人才优势开展了多种多样的对口扶贫工作，金融机构也开展了对口贷款扶贫工作，带动了企业周围或对口农村地区的经济发展。

3. 企业有效支持参与下的"开发式扶贫"阶段（1994～2010年）

1994年3月，国务院发布新中国历史上第一次有明确目的的扶贫开发行动纲领"国家八七扶贫攻坚计划"后，我国扶贫开发工作进入了攻坚阶段。扶贫工作转向以贫困县为重点对象，以"开发式扶贫"为重点，辅之以劳务输出和异地搬迁扶贫的整体扶贫思路。2001年国家制定了《中国农村扶贫开发纲要（2001～2010年）》，扶贫工作进入巩固扶贫成果、提高发展能力、缩小差距的综合开发阶段。为配合扶贫工作，国家实施西部大开发战略，东西部对口帮扶不断深化，东部企业的对口帮扶成为支持西部贫困地区发展的重要抓手。随着国家户籍制度的改革，国家逐步放开了对农民进城的限制，沿海发达地区和大城市极具优势的收入溢价吸引了大量农民进城，规模庞大的农民工再调整和优化的必然结果，促进了农民从"土地依赖"向"能力依赖"的转型。农民工在城市充分就业的同时，也提高了自身收入和技能，缓解了农村贫困。到2010年，按低收入贫困线衡量的农村贫困人口为2688万，贫困发生率为2.8%，我国基本上解决了困扰农村几千年的温饱问题，"底线"脱贫目标基本实现。

4. 政策激励下企业参与的大规模精准扶贫阶段（2011～2020年）

为实现到2020年现行标准下的农村贫困人口全部脱贫的目标，2011年，《中国农村扶贫开发纲要（2011～2020）》提出通过专项扶贫、行业扶贫、社会扶贫、国际合作等多种方式，推动我国农村贫困地区脱贫。2013年习总书记在河南省考察时提出"精准扶贫"这一概念。2014年5月，国务院扶贫开发领导小组办公室等7部门联合印发《建立精准扶贫工作机制实施方案》，由此加快了精准扶贫工作。在精准扶贫工作开展过程中，我国立足当前经济社会的发展现实，多元主体共同参与模式转变。在此过程中，承担重要社会使命的国有企业积极参与扶贫工作，取得了明显成效。《中国企业扶贫研究报告（2018）》显示，在参与定点扶贫的300多家中央单位中，中央企业占了近1/3。同时，民营企业也在精准扶贫战略的指导下积极投入到资金、人才、技术等方面的扶贫工作中。这一阶段，企业在积极响应中央扶贫战略的同时加大了履行社会责任和创造社会价值的主动选择。

5. 农村企业内生发展参与乡村振兴阶段（2021 年至今）

党的十九大提出实施乡村振兴战略和区域协调发展战略，提出"要动员全党全国全社会力量，坚持精准扶贫、精准脱贫"。2019 年中央政府工作报告明确要求"大力扶持贫困地区特色优势产业发展"。这一阶段，企业扶贫加强了企业价值与扶贫工作的有机融合，企业扶贫项目和农村创业成为促进农村脱贫的驱动力量。企业在扶贫时往往倾向于与企业本身的战略和发展目标相匹配的投资，在履行相关社会责任的同时实现企业自身价值的增值。企业成为农村发展的内在驱动力量，这从根本上为推动我国农村市场化、改变农村经济社会相对落后的面貌提供了新的路径，同时也快速推动了乡村振兴战略的实施。

总的来看，企业扶贫在我国扶贫工作中一直扮演着重要的角色。我国企业参与扶贫工作，不仅是对企业使命、价值的再定义，也是对减贫、扶贫工作的重要创新，吸引了大量劳动力，改善了农村经济落后的面貌，推动了我国工业化并加速农村市场经济进程。企业扶贫在考虑直接经济动机以外，还体现出强烈的责任动机和农村情结动机，为农村发展提供有效的资本支持及商业知识支持，为乡村振兴创造条件。

4.1.3 我国企业扶贫的相关制度

1. 中共中央、国务院出台相关制度

《中共中央 国务院关于打赢脱贫攻坚战的决定》提出，引导中央企业、民营企业分别设立贫困地区产业投资基金，采取市场化运作方式，主要用于吸引企业到贫困地区从事资源开发、产业园区建设、新型城镇化发展等；支持电商企业拓展农村业务，加强贫困地区农产品网上销售平台建设；鼓励支持民营企业、社会组织、个人参与扶贫开发，实现社会帮扶资源和精准扶贫有效对接；完善扶贫龙头企业认定制度，增强企业辐射带动贫困户增收的能力；鼓励有条件的企业设立扶贫公益基金和开展扶贫公益信托。

《十三五脱贫攻坚规划》指出，强化国有企业帮扶责任。深入推进中央企业定点帮扶贫困革命老区"百县万村"活动。用好贫困地区产业发展基金。引导中央企业设立贫困地区产业投资基金，采取市场化运作，吸引企业到贫困地区从事资源开发、产业园区建设、新型城镇化发展等。继续实施"同舟工程——中央企业参与'救急难'行动"，充分发挥中央企业在社会救助工作中的补充作用。地方政府要动员本地国有企业积极承担包村帮扶等扶贫开发任务。引导民营企业参与扶贫开发。充分发挥工商联的桥梁纽带作用，以点带面，鼓励引导民营企业和其他所有制企业参与扶贫开发。组织开展"万企帮万村"精准扶贫行动，引导东部地区的民营企业在东西部扶贫协作框架下结对帮扶西部地区贫困村。鼓励有条件的企业设立扶贫公益基金、开展扶贫慈善信托。完善龙头企业参与扶贫开发的支持政策。吸纳利于贫困人口就业的企业，按规定享受职业培训补贴等就业支持政策，落实相关税收优惠政策。设立企业扶贫光荣榜，并向社会公告。

2. 中央部委出台相关制度

2015 年 10 月 17 日，全国工商联、国务院扶贫办、中国光彩会正式发起"万企帮万村"行动。2016 年 3 月 4 日，习近平总书记在参加两会民建、工商联委员联组会时指出，广大民营企业要积极投身光彩事业和公益慈善事业，致富思源，义利兼顾，自觉履行社会责任。开展"万企帮万村"就是非公有制经济人士勇于担当、勇于奉献、先富帮后富的实际行动。各级扶贫部门对本级专项扶贫资金、行业扶贫项目，优先向结对村倾斜；本级统筹支配的扶贫贴息贷款，要优先支持参与结对帮扶的民营企业；要协调政府有关部门，确保企业在结对村的各类投资和捐赠，依法享受优惠财税政策；企业在帮扶过程中遇到障碍和问题时，要积极协调予以解决；要跟踪帮扶进度，做好统计工作，每年汇总民营企业在结对村的投入情况、规划落实情况和主要成效。

财政、税务、金融等部门在动员企业参与扶贫方面的主要职责是落实财税和金融支持政策措施。吸纳利于农村贫困人口就业的企业，按规定享受税收优惠、职业培训补贴等就业支持政策。落实企业和个人公益扶贫捐赠所得税税前扣除政策。按照国家税收法律及有关规定，全面落实扶贫捐赠税前扣除、税收减免等扶贫公益事业税收优惠政策，以及各类市场主体到贫困地区投资兴业、带动就业增收的相关支持政策。对积极参与扶贫开发、带动贫困群众脱贫致富、符合信贷条件的各类企业给予信贷支持，并按有关规定给予财政贴息等政策扶持。国家鼓励上市公司支持贫困地区的产业发展，支持上市公司对贫困地区的企业开展并购重组。对涉及贫困地区的上市公司并购重组项目优先安排加快审核；对符合条件的农业产业化龙头企业的并购重组项目重点支持加快审核。

4.2　上市公司精准扶贫的现状分析

中国证监会在 2016 年 9 月发布了《中国证监会关于发挥资本市场作用服务国家脱贫攻坚战略的意见》，对上市公司履行社会责任、服务国家脱贫攻坚战略给予支持和鼓励。沪深交易所则在 2016 年 12 月分别发布《关于进一步完善上市公司扶贫工作信息披露的通知》和《关于做好上市公司扶贫工作信息披露的通知》。《关于做好上市公司扶贫工作信息披露的通知》明确规定，上市公司在年度报告全文"重要事项"章节中，充分披露公司年度精准扶贫概要、扶贫工作具体成果、后续精准扶贫计划等内容；披露社会责任报告的公司，还应当在社会责任报告中单独、重点披露履行精准扶贫社会责任的情况。鼓励上市公司通过临时报告的形式披露设立扶贫产业基金、参加扶贫公益活动、实施扶贫投资项目的重大进展等有助于投资者了解上市公司积极履行精准扶贫社会责任的相关信息。

为此，上市公司在 2016 ~ 2020 年年报中披露其精准扶贫活动参与情况，并重点披露精准扶贫投入总额、脱贫人数以及分项投入情况，具体情况分别见表 4 - 1、表 4 - 2。

表 4 – 1　　　　　　　　　上市公司精准扶贫总体投入情况

项目	2016 年	2017 年	2018 年	2019 年	2020 年	累计
扶贫家数（家）	499	832	1108	1000	1257	4696
年度扶贫总投入金额（万元）	1310351.97	3506236.57	4763662.12	6710133.94	8850905.56	25141290.16
其中年度扶贫投入资金（万元）	1053005.39	3502052.14	4709238.88	6559165.56	8695952.23	24519414.20
物资折款（万元）	257346.58	4184.43	54423.24	150968.38	154953.33	621875.96
年度扶贫平均投入金额（万元）	2625.96	4214.23	4299.33	6710.13	7041.29	24890.94
年度脱贫人口（人）	866803	2803708	1388931	1329128	2122720	8511290
年度平均脱贫人口（人）	1737.08	3369.84	1253.55	1329.13	1688.72	9378.32

从表 4 – 1 可知，我国有越来越多的上市公司参与精准扶贫活动，2016～2020 年参与精准扶贫的上市公司分别有 499 家、832 家、1108 家、1000 家、1257 家，总共 4696 家样本公司。2016～2020 年这些上市公司扶贫投入金额分别为 131.04 亿元、350.62 亿元、476.37 亿元、671.01 亿元、885.09 亿元，总共精准扶贫投入 2514.13 亿元，不含上市银行对扶贫企业或扶贫个人的金融贷款；2016～2020 年上市公司年度扶贫平均投入金额为 2625.96 万元、4214.23 万元、4299.33 万元、6710.13 万元、7041.29 万元。这些上市公司在 2016～2020 年实际脱贫人数为 86.68 万、280.37 万、138.89 万、132.91 万、212.27 万。

表 4 - 2　上市公司精准扶贫分项投入情况

单位：万元

项目	2016 年	平均数	2017 年	平均数	2018 年	平均数	2019 年	平均数	2020 年	平均数
教育扶贫	15006.98	0.01	207309.83	249.17	89932.41	81.17	99445.80	99.45	163212.86	129.84
健康扶贫	51200.04	0.06	44992.74	54.08	53033.88	47.86	281022.66	281.02	119354.35	94.95
兜底保障	348584.9	1.35	46950.60	56.43	18640.50	16.82	15703.58	15.70	13238.99	10.53
社会扶贫	9614.32	0.64	982430.57	1180.8	166912.96	150.64	378575.60	378.58	305794.15	243.27
其他项目	54457.24	1.06	872425.64	1048.5	805504.44	726.99	1019605.4	1019.61	1465512.9	1165.8
产业发展脱贫	314464.2	0.90	1316822.7	1582.7	3493126.5	3152.6	3982682.5	3982.68	5709981.6	4542.5
转移就业	504696.7	52.4	7646.86	9.19	19254.22	17.38	134444.11	134.44	25200.31	20.05
易地搬迁	5330.71	0.10	5130.00	6.17	53942.39	48.68	128353.20	128.35	133683.00	106.35
生态保护扶贫	568.38	0.00	13076.12	15.72	30127.27	27.19	540360.13	540.36	761946.76	606.16
消费扶贫	6427.43	0.01	9451.42	11.36	33187.63	29.95	130841.16	130.84	157957.79	125.66

从表4-2中可以发现，上市公司具体分项扶贫投入中，投入较多的项目为产业发展脱贫、其他项目脱贫、社会扶贫。特别是产业发展脱贫，脱贫成效较为明显。

4.3　本章小结

自21世纪以来，党和国家对扶贫开发工作的重视程度不断加大，作为市场经济主要参与者的企业，在深入推进扶贫工作的过程中，充分发挥自身资金、技术、产业、人才的优势，为我国精准扶贫、精准脱贫做出了重要贡献。

精准扶贫是这个时代赋予上市公司的特殊社会责任。自2016年起，上海、深圳证券交易所的上市公司信息披露制度就已经将扶贫工作纳入信息披露范围。2017年底，中国证监会更是对上市公司年报、半年报信息披露内容与格式准则进行了统一修订，新增了上市公司支持扶贫开发工作的信息披露要求。通过收集整理相关数据资料发现，2016~2020年参与精准扶贫的上市公司由499家增长至1257家，5年间这些上市公司共投入精准扶贫资金2514亿元（不含上市银行对扶贫企业或扶贫个人的金融贷款），实现脱贫人数共851万。上市公司精准扶贫的项目众多，包括但不限于教育扶贫、健康扶贫、社会扶贫、产业发展脱贫、生态保护扶贫等，其中投入较多的项目为产业发展脱贫，既结合上市公司的业务拓展，又带动贫困户脱贫，脱贫成效较为明显。由此可见，上市公司对精准扶贫工作展现了较大的热情、进行了较大的资源投入，也取得了一定的成效。

第二篇

影响因素篇

第 5 章
经济政策不确定性对上市公司扶贫的影响研究

5.1 引言及相关文献回顾

贫困问题是一个世界性难题，减轻贫困已成为一个国家或地区可持续发展的重要挑战（联合国可持续发展司，2015）。因而社会上的所有参与者都应该履行扶贫社会责任，包括企业（Barkemeyer & Figge，2014；Hahn，2012；Raimi，Akhuemonkhan & Ogunjirin，2015）。在此，《2030 年联合国议程》指出，强调企业参与对于促进可持续发展的重要性，其中消除贫困是企业参与可持续发展的方式之一。事实上，企业履行扶贫社会责任已然成为大势所趋，特别是在当今中国，脱贫攻坚成为国家战略，扶贫社会责任已成为企业社会责任的重要内容。对于企业而言，面对社会的呼吁，合理选择并有效安排企业扶贫社会责任履行方式至关重要，这也成为当下企业需要直面和解决的一个关键议题。

同时一个企业必然处在一定的经济政策环境之中，经济政策的不确定性往往会影响到企业扶贫社会责任的履行。经济政策不确定性是指经济主体无法确切预知政府是否、何时以及如何改变现行经济政策（Gulen lon，2012）。经济政策是政府塑造企业外部经营环境的重要手段，其不确定性不但对政治体系、宏观经济运行产生重要影响，也对企业微观行为造成重要影响。企业在不确定环境下的社会责任决策一直是经济学和管理学关注的焦点问题，因而经济政策不确定性是否对企业扶贫社会责任的履行方式产生影响，主要反映在企业扶贫投入水平中。在当前国际经济不确定性日益增加和我国经济结构深度调整、数字化转型日益深化的背景下，分析经济政策不确定性对企业扶贫社会责任的影响情况，探讨企业扶贫社会责任的履行规律，为乡村振兴战略下更大发挥企业社会责任作用，促进产业兴盛，具有重要的理论和现实意义。

最近的研究也表明，当企业认知到面临较高不确定性的外部环境时，往往更加谨慎地从战略角度兼顾企业的生存和长期发展，选择适宜的社会责任活动（阳镇等，2021）。通过本书，我们希望能够进一步发展和丰富经济政策不确定性与企业扶贫社会责任相关理论。一方面，本书在已有研究基础上，主要关注经济政策不确定性，重点分析并揭示不确定性对企业扶贫社会责任参与方式的影响，并提出相关建议。另一方面，结合市场地位和产权性质，分析市场地位、产权性质会如何影响企业扶贫社会责任的选择，针对不同产权性质的企业采取不同的措施，借此为企业扶贫社会责任相关研究提供新的研究思路和视角。

5.2　经济政策不确定性对上市公司精准扶贫影响的研究设计

5.2.1　研究假设

1. 理论分析

欧盟委员会把企业社会责任定义为公司在自愿基础上将对社会和环境的关怀整合到自身的经营运作以及与其利益相关者互动中的一系列企业活动。可见，企业社会责任活动不仅包括企业内部对于环境和安全等议题采

取的行动，也包括企业对外所实施的扶贫活动等。已有研究表明，扶贫社
会责任活动可以帮助企业缓解融资约束、更好地创造利润、提高财务绩
效，而且也大大提升了企业形象（邓博夫等，2020；胡浩志等，2020）。
当然也有学者担心扶贫社会责任的履行会使企业利润减少，因为履行扶贫
活动会让企业付出大量的现金流，增加企业现金压力、并使企业降低收
益、减少利润。也有相关研究从国家政策层面探究对企业精准扶贫社会责
任的影响，如陈曦等（2020）探讨了国家政策、扶贫政策对贫困地区企业
发展市场预期的影响，不同类型政策对于企业市场预期的影响程度和影响
周期有所区别，扶贫政策影响较为明显，财政类政策影响较弱。然而，目
前相关研究主要探讨了积极推动企业精准扶贫活动履行的影响因素，较少
关注经济政策不确定性的外部环境对企业履行精准扶贫社会责任所带来的
影响。

　　战略学者迈克尔·波特提出，企业的战略选择应当是建立在一系列理
性分析基础上、在企业目标指导下做出的。因此，企业社会责任不是被动
地实施和履行，而是企业为获取竞争优势、创造共享价值采取的非常重要
的战略手段，它也将成为企业新一轮的创新与增长的助推器。战略选择理
论并不避讳经济制度环境对企业决策的影响和制约作用，该理论认为，正
是因为企业在充分认知外部制度因素影响之后，能够通过一个更加理性、
合理的战略选择过程，从而选择采取一个积极主动的优化战略方案以实现
企业预期的目标。正如黑逊等所述，企业的战略选择会受到外部环境的影
响，因此企业需要充分考虑自身条件应对外部风险和不确定性的控制和驾
驭能力，来有效确定战略选择的目标期望。

　　本书认为，战略选择理论为企业精准扶贫战略选择提供了有力的理论
支撑。尤其是当企业认知到面临外部经济政策不确定性时，企业更需要慎
重考虑如何实施精准扶贫社会责任选择战略，才能更好地获取企业合法性
和长期可持续发展。默里等强调，企业社会责任作为一种重要战略，需要
企业与外部环境的良性互动和匹配。在经济政策不确定性的影响下，企业
更需要关注精准扶贫社会责任战略的理性选择，这也反映了企业提升长期
竞争力的期望。因此，本书主要关注企业在认知到外部政策不确定性的影

响下如何制定企业精准扶贫社会责任战略。

2. 经济政策不确定性与企业扶贫社会责任选择

在政府频繁出台系列政策时，经济政策不确定性水平不断攀升。经济政策不确定性会增加企业的融资成本，并对企业的各种投资行为产生影响。经济政策不确定性对企业资产配置的影响有很多条传导渠道，会对利率、消费、生产、跨境资金流动等宏观因素产生影响，这些宏观因素又会对企业的精准扶贫等投资决策行为产生影响。

现金流不确定性的作用渠道：当经济政策不确定性升高时，市场波动变大，加大了未来现金流的可预测性的难度，也加大了精准扶贫项目参与的风险。当企业的资金处于不确定性时，企业更容易提高投资的谨慎性，通过增持现金或者投资短期金融资产保持流动性，所以出于防御性动机，现金流的不确定性提高会降低企业的精准扶贫投资。

融资成本的作用渠道：当经济政策不确定性升高时，企业作为融资方与金融机构之间的信息不对称进一步扩大，即企业有私人信息优势，贷出方对企业经营的利润率及对企业未来现金流的预测难度加大，金融机构为了降低风险，提高了对企业融资资格的筛选要求，增加了对企业的财务状态验证成本，企业出于谨慎态度会降低或推迟对企业的精准扶贫投资。

不确定性的增加通常促使企业推迟投资和雇佣，因为新增项目或雇佣新工人的成本很高（Bernanke，1983）。由于不确定性增加，等待未来投资的高回报导致了较高的延期期权价值，从而导致企业减少当前的投资支出（Abel & Eberly，1996；Dixit & Pindyck，1994；Gulen & Ion，2016；McDonald & Siegel，1986；Pindyck，1988）。杰欧诺（Jeong，2002）发现，在政策不确定期间，企业会减少长期投资，特别是在总统选举年企业平均资本支出将比其他年份低 4.8%（Julio & Yook，2012）。在高度不确定的环境中，企业可能持有更多的现金；这一发现解释了1980~2015 年间企业的投资减少，尤其是那些受到财务约束的企业（Han & Qiu，2007）。罗德里克（Rodrik，1991）发现，新兴市场的企业在面临政策变化时将停止进一步的投资，直到消除与政策改革相关的不确定性为止。王红建等（2014）报告了中国 EPU 与中国资本投资之间的强烈负相关关系。因而当企业面临较高不确定性时，企业可能会减少其当前的企业社会责任投资，并将其推迟到未来的企业社会责任投资中，从而导致等待期权的价值更高（Bernanke，1983；McDonald & Siegel，1986；Wang et al.，2014）。

由此，企业通过提供大量资金来解决社会扶贫问题的期望及其所带来的贡献就面临很大的不确定性。可见，在经济政策不确定情况下，企业会更加专注于自身业务的长远发展，而非关注企业扶贫社会活动，会降低企业扶贫投入参与水平。据此，本书提出：

H5 - 1：经济政策不确定性越高，企业扶贫社会责任的参与水平就越低。

但是，战略选择理论却表明，即使经济政策不确定性较高，企业仍可能会增加其企业社会责任投资，以在当前时期向利益相关者显示健康发展的积极信号（Kulatilaka & Perotti，1998）。企业可以通过企业社会责任参与来产生声誉和道德资本，从而降低企业的风险（Albuquerque，Koskinen & Zhang，2019；Oikonomou，Brooks & Pavelin，2012；Luxembourg，Harjoto & Laksmana，2018；Orlitzky & Benjamin，2001）。公司参与企业社会责任可以减少公司的负面冲击并稳定公司的价值，因为企业社会责任参与可以作为公司的一种保险形式（Koh，Qian & Wang，2014；Lins，Servaes & Tamayo，2017）。

如果企业社会责任的参与是企业增加其价值并保持利益相关者对企业信心的有效战略选择，那么我们预计随着不确定性的增加，企业将在扶贫社会责任参与方面投入更多的资金。不确定性较高期间扶贫社会责任的参与将减少不确定性对公司价值的负面冲击，特别是当公司发生不利事件时，道德资本有助于缓和利益相关者的负面判断（Godfrey，2005）。因而企业扶贫社会责任的参与是在高度不确定性时期保持公司价值的有效策略。在经济政策不确定的情况下，公司可能会更加愿意开展扶贫社会责任活动，以增强信任并表明其履行合同的承诺。这从风险管理的角度来看，当经济政策不确定性很高时，公司可以通过企业扶贫社会责任的参与来寻求保险保护。因此，本书提出竞争性的假设：

H5-2：经济政策不确定性越高，企业扶贫社会责任的参与水平就越高。

3. 企业精准扶贫社会责任选择的调节效应

（1）市场地位。尽管外部环境对企业决策很重要，但企业的战略决策还是更多地体现了企业基于现有的市场地位保持或提升竞争优势的战略意图。为了应对外部不利环境的影响，不同企业在选择不同水平的扶贫活动时，往往需要考虑自身所处的市场竞争地位。

有利的市场地位可以帮助企业在充分利用自身优势的同时超越同行竞争对手，实现更加优异的市场表现。企业一旦确立了一定的市场地位，也将为其获得或提升竞争能力和有效管理合法性提供便利，最多20%的大型公司其投资决策往往不受经济政策不确定性的影响（Kang et al.，2014）。而企业的强势市场地位也会对外部不确定性所带来的负面影响产生一定的免疫力，因而企业能更自主地选择扶贫社会责任活动。相应地，处于强势市场地位的企业更加倾向于主动选择和实施更大程度的扶贫社会责任活动，以获得更好的收益。相反，企业在市场地位比较弱的情况下，则更容易受到外部不确定性的影响，企业扶贫社会责任的履行也就更关注如何减少和规避风险及不确定性。可见，拥有强大市场地位的企业，可以从容地凭借主动的扶贫社会责任战略选择来实现稳固和加强市场地位的战略意图。与此相反，市场地位较弱的企业对扶贫活动的应变能力和资源投放能力更加薄弱。基于此，本书提出：

H5-3：市场地位越弱的企业，经济政策不确定性对其扶贫活动履行的负面影响就越强。

（2）产权性质。根据已有研究，产权性质对企业扶贫社会责任产生重要影响。国有企业，不管是央企，还是地方国企，国资委都掌握着国有企业负责人的奖惩、任免、薪酬等权力，国有企业高管存在更强的政治关联和政治压力。在这种背景下，不管经济政策的不确定性如何，出于各级政府施加的扶贫任务，国有企业高管都将积极通过履行扶贫社会责任的行为来提升社会地位，从而营造良好的个人发展前景。

与国有企业不同，非国有企业管理层经营企业的目的是提高企业的经济效益和企业价值。为了经济利益最大化，在面临较大的不确定性时，非国有企业应对外部不确定性将更加乏力，其扶贫活动的履行也将更关注如何减少和规避外部风险及不确定性，而其相应的扶贫社会责任活动将减少。据此，提出：

H5 - 4：与国有企业相比，经济政策不确定性程度越高对非国有企业扶贫社会责任履行的负面影响就越强。

5.2.2 样本选择与数据来源

2016 年底上海证券交易所、深圳证券交易所要求所有上市公司在年度财务报告中披露企业扶贫社会责任信息，本书手工收集 2016~2020 年财务年报中的企业扶贫社会责任信息，剔除了下列公司：（1）银行、证券、保险等金融类公司，因为很多银行把对贫困户的贷款金额算成扶贫金额，导致其扶贫金额显著过大；（2）上市不满一年的公司。筛选后最终以 17602 家公司的年度数据作为研究样本，扶贫投入金额见表 4 - 1。上市公司扶贫投入数据来自财务年报，相关上市公司治理数据和财务数据来自 CSMAR 公司治理数据库和财务年报数据。为了克服极端值的影响，对主要连续型变量在 1% 和 99% 分位数上进行了 Winsorized 缩尾处理。

5.2.3 模型设定

为了检验前文所提出的假设，回归模型设定为：

$$\text{Poverty}_{i,t} = \beta_0 + \beta_1 \text{EPU}_{i,t} + \beta_2 \text{Control}_{i,t} + \varepsilon \qquad (5-1)$$

$$Poverty_{i,t} = \beta_0 + \beta_1 EPU_{i,t} + \beta_2 Control_{i,t} + \beta_3 PCM_{i,t} + \beta_4 SOE_{i,t}$$
$$+ \beta_5 EPM_{i,t} \times PCM_{i,t} + \beta_6 EPM_{i,t} \times SOE_{i,t} + \varepsilon \qquad (5-2)$$

模型（5-1）用来解释假设 H5-1 和假设 H5-2 中经济政策不确定性对被解释变量的影响。模型（5-2）解释假设 H5-3 和假设 H5-4 在市场地位和产权性质调节下，经济政策不确定性对被解释变量的综合影响。Control 为控制变量。

5.2.4　变量定义

被解释变量：企业扶贫投入水平，本书分别采用扶贫投入总额的自然对数，企业是否参与扶贫投入来衡量。

解释变量：经济政策不确定性，由于经济政策不确定性无法直接度量，因此早期研究中对于代理变量的选取有所不同，布莱尔（Baker et al.，2013）从报纸新闻、税法条款清单和专业人员预测三方面收集信息，合成了美国和欧盟的经济政策不确定性指数，并于 2016 年用相同方法合成了更多国家的经济政策不确定性指数及全球经济政策不确定性指数。本书直接使用布莱尔（Baker et al.，2016）构建的全球经济政策不确定性指数来衡量我国面临的外部不确定性，并以年中月度数据的算术平均值来替代，记为 EPU。

调节变量：（1）企业竞争地位，本书参照邢立全等（2013）研究方法，利用勒纳指数衡量上市公司在行业内的竞争地位（定价力量），勒纳指数＝（营业收入－营业成本－销售费用－管理费用）/营业收入，其值越大，代表公司在行业内的竞争地位越高，定价能力越强，用 PCM 表示。（2）国有产权，如果是国有企业为 1，否则为 0，用 SOE 表示。

控制变量：本书借鉴李四海等（2015）选取了公司规模、公司业绩、负债水平、现金净流量、股权集中度、二职合一、独董比例等 7 个变量作为控制变量。具体如表 5-1 所示。

表 5 – 1　　经济政策不确定性对上市公司精准扶贫影响的变量定义

变量类型	变量名称	变量代码	变量定义
被解释 变量	企业扶贫投入水平	PVA	企业扶贫投入总额的自然对数
	企业是否扶贫投入	DOP	如果企业参与了扶贫投入为1，否则为0
	政治联系	PC	如果 CEO 曾经或现在担任政府官员、人大代表或政协委员，则为1，否则为0
	政府补贴	GS	当年公司获得政府补贴的自然对数
	企业价值	EV	当年公司市场价值/资产重置成本
解释变量	经济政策不确定性	EPU	采用 Baker 等构建的全球经济政策不确定性指数
	CEO 贫困经历	CEO_poverty_ Exp	如果 CEO 在 1941～1961 年出生或出生地为832个国家贫困县为1；否则为0
调节变量	企业竞争地位	PCM	(营业收入－营业成本－销售费用－管理费用)/营业收入
	国有产权	SOE	如果是国有企业为1，否则为0
控制变量	公司规模	Size	总资产的自然对数
	公司业绩	ROA	净利润/总资产
	财务风险	LEV	负债总额/资产总额
	现金净流量	FCF	经营、投资、筹资活动产生的现金净流量之和
	股权集中度	First	第一大股东持股比例
	二职合一	Dual	董事长和总经理为一人赋值1，否则为0
	独董比例	Depend	独立董事人数占董事会人数比例

5.3　经济政策不确定性对精准扶贫影响的实证研究

5.3.1　描述统计

描述统计结果如表 5 – 2 所示。

表 5 -2   描述统计结果

变量	样本量	平均值	标准差	最小值	最大值
扶贫投入	17602	3.586	4.236	0.000	25.261
是否投入	17602	0.256	0.294	0.000	1.000
不确定性	17602	532.942	52.781	363.86	791.876
竞争地位	17602	0.193	0.521	-0.181	0.714
企业产权	17602	0.525	0.460	0.000	1.000
企业规模	17602	21.875	1.519	18.574	26.116
公司业绩	17602	0.052	0.065	-0.132	0.268
财务风险	17602	0.533	0.177	0.083	0.826
现金流量	17602	20.963	86.936	-169.389	515.761
第一股比	17602	37.634	13.894	9.254	75.236
二职合一	17602	0.166	0.218	0.000	1.000
独董比例	17602	0.347	0.045	0.335	0.487

从表 5 -2 看出，扶贫投入总额的均值为 3.586，大约 25.6% 的企业参与了扶贫活动。经济政策不确定性的均值为 532.94，最低的是 2016 年的 363.86，最高的是 2019 年的 791.87，可能受中美贸易冲突的影响；其次是 2020 年的 747.86，主要受新冠疫情和中美贸易冲突的共同影响，这些都导致中国经济政策出现较大的不确定性。市场地位的均值为 0.19，产权性质均值为 0.52，其他变量的均值和标准差与已有研究较为相近。

变量的相关系数结果如表 5 -3 所示。

相关性系数

表 5 – 3

变量	扶贫投入	是否投入	不确定性	竞争地位	企业产权	企业规模	企业业绩	财务风险	现金流量	第一股比	二职合一	独董比例
扶贫投入	1.000											
是否投入	0.032*	1.000										
不确定性	0.043*	0.036**	1.000									
竞争地位	0.041*	0.051*	-0.02*	1.000								
企业产权	0.080**	0.105**	0.071**	0.091*	1.000							
企业规模	0.008	0.136**	-0.004	0.219**	0.153	1.000						
公司业绩	0.268**	0.246**	0.010	0.407**	0.285**	0.278*	1.000					
财务风险	0.055**	-0.041	-0.061	-0.112	-0.151	-0.155	0.102	1.000				
现金流量	0.123**	0.132**	0.032	0.385**	0.173**	0.389**	-0.456	0.021	1.000			
第一股比	-0.07**	-0.018	-0.337	-0.069	-0.031	-0.010	0.041*	0.009	-0.081	1.000		
二职合一	-0.006	0.057**	0.084**	0.030	0.040	0.040	0.017	0.091	0.345**	0.047	1.000	
独董比例	0.008	0.012**	-0.308	0.057	-0.101	0.226***	0.264	0.048	0.310	0.026	0.093	1.000

注：***、** 和 * 分别表示在1%、5%和10%的水平下显著。

从表5-3的相关系数结果来看，企业扶贫活动与经济政策不确定性正相关，而与市场地位正相关，最大的相关系数不超过0.5，表明不存在严重的共线性问题。

5.3.2 回归分析

1. 基准回归

使用 OLS 回归方法考察经济政策不确定性对企业扶贫社会责任的影响，结果如表5-4所示。

表5-4　　　　　　　经济政策不确定性与企业扶贫投入水平

变量	企业扶贫投入水平	企业是否扶贫投入
常数项	-0.748 *** (-13.769)	-3.254 ** (-8.331)
不确定性	0.296 ** (2.009)	0.220 ** (2.061)
企业规模	0.549 *** (7.083)	0.519 *** (9.882)
公司业绩	1.414 ** (1.943)	1.460 * (1.792)
财务风险	0.158 (0.638)	0.144 (0.612)
现金流量	0.234 * (1.783)	0.201 ** (1.977)
第一股比	-0.007 (-0.006)	-0.008 (-0.007)
二职合一	0.748 ** (1.944)	0.743 ** (2.030)
独董比例	-1.295 (-0.278)	-0.362 (-0.390)

续表

变量	企业扶贫投入水平	企业是否扶贫投入
年度变量	控制	控制
行业变量	控制	控制
样本数	17602	17602
F 值	14.315 ***	10.352 ***
调整 R²	0.074	0.102

注：*** 、** 和 * 分别表示在 1% 、5% 和 10% 的水平下显著，括号内为 t 值。

从表 5 - 4 的回归结果来看，经济政策不确定性（EPU）对企业扶贫投入水平（PVA）和企业是否参与扶贫（DOP）的影响系数分别为 0.296、0.220，通过了 5% 置信水平条件下的统计显著性检验，即回归假设 H5 - 2 得到实证结果的支持，验证了本书所提出的在经济政策不确定性下，企业扶贫社会责任作为一种战略竞争工具选择，基于波特和克雷默（Porter & Kramer，2006）的企业社会责任战略竞争工具观，经济政策不确定性会对企业扶贫社会责任产生相应的强化作用。

2. 市场地位与企业扶贫投入水平

不同市场竞争地位的企业往往选择不同水平的扶贫活动。在模型（5 - 2）中加入市场地位这个调节变量，表 5 - 5 汇报了相应的调节效应结果。

表 5 - 5　　　　　　市场地位与企业扶贫投入水平

变量	企业扶贫投入水平	企业是否扶贫投入
常数项	- 3.758 *** （- 12.263）	- 3.919 *** （- 9.270）
不确定性	0.276 * （1.783）	0.281 ** （2.064）

变量	企业扶贫投入水平	企业是否扶贫投入
竞争地位	0.276 * (1.801)	0.281 ** (2.001)
不确定性×竞争地位	0.156 ** (2.107)	0.103 ** (2.043)
企业规模	0.557 *** (8.083)	0.574 *** (10.015)
公司业绩	1.234 ** (2.142)	1.433 * (1.876)
财务风险	0.130 (0.638)	0.132 (0.638)
现金流量	0.128 (0.116)	0.176 (0.102)
第一股比	−0.004 (−0.005)	−0.007 (−0.004)
二职合一	0.811 ** (1.975)	0.789 ** (2.016)
独董比例	−0.437 (−0.514)	−0.484 (−0.517)
年度变量	控制	控制
行业变量	控制	控制
样本数	17602	17602
F 值	11.409 ***	10.299 ***
调整 R^2	0.106	0.094

注：*** 、** 和 * 分别表示在 1%、5% 和 10% 的水平下显著，括号内为 t 值。

模型中出现了显著的正向调节效应（β 系数分别为 0.156、0.103，$p < 0.05$），表明对负的主效应起到了削弱作用，支持了假设 H5 – 3。这说明，当企业处于市场强势地位时，较高的不确定性会减少企业扶贫活动这

一负面影响被显著削弱了，即强势地位的企业，即使面临较高的不确定性，仍然保持较高的扶贫投入水平；而处于弱势地位的企业，这一负面影响则被加强了，即当弱势企业面临较高不确定性时，往往减少扶贫投入水平。

3. 产权性质与企业扶贫投入水平

产权性质与企业扶贫投入水平的回归结果如表 5 - 6 所示。

表 5 - 6 产权性质与企业扶贫投入水平

变量	企业扶贫投入水平	企业是否扶贫投入
常数项	- 3. 403 *** (- 12. 417)	- 3. 237 *** (- 10. 110)
不确定性	0. 267 * (1. 793)	0. 234 ** (2. 056)
企业产权	- 0. 101 ** (- 1. 975)	- 0. 006 * (- 1. 801)
不确定性 × 企业产权	0. 179 * (1. 763)	0. 212 ** (2. 067)
企业规模	0. 536 *** (7. 052)	0. 520 *** (5. 358)
公司业绩	1. 435 * (1. 901)	1. 387 ** (2. 196)
财务风险	0. 141 (0. 634)	0. 127 (0. 605)
现金流量	0. 320 (0. 133)	0. 138 (0. 122)
第一股比	- 0. 005 (- 0. 003)	- 0. 009 (- 0. 006)
二职合一	0. 769 ** (1. 934)	0. 776 * (1. 759)

变量	企业扶贫投入水平	企业是否扶贫投入
独董比例	-0.509 (-0.720)	-0.478 (-0.353)
年度变量	控制	控制
行业变量	控制	控制
样本数	17602	17602
F 值	8.443 ***	9.763 ***
调整 R^2	0.006	0.082

注：***、**和*分别表示在1%、5%和10%的水平下显著，括号内为 t 值。

在模型（5-2）中，我们加入产权性质这个调节变量。从表5-6的结果来看，模型中出现了显著的正向调节效应（β系数分别为0.179、0.212，$p < 0.05$），表明产权性质对负的主效应起到抑制作用，支持了假设H5-4。表明当经济政策不确定性较高时，国有企业对于扶贫投入水平这一负面影响被显著削弱了，即国有企业不管面对多大的不确定性，仍然要完成政府交给的扶贫政治任务；而对于非国有企业，其履行扶贫活动这一负面影响则被显著加强，即当非国有企业面临较高不确定性时，往往减少扶贫投入水平。

4. CEO 贫困经历与企业扶贫投入水平

汉姆布里科和梅森（Hambrick & Mason，1984）指出 CEO 背景特征及其异质性会影响诸多方面的企业行为；本尼奇和埃尔克尔（Benmelech & Frydman，2015）指出 CEO 的管理风格反映出其个人生活模式和阅历的差异。自然灾害或贫困地区的经历往往让人们对于物质匮乏有更切身的体会，有过这段经历的 CEO 往往更懂得忆苦思甜，从而将心比心地对待其他处于困顿状态的人们，因而可能会加大企业扶贫的投入水平。为此，我们考察了不同贫困经历的 CEO 在同等不确定性下是否有不同的扶贫投入水平。结果如表5-7所示。

表 5 – 7   CEO 贫困经历与企业扶贫投入水平

变量	企业扶贫投入水平	企业是否扶贫投入
常数项	− 0.101 *** (− 9.007)	− 0.138 *** (− 10.058)
不确定性	0.193 * (1.803)	0.178 ** (2.055)
CEO 贫困经历	0.122 * (1.839)	0.251 ** (2.328)
企业规模	0.147 ** (2.116)	0.010 ** (2.103)
公司业绩	12.916 *** (6.142)	0.015 *** (7.071)
财务风险	− 0.121 (− 0.062)	0.013 *** (7.039)
现金流量	5.8345 *** (6.414)	0.0085 *** (11.119)
第一股比	4.382 (1.405)	0.009 (1.211)
二职合一	4.781 *** (12.709)	0.009 *** (2.870)
独董比例	− 0.431 (− 1.416)	0.004 (1.368)
年度变量	控制	控制
行业变量	控制	控制
样本数	13408	13408
F 值	14.562 ***	11.192 ***
调整 R^2	0.104	0.086

注：***、** 和 * 分别表示在 1%、5% 和 10% 的水平下显著，括号内为 t 值。

表 5 – 7 列示了 CEO 贫困经历对企业扶贫投入水平的影响。从回归结

果来看，CEO 贫困经历的系数为正且在 10% 的水平上显著。其经济意义表明，相比出生于非贫困地区的 CEO 任职企业，出生于贫困地区的 CEO 任职企业其参与扶贫意愿较高，其扶贫投入水平也显著提高，即 CEO 个体早年所经历或见闻的贫困环境会影响其心理和行为，使其更了解企业扶贫的重要意义。当其拥有企业财务决策权时，其经历和心理的特殊性将促使其所在公司更主动地履行企业扶贫社会责任。

5.3.3 内生性考虑

为确保经济政策不确定性正向影响企业扶贫社会责任的研究结论更加可靠，本书主要采取工具变量法在缓解内生性问题后考察研究结论是否依然稳健。虽然经济政策不确定性对微观企业层面的扶贫社会责任具有较大程度的外生性，一般而言，宏观层面的变量很难与微观企业个体层面的企业扶贫社会责任存在互为因果关系所带来的内生性问题。但是，考虑到本书研究的经济政策不确定性对企业扶贫投入水平的影响存在由遗漏变量所带来的内生性问题，本书进一步采用工具变量法以缓解由内生性问题带来的研究结果的偏差。因此，本书参考阳镇等研究方法使用美国的经济政策不确定性指数作为工具变量，因为中美贸易紧张情况对中美双方都可能造成经济政策不确定性，然后对本书的主效应研究假设 H5 - 1 和 H5 - 2 进行重新估计。从表 5 - 8 的两阶段回归结果中可看出，在第二阶段中，经济政策不确定性（EPU）对企业扶贫社会责任表现依然产生显著的正向影响，对企业扶贫社会责任的影响系数分别通过了 1% 显著性水平检验，这足以说明，本书的主要研究假设 H5 - 2 依然成立。

表 5 - 8 工具变量法

变量	第一阶段	第二阶段	
	不确定性	企业扶贫投入水平	企业是否扶贫投入
美国不确定性	- 0. 058 *** （- 45. 671）		

续表

变量	第一阶段	第二阶段	
	不确定性	企业扶贫投入水平	企业是否扶贫投入
不确定性		0.202 *** (8.834)	0.110 *** (5.428)
控制变量	控制	控制	控制
常数项	1.374 *** (28.321)	− 14.327 *** (− 24.723)	1.633 *** (8.462)
年度变量	控制	控制	控制
行业变量	控制	控制	控制
样本数	17602	17602	17602
调整 R^2	0.985	0.547	0.284

注：*** 、** 和 * 分别表示在 1%、5% 和 10% 的水平下显著，括号内为 t 值。

5.4 经济政策不确定性对精准扶贫影响的实证结论

5.4.1 结论

本书基于中国沪深 A 股上市公司 2016～2020 年的相关研究数据，实证检验了经济政策不确定性对企业扶贫社会责任的影响，并探讨了市场地位、产权性质在经济政策不确定性与企业扶贫社会责任之间的可能中介效应。研究结果表明：（1）经济政策不确定性对企业扶贫社会责任产生显著的正向影响，意味着经济政策不确定性越高企业越有动力承担扶贫社会责任，契合政府脱贫攻坚战略目标；（2）市场地位和产权性质在经济政策不确定性与企业扶贫社会责任之间产生部分的中介作用，意味着企业扶贫社会责任作为一种契合于政府公共价值导向的企业行为，能够缓解社会各方压力的同时为企业经营带来更多的政府资源与社会支持，进而发挥企业扶贫社会责任的战略竞争工具效应；（3）CEO贫困经历也会影响经济政策不确定性下企业扶贫社会责任，意味着来自贫困地区或经历了自然灾害的CEO在企业扶贫决策时更愿意加大扶贫投入力度；（4）企业参与扶贫社会责任并不是建立政治联系，更可能是获取更多的政府补贴和提升企业价值。

理论贡献表现为本章针对以中国为代表的新兴市场，重点分析特定社会情境对企业精准扶贫社会责任履行的影响。已有研究认为，当企业应对外部压力影响时，往往会选择服从和随大流来被动实施精准扶贫行为。借鉴战略理论探讨外部不利因素对企业精准扶贫行为的影响，该理论认为企业可以分析内外部环境条件，积极主动选择合理的精准扶贫行为。对于企业面对经济政策不确定性时，需要讨论履行的精准扶贫活动，为企业出现的复杂多样的精准扶贫活动提供参考借鉴。

5.4.2 启示

第一，在宏观制度层面，随着我国全面步入小康社会和进入经济社会转型期，在这一全面转型期经济增长速度可能放缓，如何在宏观制度层面驱动经济高质量发展成为政策制定者必须面对的重大研究课题。对于政策制定者而言，在中美贸易摩擦等宏观经济波动程度加大的背景下，企业面临的动态竞争环境不确定性也日益加剧，仍然需要考虑企业所处的市场地位、产权性质以及高管特征等非正式制度的差异，有针对性地提高宏观经济政策对企业扶贫社会责任的引导作用。

第二，对于企业高管而言，在经济政策不确定性的情景下，高管的战略决策无疑更具挑战性。一方面，企业的战略决策更加需要立足于更为长远的发展战略导向，有效平衡在经济政策不确定性环境下企业社会责任，特别是参与扶贫社会责任的可持续竞争优势；另一方面，从组织社会学的视角来看，自战略性企业社会责任提出以来，战略性企业社会责任已经成为企业广为接受的一种企业社会责任实践认知理念与行为动力，在宏观经济政策不确定性加剧的背景下，更加需要将企业扶贫社会责任融入战略制定与战略执行单元之中，促进企业在经营过程中获取相应的正当性政府补贴与税收优惠，为企业发展战略提供更强的资源支持。

第三，对监管部门而言，引导企业对参与巩固扶贫、乡村振兴等社会责任的透明披露。鼓励巩固脱贫过渡期上市公司在社会责任报告或财务年报中持续披露企业扶贫、乡村振兴等社会责任履行信息。一方面，企业扶贫参与水平树立了企业社会责任的标杆，能够为其他企业参与扶贫和乡村振兴提供扶贫决策参考；另一方面，企业扶贫参与情况也对同地区、同行业的其他企业产生一种社会压力，促使这些企业更多地参与企业扶贫、乡村振兴。

第四，对世界贫困地区而言，大力宣传中国企业扶贫方案，可为国际减贫提供帮助和借鉴作用。中国脱贫攻坚成就和经验是企业参与国际扶贫的底气，尽管存在国际经济政策不确定性，但是中国企业仍然可以"走出去"参与国际扶贫，充分利用好"一带一路"倡议等国际平台和契机，研究目标国家和地区的贫困地区和减贫需求，进而开展世界减贫活动，既是中国减贫成就和经验的传播者、中国减贫故事的讲述者，也是中国减贫经验在其他国家的落地者，直接参与提供中国减贫方案和贡献中国减贫智慧，造福当地贫困地区，推动国际减贫事业的发展。

5.4.3 研究不足

本书主要从企业内外部影响因素中选取两个主要的调节变量，讨论了市场地位和产权性质的调节效应，可能还有其他因素，如高管背景特征、内外部股东的压力、政府的压力等，也可能对企业扶贫活动的选择产生重要影响，值得在后续研究中深入分析，从而为世界上其他贫困国家和地区缓解贫困问题提供经验建议。

第 6 章
市场竞争对上市公司精准扶贫的影响研究

6.1 引言及相关文献回顾

党的十九大报告明确提出，要确保到 2020 年我国现行标准下农村全部贫困人口实现脱贫。企业扶贫作为我国扶贫开发的重要方式，在"五个一批"脱贫措施中居于首位。2015 年中共中央和国务院颁布的《中共中央国务院关于打赢脱贫攻坚战的决定》中明确指出要发展特色产业脱贫，重点支持贫困村、贫困户因地制宜发展种养业和传统手工业。企业扶贫成为我国学者讨论的热点话题。

一般认为，企业通过自身发展对贫困产生积极影响（如增加社区的就业、投资或税收收入等），但是企业发展并没有显著降低贫困的绝对人数（联合国贸发会议，2014）。并且对于欠发达国家的跨国公司在减贫中的作用的讨论日益激烈，市场竞争在企业扶贫中到底发挥了哪些作用（Banerjee，2018）。虽然企业开展的扶贫社会责任相对较少（Barkemeyer，2009；Barkemeyer & Figge，2014；Lobel，2013），但是也有一些知名企业认识到承担企业扶贫社会责任的重要性，将扶贫社会责任作为一种有效的市场竞争策略纳入企业战略管理中，并通过不同的方式积极主动承担企业扶贫社会责任。作为一种经济活动的企业扶贫社会责任行为在一定程度上是企业对具体的市场环境与竞争状况的反应。另外，消费者对企业扶贫社会责任行为的判断和评价也会受到企业竞争对手扶贫行为的影响。在研究企业扶贫社会责任行为时，需要考虑企业所在的行业环境及其面临的市场竞争状况。

国内学者在 21 世纪初就开始研究要求企业扶贫，近几年关于企业扶贫的研究不断深入，主要包括以下三个方面：第一，企业扶贫模式及扶贫机制的创新。现有的被广泛接受的企业扶贫模式主要有基层组织带动模式、龙头企业带动模式、合作社带动模式三类。但基于企业扶贫在实践中出现的众多问题及其导致的"政府动员—失败—再动员"困境，有学者开始探究企业扶贫新模式。许汉泽和徐明强针对上述困境，通过对 H 县"国家主导＋贫困农户自主联合体"相结合的扶贫模式与农政发展模式的研究，对贫困地区产业该如何对接市场这一问题进行解答。郎亮明等学者研究了为贫困地区提供科技支撑的"西农模式"，分析其工作机制，实证检验了科技扶贫模式的减贫效果，为我国推动科技扶贫模式提供借鉴。张延龙针对"资产收益扶贫"模式的主要阻碍，构建了"公司＋合作社＋贫困户"产业组织模式下的合作机制。第二，企业扶贫的影响因素。童洪志研究了政府扶贫工具对企业扶贫效果的影响，发现政府补贴、培训和贷款失信惩戒三种措施的合理组合能更有效地激励农户生产。东梅等学者实证研究了六盘山集中连片特困地区的企业扶贫，发现公共财政支出和耕地面积会影响扶贫效果。修兴高通过对福建省产业扶贫模式的研究，发现基层组织能力、地区资源、行业属性、市场环境、政策环境、利益联结机制会影响地区企业扶贫模式的效果，而贫困户特征并非重要的因素。第三，企业扶贫的经济后果。张玉明等发现企业扶贫投入水平能提高财务绩效，该结论不受产权性质的影响，但会受市场化程度和管理层权力集中度的影响。

现有企业扶贫研究在扶贫模式和扶贫机制的创新、扶贫效果的影响因素、企业履行扶贫责任的经济后果方面有一定成果，但仍有不足之处：一是大部分研究都是针对特定片区或省域的，可推广性有所欠缺；二是企业扶贫在实施的过程中需要社会力量的积极参与，企业作为社会组织中重要的一部分，是参与扶贫开发的重要力量，但鲜有研究从企业的角度出发研究企业扶贫行为的影响因素。企业的生产经营活动离不开市场，作为企业活动的企业扶贫社会责任在一定程度上也是对市场竞争的反应。那么，市场竞争对企业扶贫行为有什么影响？

本章根据 2016～2020 年制造业上市公司企业扶贫投入金额，检验了市场竞争对企业扶贫行为的影响，丰富了精准扶贫领域的研究成果。研究结果表明：市场竞争这一外部因素显著影响了企业扶贫行为，市场竞争越激烈，企业越愿意履行企业扶贫社会责任。在此基础上分组研究发现，在非国有企业中，市场竞争对企业扶贫行为有正向影响，而在国有企业中，该正向影响不明显。同时，本章进一步考察了市场竞争对企业扶贫行为的影响在行业和地区之间的差异以及企业扶贫的效果，希望能对如何推动企业参与扶贫提供参考。

6.2 市场竞争对精准扶贫影响的研究设计

6.2.1 研究假设

1. 市场竞争与企业扶贫社会责任之间的关系

经典的经济理论一直强调产品市场竞争是提高经济效率最强有力的力量之一。周浩等（2015）认为行业市场竞争能促使企业承担扶贫社会责任。那么，市场竞争对企业的精准扶贫行为有何影响？中国政府承诺 2020 年解决国内贫困问题，积极推动和鼓励企业参与精准扶贫活动，企业扶贫社会责任被看作是企业和社会建立相互联系的因素之一。国内外学者对企业扶贫社会责任的研究重点从什么是扶贫社会责任、是否需要扶贫社会责任、承担什么样的扶贫社会责任到现在的怎样实施扶贫社会责任。企业的社会责任行为是外部市场环境和内部资源约束共同作用的结果，所以现有研究基本从内部和外部两方面研究影响企业实施扶贫社会责任的因素。在内部影响因素方面，杜世风等学者发现企业规模越大、业绩越好、越是国有企业，越容易承担扶贫社会责任。任长秋和王钊基于注意力视角实证发现，领导者年龄较大、企业业务较为多元、董事长和总经理为同一人时，企业越容易承担扶贫社会责任。较少有文献探讨影响企业承担扶贫社会责任的外部因素。黄珺等发现媒体关注正向影响了企业扶贫社会责任的履行，且该影响在民营企业中更加显著。杨义东等研究发现政治资源会促使企业参与精准扶贫，进一步研究发现，行业中的平均企业扶贫社会责任水平会正向作用于上述关系。而市场竞争环境也是企业经营的外部环境，激烈的市场竞争会使企业在决策中更加慎重，所以企业履行扶贫社会责任在一定程度上也是对市场竞争环境的反应。那么，市场竞争是否也会对企业扶贫社会责任产生影响？目前国内外学者关于市场竞争对企业履行社会责任的影响的研究比较丰富，但并没有得出一致结论。

一种观点认为，履行扶贫社会责任有助于企业获得发展所需要的外部资源，从而获得竞争优势，因此激烈的市场竞争会促使企业增加社会责任投入。产品市场竞争是企业面临的一种重要外部压力，和社会伦理道德标准、政治环境等其他外部压力不同，市场竞争完全是由市场力量所引起的外部压力，策略性观点通常将企业社会责任作为企业产品差异化的工具。如果企业社会责任当作企业一种产品差异化的工具，市场竞争会促使企业实行扶贫社会责任行为（Baron，2009）。来自经典企业理论的观点也将扶贫社会责任视为企业实现利润最大化的一种市场竞争策略，是企业应对各种社会、环境压力的一种逐利行为（Baron，2001；Ans K. & Rob V.，2005）。换句话说，企业可以"通过做好事而获得成功"（Porter & Kramer，2011）。许正良和刘娜（2008）提出，应将扶贫等企业社会责任纳入企业长期发展战略中去，使其成为独具特色的企业竞争力的提升器，为企业战略目标的实现和企业的长期稳定发展服务。米勒和希姆肖克（Kitzmueller & Shimshack，2012）同样认为，企业如果积极参与扶贫等社会责任能够吸引优秀员工和消费者，那些综合考虑盈利和非盈利的企业也能在竞争性市场中生存。申富平和袁振兴认为企业履行社会责任的根本原因在于企业对资源的依赖性，企业社会责任履行程度则取决于该资源的边际贡献率、黏合性和稀缺性。根据资源依赖理论（Resource Dependence Theory），企业无法创造其发展所需的全部资源，所以企业需要与外部建立良好的关系以获得更多的资源，减少环境变化带来的冲击，而在我国脱贫攻坚的背景下，企业履行扶贫社会责任显然比参与传统的社会责任更受关注，为企业取得所需资源提供了良好的机会。企业履行社会责任可以塑造良好的企业社会形象，这不仅可以使企业获得消费者青睐，提升企业业绩，还可以与政府建立联系、得到政府补助、降低融资成本，这些资源有助于企业获得竞争优势。所以在市场竞争激烈时，随着生存压力变大，企业为了保持或加大竞争优势，会通过积极履行社会责任来获取必要的市场、政治资源。

另一种观点认为，在市场竞争程度高时，企业履行社会责任会消耗企业的关键资源，从而影响企业获利，所以企业会减少社会责任投入。根据冗余资源理论（Slack Resources Theory），在企业拥有的可支配资源较少的情况下，决策者会更加关注短期财务绩效，从而减少社会责任投入。激烈的市场竞争意味着在同一行业中存在大量企业销售同质产品，企业将会受到更多来自竞争对手的挑战，导致其破产风险增加、盈利空间被大大压缩。克兰普顿和帕滕（Crampton & Patten）发现，当企业盈利能力下降时，企业会减少社会责任的支出。一方面是因为银行等利益相关者在盈利减少时对企业的偿债能力持有消极态度，加剧了企业的融资约束，企业拥有的可支配资源减少，社会责任支出也相应减少。另一方面，管理者出于风险规避动机，也会减少对社会责任的投入。在市场竞争激烈时，企业更加关注如何生存下去，所以企业为了维持经济效益和满足生产经营需要，更容易产生短期行为，可能将有限的企业资源投入到能够保障企业主要经营业务的项目中去，以应对市场竞争带来的压力，导致企业忽视社会责任的履行。但是，企业扶贫更像一项可以同时得到"好名声"和企业产业发展机会的投资，企业扶贫投入不仅可以获得诸如慈善捐赠等传统社会责任行为带来的声誉、良好的政府关系等无形资源，还可以和贫困地区一起通过扶贫产业得到直接收益，企业参与扶贫并没有太大的资源消耗问题。通过以上分析，本书提出如下假设：

H6-1：市场竞争越激烈，企业越愿意履行扶贫社会责任。

2. 产权性质对市场竞争与企业扶贫社会责任之间关系的调节作用

改革开放以来，我国经济发展迅速，但公平竞争的市场经济体制还未完全建立，我国政府仍掌握了大量重要的资源，对市场主体有较大的影响力，这使得国企与非国企在经营环境、企业目标等方面有较大的差距。作为政府控制的企业，国企与政府之间存在天然的"血缘关系"，这使国企在得到更多政府支持的同时，也要承担更多的社会责任。国企参与扶贫在一定程度上受到政府的干预与管制，贾雨佳（2018）发现国有企业迫于各级政府的政治压力，会积极落实扶贫社会责任，所以市场竞争激烈程度对国有企业扶贫行为的影响可能相对较小。相较于国有企业，非国有企业在决定是否履行扶贫社会责任时更加灵活，然而在政府干预较强的制度环境中，非国有企业由于"出身"的原因，获得的政府资源相对较少，在这种情况下，基于政治资源获取动机，非国企往往会通过承担政府主导的社会责任与政府建立良好关系。而在中国脱贫攻坚战的背景下，履行扶贫社会责任是获得政府认同的重要方式之一，因此，激烈的市场竞争会促使非国企积极承担扶贫社会责任以获得企业发展所需的关键资源。通过上述分析，本书提出如下假设：

H6-2：产权性质会影响市场竞争和企业扶贫行为的关系，相较于国有企业，市场竞争对非国有企业扶贫行为的正向影响更显著。

6.2.2 样本选择和数据来源

本书手工收集 2016~2020 年中国沪深 A 股制造业上市公司财务报告中披露的产业扶贫数据，并按照以下标准筛选样本：（1）剔除 ST、*ST 上市公司样本；（2）剔除变量数据缺失的公司；（3）参考以往研究，考虑到 IPO 效应的影响，剔除上市不足 3 年的样本数据。筛选后，共得到 1663 个样本数据。樊纲市场化指数来自《中国分省份市场化指数报告（2021）》，其余数据均来自 CSMAR 数据库。为避免极端值的影响，对连续型变量进行了 1% 缩尾处理。

6.2.3 模型设定

为了检验市场竞争对企业扶贫的影响，设定模型（6-1）检验 H6-1；为了进一步研究产权性质在市场竞争与企业扶贫行为关系中的调节作用，本书依据产权性质将样本分为国有企业组与非国有企业组来检验 H6-2。

$$IPA = \alpha_0 + \alpha_1 \times HHI + \alpha_2 \times \sum control + \alpha_3 \times \sum Year + \alpha_4 \times \sum area + \varepsilon$$

$$(6-1)$$

6.2.4 变量定义

1. 企业扶贫行为

根据上市公司的财务报告整理得到企业扶贫投入金额数据，用企业扶贫投入金额的自然对数来衡量企业扶贫行为（IPA）。

2. 市场竞争

参照以往研究，选取赫芬达尔-赫希曼指数（HHI）来衡量市场竞争。该指标具体算法为同一年度行业内各公司的营业收入占行业总营业收入比重的平方和，计算公式为 $HHI = \sum_{i=1}^{N} (X_i/X)^2$，其中 X_i 指第 i 个企业的营业收入，X 表示该行业所有公司的营业收入总和。该指标从行业集中度的视角来反映市场的竞争水平，指标值越接近于 0，行业内相同规模的公司就越多，行业集中度越低，竞争越激烈；反之，市场竞争强度就越小。本书按照证监会 2012 年颁布的《上市公司行业分类指引》进行分类，制造业使用二级行业分类，其他用一级分类。

3. 产权性质

本书根据 CSMAR 数据库中上市公司实际控制人类型整理出产权性质（SOE）数据，若该公司是国有控股公司则该虚拟变量取值为 1，否则取 0。

4. 控制变量

本书参考以往企业社会责任的研究文献，控制了以下因素：（1）财务状况：必要的财务状况是企业承担社会责任的前提条件之一，财务状况好的企业可能拥有更多的富余资源，所以愿意承担更多的社会责任。本书选取了常见的三个指标，资产负债率（LEV）、资产回报率（ROA）、企业成长性（GROWTH）。（2）公司治理机制：对于股权结构方面，考虑到我国上市公司普遍存在一股独大的股权特征，选取股权集中度（Top1）变量。而对于董事会特征方面，主要考察独立董事比例（INDEP）、两职合一（DUAL）两个变量。（3）公司属性：选取公司规模（SIZE）、成立年限（FirmAge）两个变量。（4）高管特征：汉姆布瑞克和曼森（Hambrick & Mason）提出的高阶理论（Upper Echelons Theory）指出，高管决策时所表现出的机会识别、信息处理等能力和个人偏好与其教育背景密切相关，所以高管所受教育水平的差异会导致决策时存在差异，一般观点认为高管的教育水平越高，越倾向于承担社会责任。本书在高管特征中主要考察高管教育水平（Edu）这个因素。（5）地域环境：精准扶贫作为我国的国策，在每个省市都有部署，但中国各省份的制度、经济发展水平差异较大，可能导致扶贫的效果有较大差异。为了控制地区环境导致的影响，本书参考周浩和汤丽荣的研究，引入省份虚拟变量。具体变量定义见表 6 - 1。

表 6 - 1　　　　　　　　　　　控制变量定义

变量名称	符号	变量说明
公司规模	Size	总资产的自然对数
资产负债率	Lev	年末总负债/年末总资产
资产收益率	ROA	税后净利润/总资产

变量名称	符号	变量说明
企业成长性	Growth	本年营业收入/上一年营业收入 – 1
独立董事比例	Indep	独立董事数量/董事人数
两职合一	Dual	虚拟变量。董事长与总经理是否为同一人，是为1，否则为0
成立年限	FirmAge	公司成立年限的自然对数
股权集中度	Top1	第一大股东持股比例
高管教育水平	Edu	数字1~5分别表示中专及中专以下、大专、本科、硕士研究生、博士研究生，并计算高管学历水平均值

6.3 市场竞争对精准扶贫影响的实证研究

6.3.1 描述统计

从表6-2主要变量的描述性统计中可以看出，企业扶贫脱贫人数均值为3.09。企业扶贫投入金额的平均值为4.09，样本企业扶贫投入金额总体不高。市场竞争变量的均值为0.27。产权性质均值为56%，说明样本企业中，有企业扶贫行为的多为国有企业。从控制变量来看，样本企业的公司规模均值为23.14，资产负债率均值为47%，资产收益率均值为5%，企业成长性均值为15%，平均独立董事比例为38%，最小值为30%，基本达到证监会要求，有19%的样本企业董事长与总经理是同一人，平均第一大股东持股比例为34%，高管平均学历在本科到硕士研究生之间。

表6-2　　　　　　　　　　**描述性统计**

变量	样本数	均值	标准差	最小值	中位数	最大值
企业扶贫行为	1663	4.09	2.47	– 1.20	3.72	12.47
市场竞争	1663	0.27	0.07	0.20	0.26	0.49

续表

变量	样本数	均值	标准差	最小值	中位数	最大值
企业产权	1663	0.56	0.50	0	1	1
企业规模	1663	23.14	1.27	20.51	23.10	27.10
财务风险	1663	0.47	0.17	0.07	0.48	0.92
企业业绩	1663	0.05	0.06	-0.23	0.04	0.22
企业成长性	1663	0.15	0.27	-0.42	0.11	2.40
独董比例	1663	0.38	0.06	0.30	0.36	0.57
二职合一	1663	0.19	0.39	0	0	1
第一股比	1663	0.34	0.13	0.09	0.32	0.73
企业成立年限	1663	3.04	0.22	2.30	3.04	3.56
高管教育水平	1663	3.51	0.49	2	3.56	5

6.3.2 回归分析

1. 市场竞争与企业扶贫行为

为了检验市场竞争对企业扶贫行为的影响，本章对模型（6-1）进行了回归分析，回归结果如表6-3第（1）列所示。市场竞争变量的系数在5%的水平上显著为负。这说明市场竞争有利于促使企业增加扶贫投入金额，行业集中度越小，市场竞争越激烈，企业加大扶贫投入的可能性越大。假设 H6-1 成立。

2. 不同产权性质下的市场竞争与企业扶贫行为

为了检验不同产权背景下市场竞争对企业扶贫行为可能存在的不同影响，本书将样本分为国有企业和非国有企业，在模型（6-1）的基础上进行了分组回归，如表6-3第（2）、（3）列所示，分组回归的结果表明产权性质使得市场竞争对企业扶贫行为的影响出现差异。非国有企业的市场竞争变量的系数在1%的水平上显著为负，而国有企业中市场竞争变量的系数虽然为负，但并不显著。这说明市场竞争仅对非国有企业的扶贫行为产生显著正向影响，而在国有企业中，该正向影响不明显。假设 H6 – 2 得证。

表 6 – 3　　　　　　　　　　多元回归检验结果

变量	（1）主效应	产权性质	
		（2）国企	（3）非国企
市场竞争	– 3. 417 ** (1. 445)	– 0. 344 (1. 537)	– 8. 321 *** (2. 580)
企业规模	0. 649 *** (0. 103)	0. 577 *** (0. 120)	0. 657 *** (0. 180)
财务风险	0. 798 (0. 735)	0. 304 (0. 831)	2. 291 * (1. 325)
成长性	– 0. 0611 (0. 361)	0. 490 (0. 394)	– 0. 689 (0. 598)
独董比例	– 0. 684 (1. 691)	– 0. 604 (1. 738)	– 2. 314 (3. 204)
二职合一	0. 375 (0. 246)	0. 0765 (0. 370)	– 0. 0780 (0. 339)
第一股比	0. 807 (0. 765)	1. 439 (0. 876)	3. 102 ** (1. 302)
企业业绩	0. 575 (1. 942)	1. 959 (2. 396)	2. 296 (2. 952)
企业成立年限	– 0. 854 * (0. 445)	0. 499 (0. 635)	– 0. 227 (0. 655)
高管教育水平	0. 176 (0. 203)	0. 316 (0. 228)	0. 213 (0. 331)
年度变量	控制	控制	控制
地区虚拟变量	控制	控制	控制
常数项	– 8. 882 *** (2. 368)	– 14. 07 *** (3. 165)	– 6. 044 (3. 935)

续表

变量	（1）主效应	产权性质	
		（2）国企	（3）非国企
样本数	1663	931	732
F 值	3.72	6.13	3.18
调整 R^2	0.1501	0.3746	0.2337

注：***、**和*分别表示在 1%、5% 和 10% 的水平下显著，括号内为 t 值。

6.3.3　内生性考虑

对于市场竞争影响企业扶贫行为的结论可能存在两点质疑：一是市场竞争影响了企业扶贫行为，还是行业内的企业扶贫行为加剧了产品的市场竞争程度；二是是否存在遗漏变量从而影响市场竞争和企业扶贫行为之间的关系。本章在回归检验中将解释变量市场竞争（HHI）进行了滞后一期处理以缓解第一个问题引起的内生性，将滞后一期的市场竞争（HHI）作为工具变量进行回归以缓解第二个问题引起的内生性。

1. 滞后一期市场竞争（HHI）

表 6 – 4 报告了将解释变量市场竞争（HHI）滞后一期后的估计结果。从主效应列来看，滞后一期市场竞争（L. HHI）在 5% 的水平上显著为负，进一步依据产权性质分组回归后发现，国企中市场竞争对产业扶贫行为的影响不显著，非国企中，市场竞争显著正向影响企业产业扶贫行为，与假设 H6 – 1 和假设 H6 – 2 的结果相比并未发生太大变化，说明问题一带来的影响并不严重。

表 6 – 4　　　　　　　　内生性检验：滞后一期 HHI

变量	内生性 1		
	（1）主效应	产权性质	
		（2）国企	（3）非国企
滞后一期市场竞争	− 3.127 ** (1.387)	− 0.374 (1.489)	− 7.045 *** (2.549)

续表

变量	内生性1		
	（1）主效应	产权性质	
		（2）国企	（3）非国企
企业规模	0.658 *** （0.104）	0.579 *** （0.121）	0.672 *** （0.182）
财务风险	0.759 （0.736）	0.303 （0.831）	1.989 （1.331）
成长性	− 0.0371 （0.360）	0.488 （0.394）	− 0.551 （0.599）
独董比例	− 0.603 （1.689）	− 0.598 （1.733）	− 2.337 （3.223）
二职合一	0.361 （0.246）	0.0719 （0.371）	− 0.0841 （0.341）
第一股比	0.849 （0.765）	1.443 （0.875）	3.144 ** （1.310）
企业业绩	0.531 （1.945）	1.947 （2.398）	2.264 （2.968）
企业成立年限	− 0.869 * （0.445）	0.490 （0.639）	− 0.178 （0.663）
高管教育水平	0.162 （0.204）	0.312 （0.229）	0.231 （0.333）
年度变量	控制	控制	控制
地区虚拟变量	控制	控制	控制
常数项	− 9.074 *** （2.378）	− 14.08 *** （3.166）	− 6.884 * （3.958）
样本数	1663	931	732
F 值	3.70	6.13	3.08
调整 R^2	0.1494	0.3746	0.2255

注：*** 、** 和 * 分别表示在1%、5%和10%的水平下显著，括号内为 t 值。

2. 滞后一期 HHI 的工具变量法回归

表 6 - 5 是使用了滞后一期的 HHI 作为工具变量的回归结果。第（1）列和非国企中滞后一期的 HHI 的系数均显著为负，国企中并不显著，与前文结果一致。F 值大于临界值 10，说明拒绝弱工具变量原假设，该工具变量是有效的，因此遗漏变量带来的影响并不严重。

表 6 - 5　　　　　　　　　　　　内生性检验：工具变量

变量	内生性 2		
	（1）主效应	产权性质	
		（2）国企	（3）非国企
滞后一期市场竞争	- 3. 603 ** （1. 544）	- 0. 426 （1. 590）	- 8. 129 *** （2. 709）
企业规模	0. 653 *** （0. 100）	0. 579 *** （0. 113）	0. 655 *** （0. 167）
财务风险	0. 794 （0. 710）	0. 301 （0. 780）	2. 286 * （1. 227）
成长性	- 0. 0668 （0. 349）	0. 487 （0. 371）	- 0. 685 （0. 554）
独董比例	- 0. 705 （1. 636）	- 0. 615 （1. 633）	- 2. 301 （2. 967）
二职合一	0. 375 （0. 238）	0. 0757 （0. 347）	- 0. 0778 （0. 314）
第一股比	0. 800 （0. 740）	1. 436 * （0. 822）	3. 113 *** （1. 207）
企业业绩	0. 562 （1. 877）	1. 949 （2. 250）	2. 294 （2. 733）
企业成立年限	- 0. 853 ** （0. 430）	0. 496 （0. 597）	- 0. 232 （0. 608）
高管教育水平	0. 175 （0. 196）	0. 315 （0. 214）	0. 212 （0. 307）

变量	内生性 2		
	（1）主效应	产权性质	
		（2）国企	（3）非国企
年度变量	控制	控制	控制
地区虚拟变量	控制	控制	控制
常数项	−8.905 *** （2.290）	−14.08 *** （2.971）	−6.053 * （3.643）
样本数	1663	931	732
F 值	2776.782	1509.308	879.104
调整 R^2	0.205	0.448	0.341

注：*** 、** 和 * 分别表示在 1%、5% 和 10% 的水平下显著，括号内为 t 值。

6.3.4 稳健性检验

1. 更换市场竞争指标

为了保证实证结果的稳健性，本章变更市场竞争变量，以资产总额计算的赫芬达尔－赫希曼指数（HHI1）来替代上文所用变量。HHI1 指同一年度行业内各公司的总资产占行业总资产比重的平方和，该指标值越接近于 0，竞争越激烈。从表 6－6 中可以看到，全样本和非国企的 HHI1 系数都在 5% 的水平上显著为负，而国企的 HHI1 系数不显著，与上文得出结论一致。

表 6－6　　　　　　稳健性检验：更换市场竞争指标

变量	稳健性 1		
	（1）主效应	产权性质	
		（2）国企	（3）非国企
HHI1	−3.526 ** （1.740）	1.151 （1.821）	−6.683 ** （3.263）

续表

变量	稳健性1		
	（1）主效应	产权性质	
		（2）国企	（3）非国企
企业规模	0.627 *** （0.101）	0.552 *** （0.117）	0.638 *** （0.182）
财务风险	0.825 （0.735）	0.353 （0.831）	2.215 * （1.341）
成长性	−0.00417 （0.359）	0.522 （0.390）	−0.606 （0.604）
独董比例	−0.597 （1.692）	−0.429 （1.737）	−1.687 （3.238）
二职合一	0.374 （0.246）	0.0906 （0.370）	−0.0597 （0.343）
第一股比	0.826 （0.766）	1.492 * （0.876）	3.184 ** （1.322）
企业业绩	0.850 （1.942）	2.119 （2.393）	2.938 （3.010）
企业成立年限	−0.877 ** （0.445）	0.568 （0.638）	−0.384 （0.660）
高管教育水平	0.179 （0.203）	0.334 （0.229）	0.296 （0.338）
年度变量	控制	控制	控制
地区虚拟变量	控制	控制	控制
常数项	−8.402 *** （2.365）	−14.26 *** （3.178）	−6.425 （3.980）
样本数	663	369	294
F值	3.68	6.14	2.96
调整 R^2	0.1481	0.3753	0.2151

注：*** 、** 和 * 分别表示在1%、5%和10%的水平下显著，括号内为t值。

2. 更换制度环境指标

本章为了控制制度环境的影响，引入了省份虚拟变量，为保证研究结果的稳健性，本章变更制度环境指标，使用樊纲市场化总和指数（MID）来控制制度环境差异。《中国分省份市场化指数报告（2021）》只公布了 2019 年及之前的市场化指数，所以本书参考俞红海等和马连福等的做法，以其他年度市场化指数的平均增长幅度作为预测依据。由于2015 年报告的市场化指标体系相较于 2011 年的报告有一些调整，本章用调整后的 2008～2019 年的市场化指数估算 2020 年的市场化指数。回归结果如表 8－7 所示，与前文研究结论一致，这说明本章结果具有一定的稳健性。

表 6－7　　　　　　　　　　　稳健性检验：更换制度环境指标

变量	稳健性 2		
	（1）主效应	产权性质	
		（2）国企	（3）非国企
市场竞争	－4.530 *** （1.382）	－1.245 （1.563）	－7.108 *** （2.519）
企业规模	0.644 *** （0.0949）	0.629 *** （0.116）	0.735 *** （0.167）
财务风险	0.635 （0.687）	0.799 （0.842）	0.211 （1.223）
成长性	－0.191 （0.352）	0.279 （0.407）	－0.673 （0.603）
独董比例	0.204 （1.614）	1.049 （1.769）	－0.695 （3.005）
二职合一	0.344 （0.237）	0.657 * （0.380）	－0.0247 （0.333）

续表

变量	稳健性 2		
	（1）主效应	产权性质	
		（2）国企	（3）非国企
第一股比	0.617 (0.725)	0.755 (0.848)	1.743 (1.307)
企业业绩	1.084 (1.857)	1.746 (2.465)	−1.740 (2.810)
企业成立年限	−0.809* (0.420)	0.570 (0.627)	−0.949 (0.629)
高管教育水平	0.192 (0.191)	0.324 (0.230)	0.129 (0.317)
MID	0.120*** (0.0447)	0.0346 (0.0598)	0.170** (0.0699)
年度变量	控制	控制	控制
常数项	−9.921*** (2.179)	−15.50*** (3.022)	−9.843*** (3.667)
样本数	1663	931	732
F 值	8.66	7.96	3.62
调整 R^2	0.1394	0.2093	0.1114

注：***、**和*分别表示在1%、5%和10%的水平下显著，括号内为 t 值。

6.3.5　进一步研究

1. 地域差异：东部、中部、西部

中国不同区域的经济发展水平差异较大，那么市场竞争对企业扶贫行为的影响是否存在地域差异？本章依照经济发展水平划分样本企业，由于东北地区样本太少，按 2005 年之前的分类方式，将全国分为东部、中部和

西部三大区域来考察市场竞争对企业扶贫行为影响的区域差异。回归结果如表6-8所示，东部地区和西部地区的HHI系数显著为负，而中部地区的HHI系数虽然为负却不显著。因此，市场竞争对企业扶贫行为并没有太大影响，可能是因为中部地区的企业扶贫投入金额低于东部和西部地区的企业扶贫投入所致。

表6-8　　　　　　市场竞争对企业扶贫的影响：地域差异

变量	东部	中部	西部
HHI	-5.551^{**} (2.467)	-1.450 (1.908)	-5.557^{*} (2.894)
企业规模	0.546^{***} (0.174)	0.376^{**} (0.149)	1.120^{***} (0.175)
财务风险	-0.133 (1.314)	1.429 (1.007)	-0.325 (1.246)
成长性	-0.139 (0.622)	-0.401 (0.534)	0.193 (0.646)
独董比例	6.639^{**} (3.033)	-6.256^{***} (2.312)	0.134 (2.986)
二职合一	0.909^{**} (0.384)	0.693^{**} (0.350)	-1.087^{**} (0.512)
第一股比	-0.466 (1.243)	-1.027 (1.140)	3.048^{**} (1.420)
企业业绩	-3.446 (3.456)	5.977^{**} (2.900)	1.514 (3.181)
企业成立年限	-1.429^{**} (0.642)	1.826^{***} (0.696)	-0.909 (0.950)
高管教育水平	0.900^{***} (0.322)	-0.0370 (0.272)	-0.159 (0.400)
年度变量	控制	控制	控制

续表

变量	东部	中部	西部
常数项	− 8. 696 ** (3. 964)	− 8. 213 *** (3. 156)	− 18. 55 *** (4. 379)
样本数	671	528	464
F 值	4. 71	3. 29	5. 65
调整 R^2	0. 1699	0. 1159	0. 2350

注：***、** 和 * 分别表示在 1%、5% 和 10% 的水平下显著，括号内为 t 值。

2. 行业特征差异：行业附加值

企业所处行业的特征不同，其扶贫社会责任行为也会存在一定差异。以传统的劳动密集型行业为代表的低附加值行业投入产出比低，由于其技术含量较低，产品升值幅度较小、获利少，一般以价格竞争为主，竞争优势容易被取代。企业参与扶贫虽然可以得到社会关注，从而获得政府支持、受到消费者青睐，但企业扶贫是一种长期行为，需要不断投入资源以维持产业发展，而激烈的市场竞争将会导致企业获利水平下降，使企业拥有的可支配资源更加缺乏，低附加值企业参与扶贫存在一定风险。所以，在竞争激烈时，低附加值行业首先会聚焦于短期绩效，企业可能会选择将资金投入可以较快获得收益的项目中去，以应对市场竞争带来的压力，往往忽视社会责任。以知识密集型行业为代表的高附加值行业通常以产品差异化竞争为主，较高的技术含量使其产品的升值幅度较大，投入产出比高，竞争优势不易被模仿。该类企业往往拥有更多的冗余资源，这可以缓解企业外部竞争压力带来的风险，从而使企业减少对短期绩效的关注，发现利于企业发展的机会。在这种情况下，激烈的市场竞争反而会使企业通过精准扶贫行为获得利益相关者的认同，从而获得企业发展所需资源，保持或增强竞争力。所以，市场竞争激烈时，相比于低附加值行业，高附加值行业更有可能投入更多的扶贫资金，以在长期内获取竞争优势。

本章参照周浩和汤丽荣的方法，按世界银行（2007）的标准将医药制造业和电子及通信设备制造业划分为高附加值行业，农副食品加工业、食品制造业、纺织品制造业和服装、鞋、帽制造业划分到低附加值行业，并据此检验市场竞争对企业扶贫行为影响的行业特征差异。研究结果如表6-9所示，在高附加值行业中，市场竞争显著正向影响企业扶贫行为。在低附加值企业中，这种影响并不明显。

表6-9　　　　　　市场竞争对企业扶贫的影响：行业差异

变量	行业附加值	
	低附加值	高附加值
HHI	−0.775 (6.494)	−4.128* (2.186)
企业规模	0.618 (0.539)	0.800*** (0.186)
财务风险	−1.158 (2.746)	−0.0973 (1.264)
成长性	−1.135 (1.884)	−0.234 (0.527)
独董比例	−5.316 (7.662)	0.0622 (2.889)
二职合一	1.680* (0.885)	−0.619 (0.416)
第一股比	1.547 (3.644)	−0.917 (1.380)
企业业绩	−8.930 (7.572)	8.172** (3.191)
企业成立年限	2.427 (3.101)	−0.394 (0.897)
高管教育水平	1.441 (0.915)	0.288 (0.409)
年度变量	控制	控制

续表

变量	行业附加值	
	低附加值	高附加值
地区虚拟变量	控制	控制
常数项	− 16.41 (14.28)	− 14.20*** (4.159)
样本数	173	368
F 值	2.94	3.25
调整 R^2	0.4063	0.3390

注：***、** 和 * 分别表示在 1%、5% 和 10% 的水平下显著，括号内为 t 值。

6.4　市场竞争对精准扶贫影响的实证结论

6.4.1　结论

在我国脱贫攻坚战的背景之下，企业扶贫这种"自力更生"的扶贫方式能有效阻止返贫，从而受到社会各界的重视。实证研究发现，市场竞争正向影响了企业扶贫行为，即市场竞争越激烈，企业越容易发生精准扶贫行为。为了检验不同产权背景下市场竞争对企业扶贫行为可能存在的不同影响，本章在全样本的基础上分组研究发现，在非国有企业中，市场竞争程度和企业扶贫行为显著正相关，而国有企业扶贫社会责任的履行可能因为在一定程度上受到政府的干预，市场竞争程度对企业扶贫行为的影响并不明显。本章进一步研究了在不同行业和不同地区，市场竞争对企业扶贫行为的影响是否存在差异，结果表明市场竞争显著正向影响了东部和西部制造业的企业扶贫行为，对中部地区的企业扶贫行为并无明显影响。市场竞争对高附加值行业企业扶贫行为有显著正向影响，在低附加值行业中，市场竞争对企业扶贫行为没有影响。

6.4.2　建议

当前我国制造业非国有企业上市公司履行企业扶贫社会责任受到外部市场竞争环境的影响明显，这在一定程度上说明企业参与精准扶贫更多是为了谋求差异性竞争优势的策略性行为。

从政府角度出发，要充分发挥政府的引导激励和监督作用。现阶段政府在制定相关的政策时可以合理考虑怎样使企业在履行扶贫社会责任时"有利可图"，从而促使企业积极参与扶贫社会责任。但是，政府要注意把握干预的边界，因为随着市场机制的不断完善，市场会在资源配置中发挥决定性作用，政府持有大量重要资源、对市场干预较大的局面也会随之改变，企业出于获取资源而履行扶贫社会责任的方式会被慢慢淘汰。

从企业角度出发，企业应该充分考虑自身条件，策略性的履行扶贫社会责任，根据所需资源的重要程度，有选择、有偏重的满足资源拥有者的要求，与其建立良好的社会关系，从而获得有利于企业进一步发展的差异性竞争优势。

第 7 章
同群效应对上市公司精准扶贫的
影响研究

7.1 引言及相关文献回顾

从 21 世纪初开始，解决贫困问题成为联合国千年目标，企业扶贫社会责任（CSR）成为国内外学术界讨论的热点话题。大部分研究从不同的方面分析企业扶贫的社会责任行为，比如企业需不需要承担扶贫社会责任、承担什么样的扶贫社会责任、扶贫社会责任对公司财务绩效的影响等（Rita D. & Diego R. M，2020）。其他一些文献则重点研究驱使公司承担企业扶贫社会责任的影响因素（杜世风等，2019）。在实践层面，我国脱贫攻坚战取得了全面胜利，现行标准下 9899 万农村贫困人口全部脱贫，832 个国家贫困县全部摘帽，12.8 万个贫困村全部出列，完成了消除绝对贫困的艰巨任务；但仍要防止大规模返贫，2020 年 12 月中共中央、国务院发布《关于实现巩固拓展脱贫攻坚成果同乡村振兴有效衔接的意见》，明确设立 5 年脱贫过渡期，其扶贫政策、资金总体保持不变，同时有效衔接乡村振兴。可见企业履行社会责任被赋予了更多、更高、更广的意义，从救济式扶贫到开发式扶贫、再到精准扶贫直至巩固拓展脱贫攻坚成果，企业仍然要在扶贫常态化与可持续中发挥重要作用。

同群效应（peereffects），在一些文献中也被称为社会学习（sociall-earning）或社会传染（socialcontagion），是指处在相似行业、相似组织或者具有其他相似特征的群体，群体内个体间互动行为所产生的交叉影响（Manski，1993）。即个体的行为不仅受到自身某些特征因素的影响，也会受到处在同一群组中的其他个体相关行为的影响。卡马里亚（Kaustia，2015）指出同群效应可以产生社会放大器或者滚雪球的效果，即当一个个体的行为直接受到同群中其他个体行为影响时，那么群体中最初一个小的变动最终也会对该群体形成较大的影响。

道格尔等（Dougal et al.，2015）以美国1970~2009年的20个地区和Fama‐French的12大业分类中的公司为研究样本，发现公司投资在不同行业相同地区、相同行业不同地区、相同行业相同地区均存在不同程度的同群效应，而这种效应对相同行业相同地区的影响最为显著。刘思博和吴德军（2016）以KLD数据库中1997~2011年期间的2万家公司为样本研究了公司社会责任履行的同群效应现象，并将产品相似度较高的公司作为同群公司。他们发现了显著的公司社会责任履行的同群效应，并且这种同群效应具有积极正面的效果，不仅改善了整体公司社会责任履行，更促进了公司价值的提升。刘计含、王建琼（2016）和杨力（2017）利用我国上市公司数据发现公司存在的社会网络会造成企业社会责任履行行为具有一定的相似性。韩沈超、潘家栋（2018）以企业社会责任表现的同群效应为视角，基于上市公司微观层面数据展开经验研究，发现同地区企业社会责任表现具有高度显著的同群效应，而同行业则不显著；随着企业社会责任水平的提高，同一地区同群企业的社会责任表现对个体企业社会责任表现的促进效果也随之加强。但周浩等（2015）则认为行业市场竞争能影响企业承担员工社会责任，不过这种影响没有体现出明显的地域差异，而是体现在行业差异上。那么，不同行业、不同地区的平均企业扶贫社会责任水平是否也会对个体企业的扶贫社会责任产生显著的同群效应？由于个体企业具有异质性特征，例如不同企业规模、产权结构的利益诉求不同，非国有企业主要追求经济利益，而国有企业更加注重政治形象，不同的异质特征是否会对企业扶贫社会责任的同群效应产生影响？甚至像石油化工等社会责任敏感度高的行业是否更能促进其所在行业扶贫社会责任的同群效应呢？

本章以企业扶贫行为为切入点，根据沪深 A 股非金融公司数据，研究企业扶贫社会责任的同群效应问题。研究发现：（1）企业扶贫行为会受到同地区和同行业企业扶贫行为的显著正向影响，即同群企业扶贫投入水平越高，企业的扶贫投入水平也就越高。（2）企业扶贫行为同群效应的形成机制，包括社会学习机制和社会压力机制，那些处于信息劣势的企业，以及面临社会压力较大的企业，其扶贫行为更容易受到同群效应的影响。（3）扶贫行为同群效应影响路径主要包括：平行影响和先内后外，如小企业影响小企业、大企业影响大企业、绩效好的企业影响绩效好的企业、国有企业影响国有企业和非国有企业影响非国有企业等，这是一种主要的影响路径。如大企业的扶贫行为，同时受到同群中大企业和小企业扶贫行为的影响，但主要受到同群中大企业的影响；业绩好企业的扶贫行为同时受到好企业和差企业扶贫行为的影响，但主要受同群中好企业的影响。（4）企业参与扶贫活动虽然不能显著降低企业整体的融资成本，但是可以获得更多的政府补贴和投资机会，能够显著提升其企业价值。

本章的研究贡献主要包括：第一，本研究在国内首次证实了企业扶贫社会责任的同群效应，该结论弥补了传统研究企业扶贫社会责任影响因素只关注企业内部因素的不足，丰富了企业外部的影响因素文献，有助于学者进一步打开企业承担社会责任行为的"黑箱"。第二，完善了中国企业的同群效应问题。本章在前人研究基础上进一步研究了同地区、同行业企业扶贫的同群效应，并深入探讨了其形成机制。第三，在实践意义上，虽然脱贫攻坚工作已经全部结束，但是仍处巩固拓展脱贫攻坚成果和乡村振兴有效衔接的关键时期，在同地区、同行业影响下，本章深化了异质性企业从事企业扶贫社会责任的影响路径，也为中国实施乡村振兴治理改革提供了政策建议。

7.2 同群效应对上市公司精准扶贫影响的研究假设

7.2.1 理论分析

社会学习（Social learning）理论认为，高管对公司行为活动的模仿并非完全盲目的从众行为，而是基于同群公司信息而作出的决策，是一种社会学习而造成的模仿行为。经理人通过独立分析自有信息来制定决策的过程成本较高或是存在信息噪音较大的情况下，理性经理人会依赖于同群公司决策的信息来帮助其进行决策，从而产生搭便车现象（Patel et al.，1991；Banerjee，1992；Devenow & Welch，1996 & Bikhchandani et al.，1998）。比克查恩达尼等（Bikhchandani et al.，1992）认为，由于经理人自身掌握关于投资项目的信息不完全，经理人在做决策时会尝试推敲同地区、同行业企业决策时所隐含的信息，互相猜测或分享彼此的信息，模仿同群公司，这样可以节约搜寻和加工信息的成本，从而引致同群效应。

在比克查恩达尼（Bikhchandani）等人的模型中，公司经理人 A 优先做出扶贫投入水平决策，公司经理人 B 则在经理人 A 之后，并通过经理人 A 的扶贫决策行为判断其信息内容。决策的结果用 V 来表示，若 V = 1 则表示盈利，若 V = −1 则表示亏损，假设二者的概率相同。经理人所收到的好的信息和不好的信息分别用 G 和 L 来表示，且有：

$$P[G(V=1)] = P[L(V=-1)] = p, \ 0.5 < p < 1 \qquad (7-1)$$

若经理人 B 判断经理人 A 的信息与自身信息不符，经理人 B 有 50% 的概率随机选择是否进行模仿。进一步衍生，若经理人 C 发现经理人 A、B 信息不一致时，则决策过程会与经理人 A 完全相同，若发现二者的信息相同时，则经理人 C 会忽略自身信息，而模仿经理人 A、B 的行为，以此类推。表 7 − 1 展示了该博弈的收益。

表 7 - 1   相互博弈收益

项目	A 决策，B 模仿	A 决策，B 不模仿	A 不决策，B 模仿	A 不决策，B 不模仿
$V = 1$	$0.5 + 0.5p$	$0.5(1 - p)$	$1 - 0.5p$	$0.5p$
$V = -1$	$1 - 0.5p$	$0.5p$	$0.5 + 0.5p$	$0.5(1 - p)$
$E(U)$	$1.5b - 1 + 0.5p$	$0.5(b - p)$	$1.5b - 0.5 - 0.5p$	$0.5(p + b) - 0.5$

假设 $V = 1$ 的概率为 b，$V = -1$ 的概率则为 $1 - b$，则在经理人 A 扶贫投入决策的前提下，经理人 B 模仿的期望收益 $E(U_1) = 1.5b - 1 + 0.5p$，经理人 B 不模仿的期望收益为 $E(U_2) = 0.5(b - p)$，可知 $E(U_1) - E(U_2) = b + p - 1$；在经理人 A 不作出扶贫决策的前提下，经理人 B 不模仿的期望收益可以表示为 $E(U_3) = 1.5b - 0.5 - 0.5p$，经理人 B 模仿的期望收益可以表示为 $E(U_4) = 0.5(p + b) - 0.5$，则有 $E(U_3) - E(U_4) = b - p$。

根据模型假设可知，概率 $b = p$，则有：

$$E(U_1) - E(U_2) = b + p - 1 = 2p - 1 > 0, \quad E(U_3) - E(U_4) = b - p = 0$$

$$(7 - 2)$$

因此可知，无论经理人 A 是否作出扶贫投入决策，经理人 B 跟随经理人 A 的行为都是上策，而之后的决策者同样会类似经理人 B 的行为，循环往复，从而导致扶贫投入的同群效应。

7.2.2 研究假设

1. 企业扶贫行为的同群效应

同群效应最早应用于教育、健康及慈善捐赠等社会学领域的个体行为活动，近年来逐渐应用于公司治理等经济学和金融学以及社会责任的前沿研究之中。同地区公司行为总是存在一定程度的同步性，表现为"近朱者赤，近墨者黑"（Manski，2000）。刘思博和吴德军（2016）以 KLD 数据库在 1997～2011 年期间的 2 万家公司为样本研究了公司社会责任履行的同群效应现象，他们发现在产品相似度较高的公司中存在显著的社会责任履行的同群效应。道格尔等（Dougal et al.，2015）以美国在 1970～2009 年的 20 个地区和 Fama - French 的 12 大业分类中的公司为研究样本，发现公司投资在不同行业相同地区、相同行业不同地区、相同行业相同地区均存在不同程度的同群效应，而这种效应对相同行业相同地区的影响最为显著。刘计含、王建琼（2016）和杨力（2017）利用我国上市公司数据也发现公司存在的社会网络会造成企业社会责任履行行为具有一定的相似性。

由于企业管理者习惯于紧盯同群企业的行为和决策，因此企业社会责任是同群效应存在的一个潜在主要领域。既有研究讨论了企业社会责任中的同群效应现象，并且发现同群企业（如竞争对手、同行业企业等）的社会责任行为及其履行水平会显著正向影响个体企业的社会责任行为（刘思博和吴德军，2016）。与强制型社会责任形式（如合法合规性）、自愿型社会责任形式（如慈善捐赠）相比，扶贫社会责任从本质上而言，属于一种半强制型社会责任形式。对于国有企业而言，尚有扶贫任务地区的政府或东西部协作的政府以及实行定点帮扶的央企往往会要求下属的国有上市公司履行对口帮扶、定点帮扶等扶贫社会责任形式的政治任务，属于强制性社会责任形式，然而仍有部分国有企业没有这种安排，体现在财务年报中就是不适用精准扶贫活动；但是非国有企业则属于自愿履行社会责任形式，全国工商联联合原国家扶贫办在 2016 年鼓励民营企业开展"万企帮万村"行动，并给予扶贫再贷款等金融优惠政策，可是对于民企是否参与扶贫、怎样参与以及扶贫投入规模完全由企业自主决定。总体而言，企业扶贫属于半强制型社会责任形式，扶贫行为也是研究同群效应的理想情境，在中国的社会转型背景下，企业扶贫投资决策不仅受到自身因素的直接影响，同时还受到其他企业的间接影响，即会考虑其他企业的扶贫投入水平。综上，得出本章假设：

H7 - 1：企业扶贫行为中存在同群效应，即企业扶贫投入水平会受到同群其他企业扶贫投入水平的显著影响。

H7 - 1.1：同地区企业扶贫行为中存在同群效应，即同地区企业扶贫投入水平会受到同地区其他企业扶贫投入水平的显著影响。

H7-1.2：同行业企业扶贫行为中存在同群效应，即同行业企业扶贫投入水平会受到同行业其他企业扶贫投入水平的显著影响。

2. 同群行为的形成机制

同群效应本质上是一种模仿，其潜在影响机制主要有两种：一是基于信息的理论，即企业会模仿那些具有信息优势的企业，从其他企业的行为中获取有用的决策信息；二是基于竞争的理论，即其他企业采取某项措施，会影响到该企业采取类似措施的社会效用，并进而影响其竞争优势，因此，为了维持竞争优势或者限制竞争对手，企业会模仿同群企业的行为。

（1）社会学习机制。

扶贫社会责任处在企业社会责任金字塔的顶端，对于民营企业而言，属于自愿履行的社会责任形式，企业是否开展扶贫，怎样开展以及投入多少金额比较合适，并没有统一的标准；即使是国有企业，对于扶贫的开展方式及投入金额，仍然没有统一标准。社会比较理论认为，当不存在客观标准时，人们通常会根据其他人的决策来决定其自身的决策（Carroll，1979）。此时，同群企业的扶贫行为就成为一种规范，是企业参与扶贫决策的重要信息来源。企业可以简单地模仿同群企业的扶贫决策，这既可以减少信息搜寻的成本，又可以作出相对合理的扶贫决策，满足利益相关者的期待。例如马泰斯（Matteis，2018）研究了国际援助中存在的同群效应现象，发现同群效应能够降低国际援助的波动性，且后进行援助的国家，会向率先进行援助的国家学习，模仿其援助策略。基于此，提出如下假设：

H7-2：在市场中处于信息劣势的企业，其扶贫行为越容易受到同群效应的影响。

（2）社会压力机制。

随着经济社会的发展，公民对企业社会责任的要求与期盼也不断提高，企业扶贫就是对日益增长的社会压力和期待的一种回应。当这种外在的压力越大时，企业参与扶贫的可能性和扶贫投入规模都会显著增加。从某种程度上说，企业在社会责任领域的竞争激烈程度，绝不会亚于企业在产品市场方面的竞争（Marquis et al.，2007）。同群企业层面的压力，对于企业扶贫社会责任行为的形成具有重要影响。刘计含、王建琼（2016）利用我国上市公司数据发现企业社会责任的履行行为具有一定的相似性，来自同伴的信息对于个体是否参与扶贫，以及扶贫投入多少等决策至关重要。同伴压力能够显著提高其扶贫投入水平，进而提高利益相关者对于企业履行扶贫社会责任的期盼。同时国家扶贫办 2012 年重新选定了 832 个国家贫困县，全部分布在中西部 22 个省、市、区，这些地区的政府一把手都需要签订脱贫攻坚责任书，即按期脱贫的军令状，这些地方政府为了缓解压力而往往通过当地国资委或行业协会迫使当地企业加大扶贫投入力度，企业往往选择服从于这种无形压力，积极与同群企业的扶贫投资行为保持一致或类似。另外对于 13 个重污染行业中的企业，这些行业的社会责任敏感性更强、社会期望更高，为了避免让企业处于不利境地，即使出现企业环境事件、业绩下滑的负面情况也能有所借口，企业一般都会选择屈从于这种社会压力，积极与同群企业的扶贫投资行为保持一致或类似。为此提出假设：

H7 - 3：在市场中面临社会压力越大的企业，其扶贫行为越容易受到同群效应的影响。

H7 - 3.1：在扶贫任务越严重地区的企业，面临的社会压力越大，其扶贫投资行为越容易受到同地区其他企业的影响。

H7 - 3.2：在重污染行业中压力越大的企业，其扶贫投资行为越容易受到同行业其他企业的影响。

7.2.3 样本选择和数据来源

本书选择了 2016～2020 年在沪深上市的 A 股公司为样本进行研究，其财务数据来自国泰安数据库，企业扶贫社会责任数据来自财务报告。借鉴已有研究的做法，本书剔除了以下公司：（1）金融类、保险类、证券类上市公司；（2）上市不足 1 年的公司，得到 17602 个年观测值构成的研究样本。由于需要观察滞后一年同地区企业扶贫投入水平，为此得到 14562 个同地区研究样本；同时同群企业要求同行业的上市公司数量在 10 家以上，再剔除行业内数量低于 10 家的公司，最终得到 13670 个同行业样本。为消除极端值的影响，对于本书所使用到的连续变量，均按 1% 和 99% 水平进行处理。

7.2.4 模型设定

由于本书研究的样本时间跨度仅为 5 年，因而本章探究了截面效应对本章模型的影响，结果发现 F 检验值均小于临界值，所以不能拒绝截面效应为 0 的原假设。因此，本章选择在混合 OLS 模型基础上控制了年度的虚拟变量，可以在一定程度上减少因为样本过于聚集而产生的影响。

为了检验假设 H7 - 1，本研究借鉴了曼斯基（Manski，1993）提出的经典线性模型：

$$y_{i,t} = \alpha + \beta \bar{y}_{-i,t-1} + \gamma \bar{x}_{-i,t-1} + \lambda x_{i,t-1} + \delta \mu_i + \varepsilon_{it} \quad (7-3)$$

式中，i 表示企业；-i 表示同群企业中除企业 i 之外的其他企业；t 表示年份；α 表示截距项；β 表示变量系数；γ、λ、δ 均表示系数向量；ε 表示随机扰动项。其他主要变量说明见表 7 - 2。$\bar{y}_{-i,t-1}$ 称为内生影响因素，即企业扶贫投入行为随着同群企业扶贫行为的变化而变化；$\bar{x}_{-i,t-1}$ 称为外生影响因素（或称情境因素），即企业扶贫投入行为随着同群企业外在特征的变化而变化；μ_t 称为相关性影响因素，即同群企业的扶贫投入行为之所以表现出一致性，是因为它们具有相似的特征或者面临相同的外部环境等；$X_{i,t-1}$ 表示企业自身特征因素。模型中 β、γ 衡量的就是同群效应的影响力，但由于只有内生影响具有社会乘数效应，而外生影响和相关影响并不具备这种效应，因此本研究主要关注 β 是否显著。

为了检验假设 H7 - 2 和假设 H7 - 3，本研究借鉴了万良勇等（2016）的研究思路，并在式（7 - 3）的基础上构建了如下模型式（7 - 4）：

$$y_{i,t} = \alpha + \beta_1 \bar{y}_{-i,t-1} + \beta_2 M_{i,t-1} \bar{y}_{-i,t-1} + \beta_3 M_{i,t-1} + \gamma \bar{X}_{-i,t-1} + \lambda X_{i,t-1} + \delta \mu_i + \varepsilon_{it}$$
$$(7-4)$$

式中，$M_{i,t-1}$ 为调节变量，在研究中代表信息优势变量（I）和社会压力变量（H）；β_1、β_2、β_3 均表示变量系数，其中 β_2 衡量的就是调节效应，因此，此处将重点关注该系数是否显著。根据利里等（Leary et al., 2014）的研究，是否具有信息优势可以从企业上市年限来衡量，如果企业上市年限在 3 年以内，则认为企业在同群企业中依然属于"新人"，处于信息劣势地位。

本章从两个角度衡量企业面临两个方面的社会压力：（1）同群企业地区所在的扶贫任务紧迫性。2012 年原国家扶贫开发办公室发布国家级扶贫开发工作重点县及集中连片特殊困难县，共有 832 个，全部分布在中西部 22 个省、自治区、直辖市。这些有国家贫困县的省份，必须与中央签订脱贫攻坚责任书，要求限期脱贫，因而扶贫任务非常紧迫，亟须动员该地区的广大社会力量参与扶贫，这样对于该地区的上市公司，往往也会接到政府的扶贫动员令，要求企业投入更多的扶贫力量。（2）同群企业行业所处的社会责任敏感性。不同行业受到公众的关注是不一样的。本书分析了 56 个行业，这些行业可以按照社会责任敏感度来划分（沈洪涛，2007），社会责任敏感的行业往往容易涉及污染环境、食品安全等不负社会责任的行为而广受社会公众关注。戈弗雷（Godfrey，2005）发现，企业会出于掩盖或者转移公众对其内在社会责任缺失行为的关注而进行慈善捐赠，以此减少企业未来声誉损失。社会责任敏感的企业通过承担企业扶贫社会责任来掩盖或者转移社会公众对其所在社会责任敏感行业的关注，或者当未来企业不负责任行为被报道的时候可以抵消负面影响，减缓股价下跌，形成对冲效应。本书参考沈洪涛（2007）的做法，把采掘业、食品行业、重污染行业（主要包括冶金、化工、石化、煤炭、火电、建材、造纸、酿造、制药、发酵、纺织、制革和采矿业）列为扶贫社会责任敏感性行业。

7.2.5 主要变量定义

（1）企业扶贫社会责任（D）的衡量：本书采用企业扶贫投入金额的自然对数来衡量，如果当年度没有开展扶贫社会责任，则其为 0。

（2）同地区平均企业扶贫社会责任（M_{D_i}）的衡量：同群企业一般包括同地区企业，同一地区主要指企业注册地处在同一个省份。中国大陆现有 32 个省级行政区，同地区平均企业扶贫社会责任使用除目标企业外的该地区同年度其他企业的企业扶贫社会责任平均值。

（3）同行业平均企业扶贫社会责任（M_{D_2}）的衡量：同群企业可也包括同行业企业，具体的行业判别以中国证监会公布的行业代码为准，同一行业一般指行业代码前 2 位相同，为了便于观察行业同群效应要求该行业的上市公司数在 10 家以上，在中国证监会公布的 90 个行业中满足要求的有 56 个行业，同行业平均企业扶贫社会责任使用除目标企业外的该行业同年度其他企业的企业扶贫社会责任平均值。具体变量定义见表 7 - 2。

表 7 - 2　　　　　　　　　　同群效应变量定义

变量类别	变量名称	变量代码	度量标准
$y_{i,t}$	企业扶贫社会责任行为	D	企业扶贫投入金额的自然对数
$\bar{y}_{-i,t-1}$	同群企业平均扶贫社会责任行为	M_{D1}	同地区企业扶贫投入水平的平均值
		M_{D2}	同行业企业扶贫投入水平的平均值
$X_{i,t-1}$	总资产	A	总资产的自然对数
	营业收入	S	营业收入的自然对数
	资产负债率	L	总负债/总资产
	总资产净利率	R	净利润/总资产
	现金比率	C	（货币资金＋交易性金融资产）/流动负债
$\bar{X}_{i,t-1}$	同群企业平均总资产	M_{A1}	同行业企业总资产的平均值
		M_{A2}	同地区企业总资产的平均值
	同群企业平均营业收入	M_{S1}	同行业企业营业收入的平均值
		M_{S2}	同地区企业营业收入的平均值
	同群企业平均资产负债率	M_{L1}	同行业企业资产负债率的平均值
		M_{L2}	同地区企业资产负债率的平均值
	同群企业平均资产净利率	M_{R1}	同行业企业资产净利率的平均值
		M_{R2}	同地区企业资产净利率的平均值
	同群企业平均现金比率	M_{C1}	同行业企业现金比率的平均值
		M_{C2}	同地区企业现金比率的平均值

续表

变量类别	变量名称	变量代码	度量标准
μ_t	时间控制变量	T	共有 3 个时间虚拟变量
$M_{i,t-1}$	信息优势	I	若企业上市年限在 1 年以上、3 年以下，该值为 0，否则取 1
	社会压力	H1	同群地区为中西部 22 个有国家扶贫任务的省份为 1，否则为 0
		H2	同群行业为采掘业、食品行业、重污染行业，该值为 1；否则为 0

7.3 同群效应对精准扶贫影响的实证研究

7.3.1 描述性统计

表 7-3 列示了主要变量的平均数、中位数、标准差和最小值、最大值的描述性统计结果。

表 7-3　　　　　　主要变量的描述性统计（N = 14562）

变量代码	平均数	中位数	标准差	最小值	最大值
D	15.583	12.090	8.036	0.000	21.038
M_D	14.398	8.265	6.279	0.000	18.572
M_A	21.072	18.144	10.353	13.547	27.625
M_S	18.263	16.289	6.332	13.025	25.123
M_L	0.437	0.365	0.195	0.073	0.957
M_R	0.071	0.048	0.248	-0.15	0.123
M_C	0.159	0.102	0.252	0.017	0.321
A	21.871	19.031	11.051	14.567	26.191

续表

变量代码	平均数	中位数	标准差	最小值	最大值
S	17.905	15.306	5.206	11.213	23.326
L	0.467	0.403	0.201	0.092	0.932
R	0.065	0.041	0.165	-0.257	0.212
C	0.136	0.093	0.067	0.003	0.297

7.3.2 回归分析

1. 企业扶贫行为的同群效应：假设 H7-1 的检验

考虑到时间跨度较短，本章研究选用混合 OSL 回归，结果见表 7-4。

表 7-4　　　　　　　　　假设 H7-1 的回归结果

类别	同地区			同行业		
	模型 1	模型 2	模型 3	模型 1	模型 2	模型 3
M_D	0.155 *** (5.492)	0.162 *** (3.239)	0.181 *** (3.782)	0.133 ** (2.124)	0.145 *** (5.291)	0.165 ** (2.087)
M_A			0.003 (0.924)			0.066 (1.021)
M_S			0.103 ** (2.085)			0.088 (0.563)
M_L			-0.006 (-1.103)			0.037 (1.425)
M_R			0.043 (1.125)			0.017 (0.146)
M_C			0.101 (0.835)			-0.017 (-0.899)

续表

类别	同地区			同行业		
	模型 1	模型 2	模型 3	模型 1	模型 2	模型 3
A		0. 118 *** (4. 522)	0. 137 *** (3. 656)		0. 153 *** (4. 312)	0. 132 *** (3. 782)
S		− 0. 024 (− 1. 354)	0. 035 (1. 257)		0. 055 * (1. 782)	0. 054 (1. 233)
L		− 0. 008 (0. 935)	− 0. 024 (0. 672)		0. 035 (1. 352)	− 0. 141 (− 1. 237)
R		0. 066 *** (3. 253)	0. 069 *** (4. 753)		0. 037 ** (1. 987)	0. 251 (1. 538)
C		0. 005 (1. 028)	0. 007 (1. 321)		0. 032 (1. 563)	0. 026 (0. 472)
年份	控制	控制	控制	控制	控制	控制
截距项	0. 034 *** (8. 231)	0. 102 *** (10. 352)	0. 136 *** (9. 902)	0. 044 *** (5. 265)	0. 098 *** (7. 245)	0. 102 *** (13. 458)
样本数	14562	14562	14562	13670	13670	13670
调整 R^2	0. 034	0. 063	0. 072	0. 030	0. 057	0. 063

注：*** 、** 和 * 分别表示在 1%、5% 和 10% 的水平下显著，括号内为 t 值。

在表 7 – 4 中，本章采用逐步加入控制变量的方法，来检验同群企业扶贫行为对企业扶贫行为的影响，即模型 1 中仅考察内生影响因素，模型 2 中加入了企业自身特征因素，模型 3 中进一步控制了外生情境因素，同地区和同行业的结果均显示，同群企业扶贫行为对企业扶贫行为有显著正向的影响（例如，模型 3 中 MD 的系数值分别为 0. 181、0. 165，且通过了 1% 的显著性检验）。此外，本章研究还发现，在个体因素中，企业规模、企业业绩对企业扶贫投入水平的影响都是显著的，但其系数值均略小于变量 MD 的系数值。这说明同群企业扶贫行为，是企业扶贫决策的重要影响因素，甚至高于个体自身因素的影响。综上所述，企业扶贫行为中存在同群效应，假设 H7 – 1 得到验证。

2. 同群企业扶贫效应的形成机制：假设 H7 – 2 和假设 H7 – 3 的检验

假设 H7 – 2 和假设 H7 – 3 的检验结果如表 7 – 5 所示。

表 7 – 5   假设 H7 – 2 和假设 H7 – 3 的回归结果

类别	同地区			同行业		
	上市年限	扶贫任务	行业敏感	上市年限	扶贫任务	行业敏感
M_D	0. 192 *** (4. 258)	0. 093 * (1. 807)	0. 072 (1. 255)	0. 221 (1. 071)	0. 157 *** (3. 106)	0. 202 ** (2. 113)
$I \times M_D$	– 0. 128 *** (– 3. 221)			– 0. 152 * (– 1. 799)		
I	0. 008 *** (5. 395)			0. 005 ** (2. 123)		
$H \times M_D$		0. 192 ** (1. 987)	0. 175 *** (7. 363)		0. 150 ** (2. 088)	0. 121 *** (6. 352)
H		0. 008 (1. 221)	– 0. 009 (– 0. 546)		0. 102 (1. 548)	0. 133 (0. 772)
M_A	0. 002 (0. 456)	0. 004 (1. 120)	0. 005 (1. 433)	0. 001 (0. 983)	0. 003 (1. 025)	0. 005 (1. 116)
M_S	0. 295 (0. 563)	0. 177 (0. 776)	0. 316 (0. 665)	0. 064 (1. 220)	0. 168 (0. 884)	0. 046 (1. 323)
M_L	0. 013 (0. 025)	0. 015 (0. 743)	0. 018 (0. 578)	0. 012 (0. 097)	0. 101 (1. 227)	0. 014 (0. 923)
M_R	0. 243 (1. 105)	0. 159 (0. 836)	0. 179 (0. 451)	0. 170 (0. 592)	0. 192 (1. 458)	0. 041 (0. 926)
M_C	– 0. 585 (– 0. 354)	0. 522 *** (3. 526)	– 0. 393 (0. 766)	0. 005 (0. 245)	0. 751 (1. 058)	– 0. 002 (0. 885)
A	0. 014 *** (7. 166)	0. 009 *** (4. 310)	0. 014 *** (7. 238)	0. 015 *** (4. 291)	0. 016 *** (7. 972)	0. 018 *** (9. 041)

续表

类别	同地区			同行业		
	上市年限	扶贫任务	行业敏感	上市年限	扶贫任务	行业敏感
S	0.009 *** (5.369)	0.005 ** (2.115)	0.010 *** (6.480)	0.001 (0.653)	0.010 * (1.786)	0.021 (0.375)
L	0.164 (1.215)	0.663 (0.992)	0.027 (0.693)	0.012 (0.731)	0.209 (0.356)	0.008 (0.486)
R	−0.099 (−1.325)	−0.523 (−0.485)	0.035 (0.274)	0.182 (0.346)	0.289 (0.201)	0.315 (0.608)
C	0.617 (0.855)	0.987 (0.732)	0.533 (0.397)	0.258 (1.565)	0.271 (1.248)	0.315 (1.628)
年份	控制	控制	控制	控制	控制	控制
截距项	9.473 *** (4.465)	5.382 ** (2.462)	13.759 *** (6.584)	14.333 *** (6.826)	14.244 *** (6.800)	16.489 *** (7.815)
样本数	14562	14562	14562	13670	13670	13670
调整 R^2	0.056	0.067	0.078	0.045	0.062	0.069

注：*** 、** 和 * 分别表示在 1%、5% 和 10% 的水平下显著，括号内为 t 值。

由表 7 - 5 所示，当采用上市年限衡量企业是否具有信息优势时，β_2 系数分别为 −0.128、−0.152，且通过了 10% 的显著性检验。这表明，企业信息优势会弱化扶贫决策的同群效应，即在市场中具有信息优势的企业，其扶贫行为受到同群效应的影响越弱；而在市场中处于信息劣势的企业，其扶贫行为越容易受到同群效应的影响，假设 H7 - 2 得到验证。这同时也说明，企业扶贫同群效应的形成机制至少部分源于社会学习机制，处于信息劣势的企业，其学习或者模仿的意愿会更强烈。

在表 7 - 5 中，当采用扶贫任务的艰巨性衡量社会压力时，β_2 系数分别为 0.192、0.15，且通过了 10% 的显著性检验；当采用行业敏感性衡量社会压力时，β_2 系数分别为 0.175、0.121，且通过了 1% 的显著性检验。这表明，社会压力对企业自身与同群企业扶贫决策之间的关系具有正向调节作用，社会压力会强化企业扶贫行为的同群效应。企业面临的社会压力越大，其扶贫决策越容易受到同群企业的影响，假设 H7 – 3 得到验证。这同时也说明，企业扶贫行为同群效应的形成机制至少部分源于社会压力机制，面临社会压力越大的企业，越容易对同群企业的扶贫行为做出积极回应。

7.3.3　进一步分析

拓展分析主要分析同群效应的影响路径。

1. 社会学习角度

同群效应的影响路径问题，实际上就是"谁在模仿，向谁模仿"。塔尔德（Tarde）认为，组织间模仿一般会遵从"逻辑模仿律"和"先内后外模仿律"。前者强调模仿对象和模仿程度符合内在逻辑规律，即那些拥有高效率、更好的绩效表现、地位高的企业更可能成为被模仿的对象；后者可理解为"先模仿圈内企业后模仿圈外企业"，即企业会优先模仿与自己文化属性特征相似的企业，例如，先模仿拥有相同规模或行业地位的企业、行业内的直接竞争对手、产权性质相同的企业等，然后才会模仿其他企业。万良勇等（2016）的研究表明，上述模仿定律同样适用于中国情境。据此，本研究预期企业扶贫行为同群效应的影响路径更符合"先内后外模仿律"。

2. 社会压力角度

同群效应的影响路径问题，实际上就是"社会压力的传导路径"，从传导源或者传导方向来看，社会压力在企业间的传导路径可分为三种类型：一是"由上至下"的传导，即压力由"上层"企业，如"优秀"或"地位"高的企业，向"下层"企业，如"普通"或"地位"低的企业传导；二是"由下至上"的传导，与"由上至下"相反，压力由"下层"企业向"上层"企业传导；三是"平行传导"，即压力在特征相同或相近企业之间进行传导。就企业扶贫行为而言，本研究预期"平行"路径更符合企业间扶贫压力的传导路径。这是因为上层企业所掌握的财富往往更多，其履行扶贫责任会被认为是一种"天经地义"的事情，从心理层面来看，上层企业的扶贫行为给下层企业造成的压力较小，因而下层企业的扶贫行为变化较少；同时上层企业自我陶醉，不会随着下层企业的扶贫行为变化而变化。

为了检验上述预期假设，本研究参考利里（Leary，2014）、万良勇等（2016）的处理方式，并结合半强制的扶贫社会责任，重点从企业规模、企业绩效、企业产权性质三个方面，考察企业扶贫行为同群效应的影响路径。在实证研究中，本研究依次采用营业收入、资产收益率、上市公司实际控制人的股权性质，进一步将样本细分为"大企业与小企业""绩效差的企业与绩效好的企业"及"国有企业与非国有企业"。其中，如果企业 i 的营业收入位于同群企业的前30%，则将企业 i 归为大企业组；否则，将企业 i 归为小企业组。P_S、P_L 分别表示同群企业中小企业组（企业 i 除外，下同）和大企业组的平均扶贫水平。如果企业 i 的资产收益率位于同群企业的前30%，则将企业 i 归为绩效较好的企业组；否则，将企业 i 归为绩效较差的企业组。P_G、P_B 分别表示同群企业中绩效较好和绩效较差企业组的平均扶贫水平。如果企业 i 的实际控制人为政府机构，如国务院或地方政府国资委，则将企业 i 归为国有企业组；否则，将企业 i 归为非国有企业组。P_Y、P_N 分别表示同群企业中国有企业和非国有企业平均扶贫水平。实证结果见表 7-6 和表 7-7。

表 7-6　　　　　　　　同地区企业扶贫行为的传递路径

类别	D					
	小企业	大企业	差企业	好企业	国有企业	非国有企业
P_S	0.006 *** (5.686)	0.007 *** (3.670)				
P_L	−0.005 (−0.821)	0.022 ** (2.017)				
P_B			−0.002 (−1.221)	0.016 *** (8.563)		
P_G			−0.004 (−0.903)	0.005 * (1.783)		
P_N					−0.001 (−0.579)	0.008 *** (6.734)

续表

类别	D					
	小企业	大企业	差企业	好企业	国有企业	非国有企业
P_Y					0.125 ** (2.120)	0.012 (1.377)
M_A	0.127 (0.835)	0.214 (1.143)	0.180 (1.296)	0.199 (0.971)	0.247 (0.675)	0.327 (0.408)
M_S	0.110 (1.266)	0.026 (0.491)	−0.023 (−1.028)	0.019 (0.717)	0.212 (1.061)	−0.203 (−1.524)
M_L	0.243 (0.482)	0.240 (0.576)	0.381 (0.785)	0.806 (1.155)	0.781 (0.731)	0.626 (1.443)
M_R	−0.133 (−1.318)	0.216 (1.453)	−0.017 * (−1.770)	−0.034 (−1.327)	0.212 (1.413)	−0.163 ** (−2.009)
M_C	0.241 (0.651)	0.380 (0.748)	0.869 (1.103)	0.167 (0.238)	0.145 (0.711)	0.103 (1.081)
A	2.408 *** (3.165)	2.967 *** (5.290)	1.303 ** (2.201)	2.603 *** (4.689)	2.715 ** (2.158)	1.247 * (1.768)
S	0.153 *** (4.835)	0.158 *** (6.237)	0.162 *** (3.516)	0.171 *** (6.579)	0.213 (1.420)	0.108 (1.261)
L	−0.163 (−1.058)	−0.068 (−1.166)	0.187 (1.171)	0.121 (1.182)	0.223 (0.756)	0.160 (0.691)
R	0.135 (1.134)	0.250 (0.621)	0.201 (1.345)	0.256 (0.282)	0.131 (0.703)	0.017 (0.536)
C	0.330 (1.125)	0.041 (1.385)	0.153 (1.012)	0.250 (0.154)	0.171 (1.361)	0.122 (1.199)
年份	控制	控制	控制	控制	控制	控制
截距项	2.102 *** (6.280)	3.107 *** (8.524)	3.209 *** (9.198)	1.107 *** (6.052)	2.408 *** (7.771)	3.180 *** (9.685)
样本数	10193	4369	10193	4369	6844	7718
调整 R^2	0.062	0.068	0.034	0.122	0.095	0.077

注：***、** 和 * 分别表示在 1%、5% 和 10% 的水平下显著，括号内为 t 值。

表7-7   同行业企业扶贫行为的传递路径

类别	D					
	小企业	大企业	差企业	好企业	国有企业	非国有企业
P_S	0.012 *** (3.890)	0.016 *** (4.332)				
P_L	−0.009 (−0.920)	0.021 *** (6.015)				
P_B			−0.010 (−1.307)	0.013 *** (7.537)		
P_G			−0.006 (−1.133)	0.008 ** (2.105)		
P_N					−0.006 (−0.305)	0.011 *** (5.063)
P_Y					0.083 *** (3.697)	0.009 (1.105)
M_A	0.366 (1.204)	0.267 (1.073)	0.287 (1.377)	0.184 (0.183)	0.283 (1.131)	0.079 (1.219)
M_S	0.102 (0.655)	0.012 (0.702)	0.076 (1.332)	0.203 (1.130)	0.165 (0.360)	0.113 (0.858)
M_L	0.213 (0.287)	0.090 (0.526)	0.093 (0.788)	0.076 (1.130)	0.136 (1.215)	0.107 (0.356)
M_R	0.242 (1.076)	0.396 (0.592)	0.456 (0.109)	0.322 (0.837)	0.294 (0.463)	0.105 (0.611)
M_C	0.005 (0.432)	0.011 (1.233)	0.007 (0.734)	−0.019 (−0.335)	0.018 (1.440)	0.016 (0.367)
A	0.549 *** (3.373)	0.257 *** (6.121)	0.074 *** (4.016)	0.136 *** (5.583)	0.320 *** (4.155)	0.319 *** (6.882)
S	0.414 ** (1.943)	0.035 (0.862)	0.133 (0.428)	0.210 (1.201)	0.387 (0.386)	0.105 (0.773)

续表

类别	D					
	小企业	大企业	差企业	好企业	国有企业	非国有企业
L	0.058 (0.638)	0.103 (0.507)	0.002 (0.044)	0.141 (1.134)	0.127 (1.305)	0.074 (0.419)
R	0.134 (0.558)	0.128 (0.766)	0.176 (1.102)	0.220 (1.133)	0.108 (0.644)	0.016 (0.773)
C	0.007 (0.105)	0.015 (0.354)	0.004 (1.082)	0.006 (0.533)	0.012 (0.336)	0.003 (0.455)
年份	控制	控制	控制	控制	控制	控制
截距项	0.162 *** (6.469)	0.158 *** (4.197)	0.105 *** (10.858)	0.119 *** (5.282)	0.161 *** (4.202)	0.104 *** (3.729)
样本数	9569	4101	9569	4101	6288	7382
调整 R^2	0.032	0.045	0.013	0.089	0.072	0.063

注：*** 、** 和 * 分别表示在 1%、5% 和 10% 的水平下显著，括号内为 t 值。

在表 7-6 和表 7-7 中，在小企业组 P_S 的回归系数分别为 0.006、0.012，且通过了 1% 的显著性检验，P_L 的回归系数并不显著。这说明小企业的扶贫行为仅会受到同群企业中小企业的影响，大企业对其影响并不明显。大企业组中 P_S 的回归系数分别为 0.007、0.016，P_L 的回归系数分别为 0.022、0.021，均通过了显著性检验。这说明大企业的扶贫行为同时受到同群企业中大企业和小企业扶贫行为的影响，但大企业对其影响会更大（0.022 > 0.007，0.021 > 0.016）。

在绩效较差的企业组中，两个系数均不显著，而在绩效较好的企业组中，P_B 的回归系数分别为 0.016、0.013，且通过了 1% 的显著性检验，P_G 的回归系数分别为 0.005、0.008，且通过了 10% 的显著性检验。这说明，绩效较好的企业扶贫行为会同时受到绩效较好和绩效较差企业的影响，但绩效较差企业扶贫行为对其影响会更大。

国有企业组 P_Y 的回归系数分别为 0.125、0.083，且通过了 5% 的显著性检验，但 P_N 不显著；而非国有组 P_N 的回归系数分别为 0.008、0.011，且通过了 1% 显著性检验，其 P_Y 不显著。这说明，非国有企业的扶贫行为主要受到非国有企业的影响，国有企业的扶贫行为亦主要受到国有企业的影响。

上述研究结果与本章预期基本一致。概括而言，中国上市公司扶贫行为同群效应影响路径主要包括：（1）"平行影响"。如小企业影响小企业、大企业影响大企业、绩效好的企业影响绩效好的企业、国有企业影响国有企业和非国有企业影响非国有企业等。这是一种主要的影响路径，与本研究的主题观点一致，即上市公司扶贫行为受到同群企业扶贫行为的显著影响。（2）"先内后外"。如大企业的扶贫行为，同时受到同群中大企业和小企业扶贫行为的影响，但主要受到同群中大企业的影响；业绩好企业的扶贫行为同时受到好企业和差企业扶贫行为的影响，但主要受同群中好企业的影响。从扶贫参与程度来看，非国有企业的扶贫表现总体上要优于国有企业，而国有企业出于政治动机会积极"顺应潮流"，符合利益相关者的期待，提高了其扶贫参与水平。这一点与刘柏等（2018）的研究结论一致。

7.3.4　内生性处理

曼斯基（Manski，1993）指出，由于存在反射效应，经典的 Linear in Means 模型可能无法识别。虽然本书已借鉴穆罕默德（Mugerman，2014）的思路，将研究变量滞后一期处理，但并不能完全消除内生性问题。为此，本书将采用工具变量法，继续考察企业扶贫行为的同群效应。借鉴利里等（Leary et al.，2014）的思路，本书采用股票收益 Alpha 作为工具变量，之所以选择该变量，有两方面原因：（1）企业的扶贫行为可能会影响到企业的股票收益，这满足工具变量的第一个条件，即股票收益与企业扶贫行为是相关的。（2）股票收益可以分为两个部分，一部分称为系统性风险收益，与行业和地区相关；另一部分称为非系统性风险收益，仅与企业自身的经营特征相关。股票收益中仅与企业自身经营行为相关的部分可称为 Alpha 收益。由此可知，就企业自身而言，同群企业的 Alpha 收益与同群企业扶贫投入水平相关，而与企业自身扶贫投入水平无关。这满足工具变量的第二个条件。本书将同群企业某年度的平均 Alpha 收益（记为 M_E，下同）作为同群企业该年度平均扶贫投入水平（M_D）的工具变量。检验结果见表 7 - 8。

表 7 - 8　　　　　　　　　稳健性检验结果

类别	同地区		同行业		同地区	同行业
	M_D	D	M_D	D	相对扶贫投入水平	相对扶贫投入水平
M_D		0.358 *** (3.357)		0.293 ** (1.993)	0.223 *** (5.561)	0.175 * (1.778)
M_E	0.007 ** (2.013)		0.012 * (1.765)			
M_A	0.164 (1.663)	0.263 *** (10.410)	0.027 (0.523)	0.012 (0.447)	0.209 (1.114)	0.008 (0.712)
M_S	-0.585 (-1.137)	0.522 (0.653)	0.393 (0.861)	0.003 (0.106)	0.751 (0.339)	-0.002 (-1.107)
M_L	0.563 (0.735)	0.084 (0.221)	0.195 (0.609)	0.001 (0.157)	0.075 (1.332)	0.003 (0.918)
M_R	0.014 (1.166)	0.009 (0.310)	0.014 (0.238)	0.015 (0.291)	0.016 (0.972)	0.018 (1.041)
M_C	0.023 (0.456)	0.005 (0.337)	-0.018 (-1.441)	0.121 (0.775)	-0.019 (-0.270)	0.024 (0.681)
A	0.224 *** (5.346)	0.138 *** (3.785)	0.302 *** (6.991)	0.284 *** (5.581)	0.263 *** (3.423)	0.338 *** (4.506)
S	0.218 (0.133)	0.116 *** (3.276)	0.194 (0.501)	0.242 (0.652)	0.328 (0.410)	0.29 (0.537)
L	0.273 (0.267)	0.196 (0.136)	0.273 (0.267)	0.126 * (1.812)	0.283 (1.332)	0.211 (1.136)

类别	同地区		同行业		同地区	同行业
	M_D	D	M_D	D	相对扶贫投入水平	相对扶贫投入水平
R	−0.201 (−0.128)	0.186 (0.716)	0.201 (0.128)	0.564 (0.787)	0.014 (1.112)	0.192 (0.639)
C	0.178 (0.542)	0.293 (0.187)	0.178 (0.336)	0.087 (0.501)	0.103 (0.644)	0.091 (0.738)
年份	控制	控制	控制	控制	控制	控制
截距项	0.536*** (9.614)	0.323*** (7.432)	0.196*** (6.236)	0.187*** (5.221)	0.674*** (4.165)	0.453*** (7.591)
样本数	14562	14562	13670	13670	14562	13670
调整 R^2 或 Wald 值	0.122	3945.56	0.094	2757.37	0.067	0.059

注：***、**和*分别表示在1%、5%和10%的水平下显著，括号内为t值。

从表7-8来看，Wald 值大于临界值10，说明拒绝弱工具变量原假设，该工具变量是有效的。M_E 的系数值分别为0.007、0.012，且通过了10%的显著性检验，说明同群企业的平均 Alpha 与同群企业的平均扶贫水平显著正相关；同时 M_D 的系数值分别为0.358、0.293，且通过了5%的显著性检验，说明同群企业的平均扶贫投入水平显著正向影响企业的扶贫水平。由此，在考虑了内生性问题后，依然可以发现企业扶贫行为存在同群效应。

7.3.5 稳健性检验

为了检验企业扶贫行为同群效应形成机制的稳健性，本章采用替代变量继续进行回归，前面采用的是企业扶贫金额自然对数，即绝对扶贫投入水平，这里采用企业相对扶贫投入水平，即企业扶贫投入金额除以营业收入再乘100。其 β_2 系数分别为0.223、0.175，且通过了10%的显著性检验。本结论是较为稳健的。

7.4 同群效应对精准扶贫影响的实证结论

作为一种半强制履行的社会责任，企业扶贫行为的动机或者影响因素一直是学者感兴趣的话题。但现有大多数文献，在研究企业扶贫动机时，将企业视为封闭的个体，忽视同群企业扶贫行为对企业扶贫决策的影响，导致现有研究无法解释"竞争对手扶贫行为雷同"的现象。本书沿用了社会学和教育学中普遍存在的"同群效应"逻辑。利用沪深 A 股上市公司 2016~2020 年的数据，实证分析了同群企业扶贫行为对企业扶贫决策的影响，并进一步检验了同群效应形成机制和影响路径。得到如下结论：

（1）企业扶贫行为会受到同地区和同行业企业扶贫行为的显著正向影响，即同群企业扶贫投入水平越高，企业的扶贫投入水平也就越高。

（2）企业扶贫行为同群效应的形成机制，包括社会学习机制和社会压力机制，那些处于信息劣势的企业，以及面临社会压力较大的企业，其扶贫行为更容易受到同群效应的影响。

（3）同群效应的传染路径：小企业的扶贫行为主要受到小企业的影响，大企业的扶贫行为同时受到大企业和小企业的影响，但大企业的影响会更大；绩效好的企业扶贫行为同时受到绩效好的企业和绩效差的企业的影响，但绩效好的企业对其影响更大；非国有企业的扶贫行为主要受到非国有企业扶贫行为的影响，国有企业的扶贫行为主要受到国有企业的影响。

本章研究的启示在于：

（1）考虑到企业扶贫行为存在同群效应，并且社会学习和社会压力是其主要形成机制，鼓励过渡期上市公司在社会责任报告或财务年报中持续披露企业扶贫社会责任履行信息。一方面，企业扶贫参与水平能够为其他企业参与扶贫和乡村振兴提供扶贫决策参考。另一方面，企业扶贫参与情况也对同地区、同行业的企业产生一种社会压力，促使这些企业更多地参与扶贫社会责任。

（2）由于同群效应具有乘数放大效果，在巩固拓展脱贫攻坚成果和乡村振兴有效衔接的关键时期，政府应该继续对既有的企业扶贫行为进行大力宣传和褒奖。一方面，通过广泛宣传和正向激励，可以让这些积极履行扶贫责任的企业成为其他企业学习的对象，在巩固脱贫的过渡期内持续开展企业扶贫活动和乡村振兴活动，发挥同群效应的乘法放大效果，进而带动更多的企业参与农村社会公益事业，提高整个社会履行扶贫责任的水平；另一方面，对积极履行扶贫责任的企业，尤其是规模小、业绩差、社会地位较低企业的扶贫行为进行大力宣传和褒奖，可以对那些不积极履行扶贫责任的企业形成压力，通过这种无形的"倒逼机制"引导"铁公鸡"或"为富不仁"的企业在巩固脱贫的过渡期积极地履行社会责任，提高其社会责任水平。

中国扶贫方案可为国际减贫提供帮助和借鉴作用。中国脱贫攻坚成就和经验是企业参与国际扶贫的底气，中国企业"走出去"参与国际扶贫，充分利用好"一带一路"倡议等国际平台和契机，研究目标国家和地区的贫困地区和减贫需求，进而开展减贫活动，既是中国减贫成就和经验的传播者、中国减贫故事的讲述者，也是中国减贫经验在其他国家的落地者，直接参与提供中国减贫方案和贡献中国减贫智慧，造福当地贫困地区，推动国际减贫事业的发展。

第 8 章
公司特征对上市公司精准扶贫的
影响研究

8.1 引言及相关文献回顾

习近平总书记 2013 年 11 月在湘西考察时首次提出"扶贫要实事求是，因地制宜，要精准扶贫，切忌喊口号"。2015 年 1 月习近平总书记在云南考察时再次提出"深入实施精准扶贫、精准脱贫，项目安排和资金使用都要提高精准度，扶到点上"。自此，精准扶贫上升为国家战略，各级政府、各部委、各行业、企业积极实施精准扶贫行动，确保 2020 年全国实现全面精准脱贫。

为鼓励广大社会力量参与精准扶贫，2015 年 10 月 17 日，国务院扶贫办、全国工商联、中国光彩会正式发起"万企帮万村"精准扶贫活动。2016 年 9 月 9 日，中国证监会公开发布了《中国证监会关于发挥资本市场作用服务国家脱贫攻坚战略的意见》，提出将对全国 592 个贫困县企业 IPO、新三板挂牌、债券发行、并购重组等开辟绿色通道，支持和鼓励上市公司、证券基金期货经营机构履行扶贫社会责任，切实加强贫困地区投资者保护。2016 年底，沪深交易所分别发布《关于进一步完善上市公司扶贫工作信息披露的通知》和《关于做好上市公司扶贫工作信息披露的通知》，要求上市公司设立扶贫产业基金，实施扶贫投资项目，并全面细化上市公司在扶贫相关社会责任方面信息披露要求：一是要求上市公司在年度报告全文"重要事项"章节中，充分披露公司年度精准扶贫概要、扶贫工作具体成果、后续精准扶贫计划等内容；披露社会责任报告的公司，还应当在社会责任报告中单独、重点披露履行精准扶贫社会责任的情况。二是增加定量披露要求。三是鼓励上市公司通过临时报告的形式披露设立扶贫产业基金、参加扶贫公益活动、实施扶贫投资项目的重大进展等有助于投资者了解上市公司积极履行精准扶贫社会责任的相关信息。

国务院扶贫办社会扶贫司、中国社会科学院经济学部企业社会责任研究中心联合编著的《中国企业扶贫研究报告（2017）》显示，沪深300指数的上市公司中有202家公司披露精准扶贫信息，精准扶贫投入总额占利润总额的万分之七。超半数上市公司明确披露了年度扶贫投入额，总额约21.5亿元，每家公司平均投入1320.52万元。企业规模越大精准扶贫投入越多，营业收入超过1000亿元的上市公司精准扶贫投入总额8.44亿元，其信息披露透明度达到88%；企业效益越好精准扶贫投入也就越多，利润总额大于100亿元的上市公司精准扶贫投入总额9.70亿元，信息透明度达到95.74%。从方式来看，上市公司精准扶贫形式多样，覆盖9个领域，教育扶贫领域最为集中，生态保护扶贫与异地搬迁脱贫领域最少。另外，从行业角度分析，金融业表现最好，超半数金融行业上市公司建立扶贫产业基金。仍有98家上市公司未披露任何精准扶贫信息，占比32.67%。上述报告同时显示，不到二成上市公司明确披露设立精准扶贫主管部门，不到一成上市公司设立扶贫产业基金。这表明，上市公司群体在精准扶贫的组织化、专业化和投入程度方面仍有提高空间。

国外对企业参与扶贫开发的研究多从企业社会责任与扶贫开发的紧密联系上进行阐述。国际上各国企业参与减贫早有先例，在第二人口大国印度，私营制造企业通过企业社会责任的实践实现减贫，为其他企业如何更好地履行和实践企业社会责任改善贫困面貌提供了参考和借鉴（Martina Wuttke，2014）；在贫穷国家毛里求斯，大约有11%的企业投入企业资金用于减贫，并认为企业减贫的社会责任在社会活动中应优先考虑（Nicolas J. F，2009）；在尼日利亚，企业家能力和企业的社会责任被认为是减缓贫困发生率、去除不安全及解决不发展问题的解药（Lukman Raimi，2015）。

国内学者更多地研究企业社会责任的影响因素及企业如何参与扶贫开发。众多研究成果表明企业社会责任的影响因素主要有：规模越大、盈利能力越好的公司越趋向于发生社会责任行为，并披露公司社会责任信息（沈洪涛，2007）；直接与消费者接触的行业比其他行业具有更强的经济动机通过更多捐款来履行社会责任，进而获得广告效用（山立威等，2008）；消费者口碑敏感行业的上市公司越愿意通过履行社会责任来获得消费者认同（张正勇等，2012）；在社会信任指数、组织密度较高的地区，企业更趋向于参与捐赠（宋罡等，2013）；市场制度环境也是公司慈善行为的影响因素（唐跃军等，2014）。对于企业如何参与精准扶贫开发，积极引导非公有制企业服务"三农"建设，各地政府和行业协会公布企业参与当地精准扶贫的服务重点，需要加强政府领导，利用企业的市场、管理、技术等优势，充分发挥社会力量扶贫的重要作用，并就确保非公有制企业服务"三农"取得实效提出路径建议（马晓英，2017）。陕西省"府谷现象"就是一个好例子，该县引导民营企业积极参与扶贫开发，并阐明了企业和农民之间良性互动的正反馈关系和运作机理及动力机制（张琦，2011）。

综上所述，国外学者较多关注企业对减贫的影响效果，而国内学者由于上市公司精准扶贫数据的缺失，更多关注企业慈善、捐赠等社会责任行为的影响因素，但针对上市公司精准扶贫行为的研究较少开展，目前只发现一篇，贾雨佳（2018）依据 2017 年 20 个中国上市公司精准扶贫优秀案例与创新案例的数据，分析上市公司精准扶贫的影响因素，发现上市公司精准扶贫水平与利润具有一定的相关性。因而本书将从公司社会责任角度，探索上市公司开展精准扶贫行为的影响因素。

8.2 公司特征对上市公司精准扶贫行为影响的研究设计

8.2.1 研究假设

2011 年中共中央、国务院发布《中国农村扶贫开发纲要（2011～2020年)》指出，着力构建专项扶贫、行业扶贫、社会扶贫等多方力量、多措并举有机结合和互为支撑的"三位一体"大扶贫格局。2016 年国务院颁布《"十三五"脱贫攻坚规划》，进一步发挥社会扶贫的重要作用，强化企业帮扶。深入推进中央企业定点帮扶贫困革命老区"百县万村"活动，引导中央企业设立贫困地区产业投资基金，继续实施"同舟工程——中央企业参与'救急难'行动"；地方政府要动员本地国有企业积极承担包村帮扶等扶贫开发任务。同时组织开展"万企帮万村"精准扶贫行动，引导东部地区的民营企业在东西部扶贫协作框架下结对帮扶西部地区贫困村，鼓励有条件的企业设立扶贫公益基金、开展扶贫慈善信托。在制度层面，企业积极开展精准扶贫，努力承担社会责任，已然成为我国一支不可或缺的扶贫力量。

在社会责任理论方面，卡罗尔（Carroll）认为企业承担社会责任的最高境界是慈善责任（公益责任）。精准扶贫属于慈善责任的范畴，因此企业承担精准扶贫工作是企业履行社会责任的重要内容。由于精准扶贫主要是公益性的，例如转移就业扶贫、异地搬迁扶贫、教育扶贫、健康扶贫、生态环保扶贫、兜底扶贫、社会扶贫及其他扶贫形式，都是无偿的；只有产业发展扶贫这一形式可能会有部分收益。同时上市公司的精准扶贫工作具有区域性和专业性的特点，区域性体现在上市公司所在地省市县相关扶贫工作，以及上市公司在贫困县进行投资、就业帮扶；而专业性体现在上市公司往往依附自身主营业务开展专业性的扶贫工作，例如中国联通公司在开展精准扶贫时，以地方政府为主导，在国家级贫困县和省级贫困县进一步加大帮扶力度，发挥行业优势，加大网络建设投资，提高贫困地区无线网络覆盖率和行政村宽带覆盖率。开展精准扶贫需要大量的资金投入，一般而言，上市公司开展精准扶贫将与公司年度利润及营业收入能力有关，也可能与公司规模、业绩相关。为此提出上市公司精准扶贫的影响因素假设。

国外对社会责任与公司业绩关系的探讨由来已久，最早提出这个问题的是弗里德曼（Friedman，1970），他在纽约时报中提出社会责任能增加利润吗？此文引发大量的后续研究，但结论不太一样。格里芬和马洪（Griffing & Mahon，1997）统计了 1972 ~ 1997 年的 61 篇论文，社会责任与业绩正相关的有 33 篇，负相关的有 20 篇，不相关的有 8 篇。贝凯蒂（Becchettietal，2008）基于美国 1000 家上市公司 13 年的数据，发现社会责任的变动与财务绩效正相关。贾雨佳（2018）收集了 2017 年 20 个中国上市公司精准扶贫优秀案例与创新案例的数据，也发现了上市公司精准扶贫水平与利润具有一定的相关性。公司业绩越好，利润越多，能够投入精准扶贫开发的资金就越多。为此提出本书的如下假设。

H8 - 1：公司业绩越好，上市公司越容易发生精准扶贫行为。

大量研究发现，公司规模是企业社会责任履行的重要因素。托曼和布兰得利（Troman & Bradley，1981）对澳大利亚最大的 600 家上市公司进行问卷调查，发现公司规模越大，公司越强调长期决策，其社会责任贡献越大。詹金和雅科夫列娃（Jenking & Yakovleva，2006）对美国公司的社会责任履行进行分析，发现公司规模是其影响因素，大公司履行更多的社会责任。一般而言，大公司的资产规模较大，可用于精准扶贫的资本越多，开展精准扶贫的可能性越高。为此提出假设：

H8 - 2：公司规模越大，上市公司越可能发生精准扶贫行为。

履行社会责任时，不同行业的公司存在一定的差异。不同行业差异性较大，相比其他行业，石油、化工、造纸、汽车制造业等重污染行业的公司更关注环保、员工福利和社区方面的社会责任（Jenking & Yakovleva，2006）。直接与消费者接触的行业比其他行业具有更强的经济动机通过更多捐款来履行社会责任，进而获得广告效用（山立威等，2008；张正勇等，2012）。特别是消费者口碑敏感行业，都是与消费者日常生活密切相关，消费者是否购买取决于其认知的产品或品牌，但通过精准扶贫可以收获更多消费者的认可，公司也就更愿意通过履行扶贫社会责任来获得消费者认同。故提出假设：

H8-3：消费者口碑敏感型行业的上市公司更愿意进行精准扶贫行为。

相对于非国有企业，国有企业存在更强的政治关联和政治压力，国家与政府的政策对国有企业也具有更强的指导性作用。迫于各级政府的压力，国有企业更有动机落实国家的精准扶贫政策，当然其具有雄厚的经济实力也有利于精准扶贫措施的执行（贾雨佳，2018），国有企业的社会责任指数显著高于非国有企业（陈立泰和刘倩，2011），精准扶贫力度也较大。国有企业普遍受到当地政府的政治压力，在国家扶贫纲要、脱贫攻坚规划等国家政策、制度上也都明确要求国有企业履行精准扶贫等社会责任，而对于民营企业，政府重在引导和鼓励企业开展精准扶贫活动。因而提出假设：

H8-4：国有控股的上市公司更容易发生精准扶贫行为。

8.2.2 样本选取

2016年12月30日，沪深交易所分别发布《关于进一步完善上市公司扶贫工作信息披露的通知》和《关于做好上市公司扶贫工作信息披露的通知》，要求上市公司设立扶贫产业基金，实施扶贫投资项目，并全面细化上市公司在扶贫相关社会责任方面信息披露要求：一是要求上市公司在2016年财务报告"重要事项"章节中，充分披露公司年度精准扶贫概要、扶贫工作具体成果、后续精准扶贫计划等内容；披露社会责任报告的公司，还应当在社会责任报告中单独、重点披露履行精准扶贫社会责任的情况。二是增加定量披露要求。三是鼓励上市公司通过临时报告的形式披露上市公司积极履行精准扶贫社会责任的相关信息。以往上市公司只是披露公司捐赠等社会责任信息，但上市公司在2016年财务报告中必须详细披露精准扶贫数据，这为本书的实证研究提供了难得的契机。

本书手工收集 2016～2020 年的财务年报，分别发现 499 家、832 家、1108 家、1000 家、1257 家上市公司披露了精准扶贫信息，剔除了下列公司：（1）金融公司，因为很多银行把对贫困户的贷款金额算成精准扶贫金额，导致其精准扶贫金额显著过大；（2）数据不全的公司；（3）ST 以及 *ST 的公司。筛选后 2016～2020 年的样本公司数分别为 454 家、782 家、1046 家、986 家、924 家，最后以 4192 家公司的年度数据作为研究样本。

8.2.3 变量设定

被解释变量：上市公司精准扶贫行为。本书研究使用上市公司精准扶贫投入金额的自然对数，用 PPA 表示。

解释变量：（1）公司业绩，本书使用总资产报酬率，考虑到业绩的滞后性，使用上一年的数据，即前一年的净利润/总资产，用 ROA 表示。（2）公司规模，本书使用总资产的自然对数，用 SIZE 表示。（3）参考山立威等（2008）的研究成果，消费者口碑敏感型行业，包括 C0 食品、饮料，C13 服装及其他纤维制品，C4370 日用化学产品，C4830 日用橡胶制品，C4930 日用塑料杂品，C55 日用电子器具，C7505 汽车制造业，C7510 摩托车制造业，C7515 自行车制造业，C7620 日用电器，C7825 钟表制造业，C81 医药制造业，F09 航空运输业，H11 零售业，J 房地产业，K 社会服务业，L 传播与文化产业，如果公司属于消费者口碑敏感型行业为 1，否则取 0，用 NIND 表示。（4）国有产权，如果是国有企业为 1，否则为 0。

控制变量：为了更好、更严谨地研究上市公司精准扶贫行为的影响因素，本书还选取了企业成长性、财务风险、股权集中度、二职合一、独董人数作为控制变量，具体见表 8－1。

表8-1 公司特征对上市公司精准扶贫影响的变量定义

变量类型	变量代码	变量名称	变量定义
被解释变量	PPA	精准扶贫行为	精准扶贫投入金额的自然对数
解释变量	ROA	公司业绩	前一年的净利润/总资产
	SIZE	公司规模	总资产的自然对数
	NIND	消费者口碑敏感型行业	公司属于消费者口碑敏感型行业为1，否则取0
	SOE	国有产权	如果是国有企业为1，否则为0
控制变量	GROWTH	企业成长性	营业收入增长率
	LEV	财务风险	负债总额/资产总额
	FIRST	股权集中度	第一大股东持股比例
	DUAL	二职合一	董事长和总经理是否二职合一，是为1，否则为0
	IDNO	独董人数	董事会中独董的人数

8.2.4 模型设计

本书根据研究内容和研究目标，建立以下模型检验本书的假设：

$$PPA = \beta_0 + ROA \times \beta_1 + SIZE \times \beta_2 + NIND \times \beta_3 + SOE \times \beta_4 + Control \times \beta_5 + \varepsilon$$

$$(8-1)$$

为了深入分析不同精准扶贫投入的影响因素，本书分别使用9种分项投入的自然对数作为因变量，研究各自投入的影响因素。

8.3 公司特征对上市公司精准扶贫行为影响的实证研究

8.3.1 描述性统计

公司特征对上市公司精准扶贫行为影响的研究变量的描述性统计结果如表8-2所示。

表 8 - 2   研究变量的描述性统计结果

变量 N = 4192	平均值	标准差	最小值	最大值
PPA	4.74	1.99	0.92	10.99
ROA	0.04	0.05	-0.32	0.34
SIZE	23.29	1.57	19.50	28.10
NIND	0.29	0.45	0.00	1.00
SOE	0.56	0.13	0.00	1.00
GROWTH	0.48	0.20	0.03	0.89
LEV	0.64	0.47	0.00	1.00
FIRST	0.32	0.18	0.09	0.83
DUAL	0.13	0.33	0.00	1.00
IDNO	3.53	0.97	3.00	9.00

从表 8 - 2 可知，上市公司精准扶贫投入金额自然对数的平均值为
4.74，前一年平均的总资产报酬率为 4.51%，公司规模的均值为 23.29，
消费者口碑敏感型行业均值为 0.29，即大部分的上市公司还是属于非消费
者口碑敏感型行业，国有产权比例为 56%，说明主要还是国有上市公司在
开展精准扶贫工作，公司成长性均值为 0.48，资产负债率均值为 64.39%，
第一大股东平均持股比例为 32.77%，基本都处于相对控股状态，董事长
和总经理二职合一的程度均值为 0.13，独立董事人数平均为 3.53 人。

变量的相关系数结果如表 8 - 3 所示。

表 8 - 3   相关性系数

变量	PPA	ROA	SIZE	NIND	SOE	GROWTH	LEV	FIRST	DUAL	IDNO
PPA		0.08*	0.10*	0.06	0.018	0.04	0.02*	0.03	0.06	0.11
ROA	0.09*		-0.13*	-0.06	-0.22**	-0.44**	-0.01	0.06	0.01	0.03
SIZE	0.09*	-0.11*		0.08*	0.242**	0.41**	0.079*	0.078*	0.006	0.005
NIND	0.080	0.027	0.089*		-0.11*	0.182**	-0.015	-0.003	-0.03	-0.04
SOE	0.025	-0.25*	0.246*	-0.11*		0.173*	-0.004	-0.08*	0.09*	-0.09

续表

变量	PPA	ROA	SIZE	NIND	SOE	GROWTH	LEV	FIRST	DUAL	IDNO
GROWTH	0.048	− 0.14 *	0.27 **	0.181 *	0.173 *		0.015	− 0.060	− 0.08	− 0.02
LEV	− 0.03	− 0.005	0.053 *	− 0.022	− 0.005	0.004		− 0.056	0.009	0.058
FIRST	0.033	0.102 *	− 0.072	− 0.003	− 0.087 *	− 0.057	− 0.09 *		− 0.02	− 0.03
DUAL	0.032	0.050	− 0.019	− 0.028	− 0.095 *	− 0.027	0.014	− 0.021		0.37
IDNO	0.051	0.058	0.001	− 0.031	− 0.087 *	− 0.018	0.048	− 0.028	0.05	

注：*** 、** 和 * 分别表示在 1%、5% 和 10% 的水平下显著。

从表 8 − 3 的相关性系数结果发现，上市公司精准扶贫行为与总资产报酬率、公司规模具有一定的相关关系。所有变量的相关系数都不超过 0.5，其中公司规模、总资产报酬率与成长性的相关系数较高，最高的值为 0.44，其余值基本在 0.3 以下，这说明本书的模型基本排除了严重的多重共线性问题。

8.3.2 回归分析

为了分析上市公司精准扶贫行为的影响因素，本书使用多元回归模型，分析这些因素对精准扶贫行为的共同影响情况，同时加入考虑时间年度变量和东中西地区变量①，具体结果见表 8 − 4。另外对分项投入②也进一步多元回归，探讨对分项扶贫投入的影响因素，结果见表 8 − 5。

表 8 − 4   上市公司精准扶贫的影响因素回归分析结果

回归模型	模型 1		模型 2		模型 3	
	系数	t 值	系数	t 值	系数	t 值
（常量）	1.502 ***	3.992	1.595 *	1.804	0.846 **	2.471
ROA	4.636 **	2.333	2.137 *	1.945	1.134 *	1.868

① 地区变量：上市公司所在地位于东部为 2，处于中部为 1，地处西部为 0。

② 分项投入，如果分项投入在 0～1 万之间，取自然对数时均加上 1 万，以避免负数；如果分项投入为 0 则直接赋值为 0。

续表

回归模型	模型 1		模型 2		模型 3	
	系数	t 值	系数	t 值	系数	t 值
SIZE	0.181 **	2.521	0.076 *	1.822	0.040 **	2.151
NIND	− 0.29	− 1.5	0.205	0.583	0.109	1.029
SOE	0.104 **	2.542	0.204 **	2.181	0.108 *	1.815
LEV	− 0.711	− 1.171	− 0.644	− 2.560	− 0.342	− 1.121
IDNO	− 0.024	− 0.273	0.094	1.602	0.050	0.115
DUAL	0.264	1.034	0.270	0.324	0.143	1.235
FIRST	4.115 ***	2.824	1.537 *	1.782	0.815 *	1.875
GROWTH	6.987 ***	3.457	2.131 *	1.851	1.130	1.213
年度			0.345	0.863		
地区					0.234 *	1.863
F 值	27.53		30.34		36.91	
调整 R^2	0.231		0.254		0.284	

注： *** 、 ** 和 * 分别表示在 1% 、5% 和 10% 的水平下显著。

表 8 – 5　　　　　　　上市公司精准扶贫分项投入的回归分析

回归模型	产业	就业	搬迁	教育	健康	生态	兜底	社会	其他
（常量）	0.674	0.398	− 0.216	− 1.282	0.287	0.169	− 0.233	1.821	0.590
ROA	4.55 **	2.11 *	− 0.169	− 2.020	1.564 *	− 0.045	1.830	0.03 *	− 1.633
SIZE	0.07 *	0.006	− 0.003	0.138 *	0.013	− 0.004	0.036	− 0.021	0.049
NIND	− 0.295	− 0.003	− 0.071	− 0.120	0.045	0.005	0.116	0.110	0.464
SOE	0.087	0.110	0.021	− 0.15 *	0.022	0.202 *	0.143 *	0.254 *	− 0.02 *
LEV	0.604	− 0.383	0.011	− 1.6 **	− 0.169	0.029	− 0.325	− 0.196	0.365
IDNO	0.046	0.006	0.073 *	0.15 *	− 0.029	0.024	0.024	0.149	− 0.018
DUAL	− 0.066	0.177	0.084	− 0.088	0.074	0.131	− 0.101	− 0.177	− 0.202
FIRST	3.71 *	− 0.876	0.882	− 1.150	− 0.308	− 1.118	0.920	0.233	0.495
GROWTH	4.162	1.371	− 0.989	2.453	0.363	1.764	− 1.104	0.291	0.719 *
F 值	5.58	1.63	1.71	2.79	1.14	0.97	1.67	1.58	1.58
调整 R^2	0.11	0.06	0.03	0.09	0.02	0.01	0.02	0.04	0.03

注： *** 、 ** 和 * 分别表示在 1% 、5% 和 10% 的水平下显著。

从表 8 – 4 可知，多元回归模型的 F 值在 30 左右，调整 R 方在 0.25 左右，模型具有一定的统计学显著效果。在解释变量中，总资产报酬率、公司规模和所有权性质通过了 10% 的显著性水平，且总资产报酬率、公司规模、国有产权与上市公司精准扶贫行为正相关，即公司业绩越好，公司规模越大，同时属于国有企业，越容易发生精准扶贫行为，这里支持了假设 H8 – 1、假设 H8 – 2 和假设 H8 – 4。这可能是公司业绩越好，导致其盈余资金越多，可用于精准扶贫的资金就越多；同时公司规模越大，资金流动性越强，可供使用精准扶贫的资本就越多；另外各级政府对国有企业承担整村帮扶的政治压力较大，促使国有上市公司更多地参与精准扶贫工作。

但是，消费者口碑敏感型行业没有通过显著性检验，因而没有支持假设 H8 – 3，可能因为消费者口碑敏感型上市公司的比例偏少，仅占 29%，导致没有统计上的显著效果。在控制变量中，第一大股东持股比例和公司成长性通过了 10% 的显著性水平，且与精准扶贫行为正相关。这说明第一大股东持股比例越大，控制程度越高，越容易支持精准扶贫行为；公司成长性越大，为了更好地发展产业，也更倾向发生产业扶贫这样的精准扶贫行为。此外，地区变量通过了 10% 的显著性检验，这显示公司所在地为东部的上市公司比中、西部的上市公司更愿意参与精准扶贫，可能是东部地区较为发达，公司有先富带动后富的意愿。

在分项回归和产业发展脱贫投入中，总资产报酬率和公司规模通过了显著性检验，即公司业绩越好，规模越大，越愿意采用产业发展脱贫的方式进行精准扶贫。同时社会扶贫中，公司业绩和国有企业更多采用社会扶贫的方式。另外对比结果发现，公司业绩越好，越愿采取产业发展脱贫、转移就业脱贫、健康脱贫、社会脱贫方式；公司规模越大，越愿意采用产业发展脱贫和教育脱贫方式；而国有上市公司更喜欢教育、生态、兜底、社会及其他脱贫方式。

8.3.3 稳健性检验

为了进一步发现上市公司精准扶贫行为的影响因素，我们按照相同年

度、行业、相近资产规模和公司业绩、公司所在地相近的原则，筛选了配
对样本 4192 家。并且使用精准扶贫配对变量，发生精准扶贫投入为 1，没
有发生的则为 0，用 APA 表示。回归模型如下：

$$\text{Logistic}(\text{APA}) = \beta_0 + \text{ROA} \times \beta_1 + \text{SIZE} \times \beta_2 + \text{NIND} \times \beta_3$$
$$+ \text{SOE} \times \beta_4 + \text{Control} \times \beta_5 + \varepsilon \qquad (8-2)$$

对于研究样本和配对样本的 Logistic 回归结果见表 8-6。

表 8-6   Logistic 回归结果

	B	S. E	Wals	df	Sig.	Exp(B)
常量	-1.042	1.738	0.359	1	0.549	0.353
ROA	0.723 ***	0.216	11.166	1	0.001	0.485
SIZE	2.392 ***	0.722	10.984	1	0.001	10.939
NIND	-0.191	2.348	0.007	1	0.935	0.826
SOE	0.021 *	1.083	2.863	1	0.091	0.599
LEV	-0.03	0.103	0.084	1	0.772	0.971
IDNO	-0.005	0.295	0	1	0.987	0.995
DUAL	0.445	1.716	0.067	1	0.795	1.561
FIRST	1.515 *	0.418	2.692	1	0.095	0.22
GROWTH	-0.074	0.052	2.041	1	0.153	0.929

注：***、** 和 * 分别表示在 1%、5% 和 10% 的水平下显著。

在 Logistic 回归中，公司业绩、公司规模和国有产权显著正相关，稳
健性检验结果与上文结论基本一致，说明本书提出的假设检验是稳健可行
的。并且本书还把精准扶贫投入金额除以前一年的主营业务收入，得到上
市公司精准扶贫投入强度，作为新的因变量带入模型（8-1），其回归结
果见表 8-7。公司业绩、公司规模和国有产权仍然显著正相关，稳健性检
验结果与上文结论基本一致，这说明公司业绩越好，规模越大，越是国有
企业，精准扶贫的投入力度就越大。

表 8 - 7   精准扶贫投入强度的回归结果

回归模型	精准扶贫投入强度	
	系数	t 值
（常量）	1.515 *	1.992
ROA	1.988 **	2.333
SIZE	0.072 **	2.521
NIND	− 0.193	− 1.500
SOE	0.192 **	2.542
LEV	− 0.607	− 1.171
IDNO	− 0.089	− 0.273
DUAL	0.255	1.034
FIRST	1.457 **	2.824
GROWTH	2.021 ***	3.457
F 值	13.28	
调整 R^2	0.08	

注：*** 、** 和 * 分别表示在 1% 、5% 和 10% 的水平下显著。

8.4 公司特征对上市公司精准扶贫行为影响的实证结论

8.4.1 结论

2016 ~ 2020 年有 4192 家上市公司开展精准扶贫活动，因而上市公司精准扶贫力度较大，脱贫具有一定的效果，可以作为我国精准扶贫的重要力量。在分项投入上，上市公司产业发展脱贫投入最多，位列扶贫投入方式中的第一，产业扶贫既可以为我国扶贫事业作出贡献，又可以为公司带来一定的产业发展和回报。

公司业绩越好，越愿采取产业发展脱贫、转移就业脱贫、健康脱贫、社会脱贫方式；公司规模越大，越愿意采用产业发展脱贫和教育脱贫方式；而国有上市公司更喜欢教育、生态、兜底、社会及其他脱贫方式。

8.4.2 建议

针对产业发展脱贫是上市公司首选的精准扶贫方式，对于贫困地区或贫困村，可以寻找或开发当地具有一定基础的旅游、中药材、水果种植、家禽养殖等项目，列出产业发展目录，吸引上市公司在当地开展产业扶贫脱贫活动，例如可以建立公司、专业社、农户等新型农业组织，设立产业基地，同时就地帮助贫困人口实现就业，更好地扩大上市公司支持产业发展脱贫的程度，实现更大的脱贫效果。

由于上市公司精准扶贫行为的主要影响因素是公司业绩、公司规模和国有产权。因而对于我国证监机构来说，可以鼓励和引导规模较大、业绩较好的上市公司更多地开展精准扶贫项目，对国有企业加强社会定点扶贫，设立专职扶贫人员和扶贫基金，并且对精准扶贫的投入金额、投入形式、脱贫人数进行监督，包括当地扶贫办和年度审计机构的沟通与监督，确保上市公司精准扶贫投入及脱贫效果信息真实、可靠、有效。

第 9 章
高管特征对上市公司精准扶贫的影响研究

9.1 引言及相关文献回顾

脱贫攻坚是我国党和政府的重大战略部署，实现 2020 年 "两不愁三保障" 是对全国人民的承诺，精准扶贫成为全国人民高度关注的重大议题。2016 年国务院颁布《"十三五" 脱贫攻坚规划》，进一步强化企业帮扶，发挥社会扶贫的重要作用。中国特色脱贫攻坚制度体系全面建立，精准扶贫精准脱贫方略扎实推进，各方联动社会参与的大扶贫格局基本形成，企业成为国家实施脱贫攻坚战略的重要力量（张晓松，2018）。2018 年胡春华在国家扶贫开发会议上指出，精准扶贫必须重点解决好实现 "两不愁三保障" 面临的突出问题，将提高脱贫质量放在首位，引导企业到扶贫县发展产业、带动就业，促进稳定脱贫、可持续脱贫。

履行社会责任是企业保持持续发展的必然选择（张丹宁、唐晓华，2012；Shauk et al. , 2016）。2016 年底沪深交易所分别发布了《关于进一步完善上市公司扶贫工作信息披露的通知》和《关于做好上市公司扶贫工作信息披露的通知》，要求上市公司在年度报告全文 "重要事项" 章节中，充分披露公司年度精准扶贫概要、扶贫工作具体成果、后续精准扶贫计划等内容，由此许多上市公司发布了精准扶贫社会责任报告。《中国企业扶贫研究报告 2017》表明大约 67.33% 的上市公司披露了精准扶贫信息，中国上市公司精准扶贫投入总额占利润总额的万分之七，食品饮料业、金融业、有色金属业、农林牧渔业、能源业及公共事业披露较透明。为了促进上市公司更好地开展精准扶贫活动，履行企业扶贫责任，有必要探讨上市公司精准扶贫社会责任的影响因素。根据高层梯队理论，高管决策受到高管个人背景的影响（王士红，2016），高管的个人独特背景产生了独特的价值观、文化理念等，高管价值观能够影响企业履行社会责任（姜志华，2011）。

不同企业的高管对精准扶贫社会责任的态度是不一致的，一些企业高管认为国家目前仍有贫困人口存在，帮助贫困人口脱贫致富是企业的社会责任，在企业力所能及的范围内积极开展精准扶贫活动。但是，仍有一些企业高管认为，企业要以营利为目的，扶贫是政府的事，直接判定精准扶贫社会责任在本企业不适用。并且国有企业的高管与民营企业的高管追求的目标并不完全一致，对待精准扶贫的态度也不一致。国企的高管享有行政级别，对企业经营目标中经常会揉入政府官员的社会效应政绩观，更趋向于通过积极履行精准扶贫社会责任来构建良好的企业形象，进而获得官员升迁（王士红，2016）。民营企业的高管更关注企业的利润，在履行精准扶贫社会责任时较为谨慎，只有当履行精准扶贫社会责任的预期效益大于履行成本，或政府、市场环境强制要求企业履行精准扶贫社会责任时，民营企业高管才会选择履行精准扶贫社会责任。

本章以 2016~2020 年沪深 A 股上市公司为研究对象，探讨高管团队不同特征对上市公司精准扶贫行为的影响以及不同产权性质的调节作用，研究结果为我国监管层指导上市公司精准扶贫以及上市公司研判竞争对手的管理层决策提供借鉴意义。

9.2 高管特征对精准扶贫影响的研究设计

为什么某些上市公司要开展精准扶贫活动？即使在开展精准扶贫的上

市公司中，各企业的精准扶贫水平有高有低，就精准扶贫社会责任的行为本质而言，企业所要最大化的不仅仅是经济利益，还有他们所关心的利益相关者的福利（Sharfman，1994）。除了经济动机以外，精准扶贫社会责任行为更多地源于"移情"而产生的无意识发生（Hahn & Gawronski，2015）。这种"移情"又称同情心或恻隐之心，源自高管亲身经历以及由此获得的道德情感体验。高层梯队理论认为企业管理团队的不同特征，如年龄、性别、任期、社会背景、教育等都对管理决策起着重要作用。高管也是有限的经济人，不可能完全理性，个体的经历、性别、教育水平都会影响价值观，而价值观又会影响个体决策的行为（Bass & Stogdill，1990），不同个体特质有着不同的影响结果，高管价值观会影响社会责任的履行水平（姜志华，2011）。

9.2.1 研究假设

1. 高管背景特征对精准扶贫行为的影响

年龄越大的人，越是趋于遵守既定的道德伦理原则（Kohlberg，1986），高管团队平均年龄越大，越注重自己的声誉，财务重述行为的可能性越小（何威风等，2010）。随着年龄的增加，高管团队在决策上较为保守，考虑问题更加全面，比较顾及大多数人的利益，特别会考虑企业的利益相关者，甚至贫困地区的贫困群体，精准扶贫活动就是主要表现。根据上述分析，提出假设 9 - 1：

H9 - 1：高管团队平均年龄越大，越趋于积极开展精准扶贫活动。

男性和女性在心理上的不同会表现出不同的行为（Byrnes et al.，1999）。一般而言，男性喜欢冒险、刺激，而女性一般比较温和、敏感，天生的母性让她们有着极强的友善的心。在公司决策时，女性高管能够从利益相关者的角度考虑问题，更容易在客户、员工等问题上取得共识，与关键的利益相关者达到谅解，建立良好的关系。同时女性高管出于母性思维，一般易于同情弱者，关心贫困人员，对于开展企业扶贫持乐观态度，女性高管更勇于承担社会责任（Manner，2010）。因而提出假设 9 - 2：

H9 - 2：高管团队女性比例越高，越愿意积极开展精准扶贫活动。

个人的教育水平对其价值观及认知能力产生重要影响。高管的教育水平越高，处理复杂环境的能力越强，能够兼顾各方利益，考虑企业的长远发展，而不仅仅着眼于短期的表现（Manner，2010）。受过良好教育的高管将有更强的社会责任感，或许高管自身就享受国家、政府的助学贷款等政策的支持，因而具有更强的动机开展精准扶贫活动。提出假设 9 - 3：

H9 - 3：高管团队学历越高，越趋于积极开展精准扶贫活动。

高管随着任职年限的增加，会更加关注稳定，减少冒险。高管团队刚任职时，对情况不太熟悉，往往谨慎决策。随着任职年限的增加，权力得到巩固（Finkelstein & Hambrick，1988），在履行精准扶贫社会责任决策时拥有一定的话语权。但是这并不意味着企业将积极开展精准扶贫活动，任职时间较长，可能会满足于现有业绩，更加注重稳定和效率，减少对环境、扶贫等的关注，导致不愿意实施精准扶贫行为。因此提出假设 9 - 4：

H9 - 4：高管团队平均任职年限越长，越不愿意积极开展精准扶贫活动。

具有党员身份的高管会更加积极地响应国家大政方针，更愿意承担政治任务。精准扶贫已成为国家战略，打赢脱贫攻坚战作为国家一项重大政治任务，实现贫困人口"两不愁三保障"，让贫困人口和贫困地区同全国一道进入全面小康社会是我们党的庄严承诺。相对于非党员的高管，具有党员身份的高管其思想觉悟更高，因为党员本身体现了更应发挥先锋模范作用，更加坚决执行党的各项政策、精神，更能引导企业积极主动履行精准扶贫社会责任。因而提出假设 9 - 5：

H9 - 5：高管团队党员比例越高，越愿意积极开展精准扶贫活动。

2. 产权性质与精准扶贫

产权性质的不同往往导致国有企业和非国有企业在公司治理、运营目标、扶贫责任等方面都存在较大差异。相对于非国有企业，国有企业，不管是央企，还是地方国企，国资委都掌握着国有企业负责人的奖惩、任免、薪酬等权力，国有企业高管存在更强的政治关联和政治压力。中央国有企业在国资委监管下结对帮扶了 246 个国家扶贫开发工作重点县，对口支援西藏 21 个县、青海 16 个县，2016 年投入扶贫资金 30 多亿元，同时地方国有企业也承担明确的扶贫任务，开展卓有成效的精准扶贫工作。在这种背景下，国有企业高管热衷于通过履行精准扶贫社会责任的行为来提升社会地位，从而营造良好的个人发展前景。而非国有企业，虽然全国工商联牵头启动"万企帮万村"行动，动员和鼓励全国 1 万家以上民营企业帮助 1 万个以上贫困村加快精准脱贫步伐，但是非国有企业高管对企业利润、公司价值等经济效益的追求较为突出，其履行精准扶贫社会责任的经济利益较为不确定。

由于国有企业受政府管制较多，往往需要接受政府指示、压力而参与精准扶贫活动，从而比非国有企业更多地实施精准扶贫行为，因而需要考虑产权性质对高管特征与精准扶贫行为的交叉影响情况。国有企业一般来说按资排辈比较多，升迁较难，成为国企高管实属不易，年龄都偏大，更想平安退休，不愿在精准扶贫上冒险。另外国有企业对学历、党员身份比较重视，也会考虑女性比例、少数民族比例，这在国有企业高管选拔中会优先考虑，因而党员、女性、高学历员工提升为国企高管后，往往会加倍努力，做好国有企业经营发展的同时，完成党和政府交办的精准扶贫社会责任。根据上述分析，提出假设：

H9 - 6.1：在国有企业中，高管团队平均年龄与上市公司精准扶贫行为显著负相关；

H9 - 6.2：在国有企业中，高管团队学历与上市公司精准扶贫行为显著正相关；

H9 - 6.3：在国有企业中，高管团队女性比例与上市公司精准扶贫行为显著正相关；

H9 - 6.4：在国有企业中，高管团队平均任职年限与上市公司精准扶贫行为显著正相关；

H9 - 6.5：在国有企业中，高管团队党员比例与上市公司精准扶贫行为显著正相关。

9.2.2 样本选择与数据来源

2016 年底上交所、深交所要求上市公司在年度财务报告中披露精准扶贫社会责任信息，本书手工收集 2016～2020 年的财务年报，分别发现 499 家、832 家、1108 家、1000 家、1257 家上市公司披露了精准扶贫信息，剔除了下列公司：（1）金融公司，因为很多银行把对贫困户的贷款金额算成精准扶贫金额，导致其精准扶贫金额显著过大；（2）数据不全的公司；（3）ST 以及 *ST 的公司，筛选后 2016～2020 年的样本公司数分别为 454 家、782 家、1046 家、986 家、924 家，最后以 4192 家样本公司年度数据作为研究样本。精准扶贫投入金额见表 4 - 1。上市公司精准扶贫数据来自财务年报，相关上市公司高管背景数据和财务数据来自国泰安数据库以及手工整理，并对所有连续型变量在 1% 和 99% 分位数上缩尾。

9.2.3 变量设定

被解释变量：精准扶贫行为，本书采用精准扶贫投入总额的自然对数来衡量。

解释变量：（1）高管团队年龄，用高管团队的平均年龄来替代，用 Age 表示。（2）高管女性比例，用高管团队中女性人数除以高管团队总人数，用 Female 表示。（3）高管团队受教育水平，将学历水平划分为中专及以下、大专、本科、硕士、博士，分别赋值 1～5 并计算平均值，用 Edu 表示。（4）高管团队任职年限，高管团队担任现职以来的年限并计算平均值，用 Dur 表示。（5）高管党员比例，用高管团队中党员人数[①]除以高管

---

① 党员身份不是强制披露信息，本书通过年报、Winds 金融终端、百度百科、新浪财经、和讯网等渠道获得。

团队总人数。

　　调节变量：国有产权，如果是国有企业为 1，否则为 0，用 SOE 表示。

　　控制变量：为了更好地分析高管特征对上市公司精准扶贫行为影响作用，本书借鉴王士红（2016）选取了公司业绩、公司规模、负债水平、行业、年份等 8 个变量作为控制变量，具体见表 9 – 1。

表 9 – 1　　　　　　高管特征对上市公司精准扶贫影响的变量定义

变量类型	变量符号	变量名称	变量定义
被解释变量	poverty	精准扶贫行为	精准扶贫投入总额的自然对数
解释变量	Age	高管团队年龄	高管团队年龄总和/高管团队总人数
	Female	高管女性比例	高管团队中女性人数除以高管团队总人数
	Edu	高管团队受教育水平	将学历水平划分为中专及以下、大专、本科、硕士、博士，分别赋值 1~5 并计算平均值
	Dur	高管团队任职年限	高管团队担任现职以来的年限平均值
	Party	高管团队党员比例	高管党员数量/高管团队总人数
调节变量	SOE	国有产权	如果是国有企业为 1，否则为 0
控制变量	Size	公司规模	总资产的自然对数
	ROA	公司业绩	净利润/总资产
	LEV	财务风险	负债总额/资产总额
	Growth	公司成长性	营业收入增长率
	First	股权集中度	第一大股东持股比例
	Dual	二职合一	董事长和总经理为一人赋值 1，否则为 0
	Depend	独董比例	独立董事人数占董事会人数比例
	Salary	前三高管薪酬	前三大高管薪酬的自然对数
	Nind	行业	控制行业
	Year	年份	控制年份

9.2.4　模型设计

根据研究目的，建立回归模型来研究高管特征对精准扶贫行为的影响作用。其中因变量 Poverty 分别由 t 年的 Ln-poverty、Poverty-rev 和 Poverty-ta 来度量，解释变量、调节变量和控制变量都使用滞后一期的数据，具体模型为：

$$Poverty_{i,t} = \beta_0 + \beta_1 Age_{i,t-1} + \beta_2 Female_{i,t-1} + \beta_3 Edu_{i,t-1} + \beta_4 Dur_{i,t-1}$$
$$+ \beta_5 Party_{i,t-1} + \beta_6 Control_{i,t-1} + \varepsilon \qquad (9-1)$$

$$Poverty_{i,t} = \beta_0 + \beta_1 Age_{i,t-1} + \beta_2 Female_{i,t-1} + \beta_3 Edu_{i,t-1} + \beta_4 Dur_{i,t-1}$$
$$+ \beta_5 Party_{i,t-1} + \beta_6 SOE_{i,t-1} + \beta_7 Age_{i,t-1} \times SOE_{i,t-1}$$
$$+ \beta_8 Female_{i,t-1} \times SOE_{i,t-1} + \beta_9 Edu_{i,t-1} \times SOE_{i,t-1}$$
$$+ \beta_{10} Dur_{i,t-1} \times SOE_{i,t-1} + \beta_{11} Party_{i,t-1} \times SOE_{i,t-1}$$
$$+ \beta_{12} Control_{i,t-1} + \varepsilon \qquad (9-2)$$

模型（9-1）用来解释假设 H9-1、H9-2、H9-3、H9-4、H9-5 中各个解释变量对被解释变量共同的综合影响。模型（9-2）解释在国有产权调节下，各解释变量对被解释变量的综合影响。Control 为控制变量。

9.3　高管特征对精准扶贫影响的实证分析

9.3.1　描述统计

高管特征对精准扶贫影响的描述统计结果如表 9-2 所示。

表 9-2　　　　　　　　　　描述统计结果

变量	样本量	平均值	标准差	最小值	最大值
poverty	4192	11.62	2.09	9.10	21.03
Age	4192	49.03	2.78	38.45	56.85

变量	样本量	平均值	标准差	最小值	最大值
Female	4192	0.16	0.07	0.03	0.38
Edu	4192	3.55	0.36	2.17	4.50
Dur	4192	3.29	0.92	1.00	9.47
Party	4192	0.35	0.11	0.69	0.01
SOE	4192	0.52	0.46	0.00	1.00
Size	4192	21.87	1.51	18.57	26.11
ROA	4192	0.05	0.06	-0.13	0.26
LEV	4192	0.53	0.17	0.08	0.82
Growth	4192	0.19	0.48	-0.48	5.05
First	4192	37.63	13.89	9.25	75.23
Dual	4192	0.16	0.21	0.00	1.00
Depend	4192	0.36	0.04	0.30	0.48
Salary	4192	14.72	0.68	12.56	16.73

在表9-2中，上市公司精准扶贫投入金额自然对数的均值为11.62，在4192个样本数据中，高管年龄的均值为49.03，说明高管团队普遍是中年人，毕竟公司高管对人的要求较高，需要时间来历练。在4192个样本数据中，女性成员在高管中的占比仅为16%，说明公司对于女性高管认同度不高。同时4192个样本中，高管平均学历程度为3.55，相对于本科及本科以上，说明高管的教育水平较高，上市公司比较看重专业能力。在4192个样本中，平均高管任职年限为3.29年，说明大多数高管的任职期限在3年。另外4192个样本数据中，高管中平均党员比例为0.35，总体而言，上市公司高管中党员占1/3。

国有企业与非国有企业的高管特征分组检验结果如表9-3所示。

表 9 - 3　　国有企业与非国有企业的高管特征分组检验

变量	SOE = 1					SOE = 0					t TEST	wilcoxon Z
	样本量	平均值	标准差	最小值	最大值	样本量	平均值	标准差	最小值	最大值		
poverty	2180	13.53	2.09	9.24	21.03	2012	13.16	2.25	9.10	20.84	-0.72	5.12**
Age	2180	49.45	2.65	40.24	56.85	2012	48.82	2.31	38.45	53.52	2.12*	4.54**
Female	2180	0.14	0.05	0.06	0.35	2012	0.17	0.08	0.03	0.38	-2.3*	5.34**
Edu	2180	3.69	0.41	2.88	4.50	2012	3.52	0.35	2.17	4.20	2.4**	6.16**
Dur	2180	3.25	0.93	1.30	9.47	2012	3.35	0.56	1.00	8.30	1.03	1.45
Party	2180	0.51	0.13	0.46	0.69	2012	0.26	0.09	0.01	0.52	4.96**	6.31**
Size	2180	22.31	3.24	20.3	26.11	2012	21.67	2.86	18.57	23.5	0.89*	2.12*
ROA	2180	0.053	0.04	-0.03	0.26	2012	0.049	0.07	-0.13	0.24	0.35	1.04
LEV	2180	0.55	0.16	0.13	0.82	2012	0.52	0.17	0.08	0.61	0.62	0.93
Growth	2180	0.18	0.34	-0.05	5.05	2012	0.198	0.56	-0.48	4.06	-0.38	0.72
First	2180	43.13	12.46	9.35	75.23	2012	37.36	12.57	9.25	67.45	2.5**	8.35**
Dual	2180	0.09	0.27	0.00	1.00	2012	0.21	0.35	0.00	1.00	-1.23	2.45**
Depend	2180	0.36	0.04	0.30	0.48	2012	0.39	0.48	0.30	0.42	-0.52	1.06
Salary	2180	14.93	0.73	12.87	16.73	2012	14.52	0.63	12.56	15.35	1.76*	3.8**

注：***、 ** 和 * 分别表示在 1%、5% 和 10% 的水平下显著。

由表9-3看出，在均值检验中，国企与非国企中高管团队的平均年龄、女性比例、学历、党员比例都存在显著差异，控制变量中企业规模、第一大股东变量、前三高管薪酬也存在显著差异。同时在中位数检验中，国企与非国企的精准扶贫投入程度、高管团队的平均年龄、女性比例、学历、党员比例存在显著差异，控制变量的显著性与均值检验基本一致。因而正是国企与非国企在高管背景特征及公司特征存在的显著差异导致了上市公司精准扶贫投入程度的一定差异。另外本书进行了 Pearson 相关性分析，精准扶贫投入程度与高管的年龄、学历、女性比例、党员比例存在一定程度的相关性。所有相关系数都不超过 0.5，这些变量间不存在严重的多重共线性问题，可以纳入后面的回归分析。

9.3.2 回归分析

在基本模型中，为了分析高管团队单一背景特征对上市公司精准扶贫的影响，本章先逐一对高管背景特征进行回归分析，然后再进行所有背景特征的回归分析，其结果见表9-4。

表9-4 高管背景特征与精准扶贫行为的回归分析

模型（1）	poverty				
Age	-0.037 (-1.054)				0.124 (1.243)
Female		3.253** (2.654)			0.873* (1.962)
Edu			-0.487 (-1.321)		-0.385 (-1.084)
Dur				-0.235** (-3.083)	-0.412 (-1.372)
Party				1.353*** (5.673)	1.379*** (4.679)

续表

模型（1）	poverty					
Size	3.123 *** (8.463)	3.674 *** (13.592)	2.984 *** (11.124)	3.201 *** (10.359)	3.072 *** (9.128)	2.614 *** (11.874)
ROA	0.253 * (1.873)	0.311 ** (2.361)	0.174 * (1.785)	0.372 * (1.902)	0.268 * (1.883)	0.362 ** (2.462)
LEV	−0.354 * (−1.782)	−0.245 * (−1.839)	−0.469 ** (−2.210)	−0.742 ** (−2.437)	−0.563 * (−1.863)	−0.683 ** (−2.357)
Growth	0.118 (0.376)	0.355 (0.953)	0.292 (1.356)	0.473 (1.148)	0.078 (0.895)	0.185 (0.642)
First	0.003 (0.643)	0.005 (0.478)	0.002 (0.197)	0.006 (0.376)	−0.007 (−0.864)	0.009 (1.308)
Dual	−0.006 (−0.238)	−0.370 (−0.954)	−0.217 (−0.537)	0.178 (0.893)	0.478 (1.048)	0.783 (1.266)
Depend	0.256 (0.532)	−0.377 (−0.976)	−0.487 (−1.245)	0.156 (0.742)	−0.589 (−0.835)	−0.627 (−1.146)
Salary	2.487 ** (2.158)	1.803 (0.795)	1.793 * (1.803)	1.348 (0.581)	1.180 (1.274)	0.989 (0.538)
行业	控制	控制	控制	控制	控制	控制
年份	控制	控制	控制	控制	控制	控制
_cons	−9.353 *** (−8.463)	−11.464 *** (−9.251)	−9.357 *** (−11.039)	−14.379 *** (−10.104)	−12.463 *** (−10.863)	−10.935 *** (−8.875)
Observations	4192	4192	4192	4192	4192	4192
R_squared	0.266	0.295	0.313	0.288	0.333	0.371
F	18.352	23.576	18.568	20.873	21.658	17.319

注：***、** 和 * 分别表示在 1%、5% 和 10% 的水平下显著，括号内为 t 值。

从表 9-4 的结果看出，公司精准扶贫投入程度与高管团队的年龄没有通过显著关系，没有支持假设 9-1。这说明上市公司高管的年龄与精准扶贫投入并没有多大影响，年轻高管由于公众意识强，愿意为了减轻贫困人口的困难而履行精准扶贫社会责任，而年长高管由于求稳意识并不积极参与精准扶贫。

公司精准扶贫投入程度与女性高管正相关，支持假设9－2。这说明，女性由于母爱更具同情心和怜悯心，更愿意去帮助那些贫困的人，从而推动上市公司参加更多的精准扶贫活动。

公司精准扶贫投入程度与高管学历没有显著影响，不支持假设9－3。可能的原因是教育水平越高，只能说明其专业知识、专业技能越高，但是不代表其为人、做人的态度，也不体现其对精准扶贫社会责任的重视。甚至一些高学历的高管，认为公司缴纳税收、接纳就业，自己已经为社会作出了贡献，精准扶贫是国家、社会的事，与自己关系不大，即出现所谓的精致利己主义者。

表9－4还显示，高管任期对上市公司精准扶贫有显著的负向影响，支持了假设9－4。这可能是高管的任期越长，越追求稳定，不愿意冒险，因为参与精准扶贫需要投入一定的货币资金，影响公司的资金状况，导致公司出现资金周转困难或负债增大的财务风险，因而任期较长的高管不愿在精准扶贫中投入较多，由此产生明显的负向影响。

高管团队的党员身份对公司精准扶贫投入程度有显著的正向影响，支持假设9－5。这可能是党员高管除了受到公司法等法律法规的约束外，还受到党章等规定的制约，更能明白和执行党的大政方针，特别是精准扶贫作为国家战略，脱贫攻坚成为一项政治任务的情况下，因而尽可能去推动和深度参与精准扶贫行动。

在控制变量中，上市公司精准扶贫与企业规模、总资产收益率显著正相关，而与资产负债率显著负相关。这说明，公司规模越大，业绩越好，债务水平越低，越容易参与精准扶贫行动，这与杜世风等（2019）的结论基本一致。其他控制变量则没有显著关系。

表9－5考虑了产权性质下高管背景的不同特征对上市公司精准扶贫投入的影响，主要检验了国有企业的调节作用。

表 9 – 5　　　国有企业在高管背景特征与精准扶贫行为中的调节作用

模型（2）	poverty					
Age	0.045 (0.943)					0.653 (0.763)
Female		0.735 * (1.835)				0.283 * (1.863)
Edu			0.588 (1.035)			0.357 (1.003)
Dur				− 0.376 * (− 1.923)		− 0.553 ** (− 2.210)
Party					0.772 ** (2.211)	0.564 ** (2.433)
SOE	12.453 *** (5.267)	1.034 ** (2.643)	− 2.137 ** (− 2.681)	− 1.945 (− 1.562)	3.564 ** (2.109)	15.363 ** (2.311)
Age_SOE	− 0.683 * (− 1.794)					− 0.877 * (− 1.914)
Female_SOE		0.639 ** (2.105)				1.352 ** (2.095)
Edu_SOE			8.473 ** (2.433)			1.056 (1.345)
Dur_SOE				0.145 (1.071)		0.835 (1.133)
Partty_SOE					0.607 * (1.783)	1.323 ** (1.998)
Control	控制	控制	控制	控制	控制	控制
行业	控制	控制	控制	控制	控制	控制
年份	控制	控制	控制	控制	控制	控制
_cons	− 6.283 *** (− 5.328)	− 4.583 *** (− 6.723)	− 2.930 *** (− 6.842)	− 2.104 *** (− 7.213)	− 1.789 *** (− 7.766)	− 2.225 *** (− 5.054)

续表

模型（2）	poverty					
Observations	4192	4192	4192	4192	4192	4192
R_squared	0.156	0.204	0.185	0.172	0.231	0.246
F	8.369	10.342	9.295	11.462	12.957	13.616

注：***、**和*分别表示在1%、5%和10%的水平下显著，括号内为t值。

对于表9-5所示的交叉项，在国有企业中，精准扶贫投入与高管团队学历、女性比例、党员比例显著正相关，而与高管团队平均年龄显著负相关，这里支持了假设9-6.1、假设9-6.2、假设9-6.3、假设9-6.5；然而对于高管任期则不显著，并不支持假设9-6.4。这可能是，国有企业往往按资排辈，需要较长时间才能成为公司高管，为了自己的职位稳定，尽管年龄较大都会尽力完成政府交办的精准扶贫任务；女性高管则会由于自身怀有的同情心而愿意帮助处于贫困状态的人们，因而积极推动公司投身精准扶贫行动；在国企招聘选人条件提高、更加重视专业治企背景下，高学历的高管越来越多，这些业界精英受益于国家和政府的教育培育而更愿意参与精准行动；高管的党员身份则表明该高管本身较为优秀，一般都在各行各业发挥先锋模范作用，因而在精准扶贫行动中也会身先士卒，积极开展精准扶贫活动。但是，对于国企高管任期，尽管所有人都想在短期内取得优异业绩，既经营好企业，又做好精准扶贫等社会责任，这样很难兼顾，势必在短期内影响精准扶贫的投入程度。总体而言，国企行政色彩较浓，高管对精准扶贫的态度来自政府的压力。如果政府对国企高管在年度考核中加入精准扶贫的相关指标，则高管都会尽力承担精准扶贫社会责任；如果政府施加的压力较小，高管可能不重视精准扶贫行动，只注重利润。

9.3.3　稳健性检验

为了结论的可靠性，本书将精准扶贫投入总额占营业收入（由于其比例太小乘以100换算成百分比）的比例（Poverty-rev）作为因变量，重新进行回归，结果见表 9 - 6。

表 9 - 6 　　　　　　　　　　稳健性检验结果

模型（1）	Poverty-rev					
Age	−0. 173 （−0. 437）					0. 153 （1. 018）
Female		1. 435 *** （4. 685）				0. 325 ** （2. 341）
Edu			0. 337 （1. 154）			−0. 567 （−1. 489）
Dur				−0. 321 * （−1. 770）		−0. 674 * （−1. 812）
Party					0. 412 ** （2. 217）	1. 322 ** （2. 316）
Age_SOE	−0. 298 ** （−2. 001）					−0. 322 * （−1. 816）
Female_SOE		0. 274 ** （2. 132）				0. 904 * （1. 833）
Edu_SOE			1. 320 ** （2. 187）			1. 189 （0. 932）
Dur_SOE				0. 412 （0. 678）		0. 762 （1. 584）
Partty_SOE					0. 365 ** （2. 163）	0. 589 * （1. 753）
Control	控制	控制	控制	控制	控制	控制
行业	控制	控制	控制	控制	控制	控制
年份	控制	控制	控制	控制	控制	控制
_cons	−0. 763 *** （−4. 793）	−0. 921 *** （−5. 275）	−0. 687 *** （−6. 002）	−1. 123 *** （−5. 583）	−2. 582 *** （−15. 342）	−3. 156 *** （−13. 326）
Observations	4192	4192	4192	4192	4192	4192
R_squared	0. 203	0. 184	0. 219	0. 283	0. 319	0. 325
F	12. 422	10. 002	11. 276	16. 231	18. 563	14. 341

注：*** 、** 和 * 分别表示在 1% 、5% 和 10% 的水平下显著，括号内为 t 值。

稳健性结果与前文结论基本一致，上市公司精准扶贫投入程度与女性比例和党员比例显著正相关，而与高管任期负相关。如果考虑了国有这一所有权性质的调节作用，国有企业精准扶贫投入程度与其高管学历、女性比例、党员比例正相关，而与高管年龄负相关。这说明本书的假设检验模型是稳健可行的。

9.4 高管特征对上市公司精准扶贫影响的实证结论

9.4.1 结论

本书以 2016～2020 年我国沪深 A 股上市公司精准扶贫投入披露企业为研究对象，实证检验上市公司高管对精准扶贫投入程度的影响。实证发现：上市公司精准扶贫投入程度与女性比例和党员比例显著正相关，而与高管任期负相关。如果考虑了国有这一所有权性质的调节作用，国有企业精准扶贫投入程度与其高管学历、女性比例、党员比例正相关，而与高管年龄负相关，即国有企业在高管团队年龄、教育水平、女性比例、党员比例与精准扶贫投入中均起到调节作用。

9.4.2 建议

首先，公司精准扶贫社会责任是高管团队的决策，合理配备高管团队，考虑团队的异质性，发挥高管不同特征对企业精准扶贫行为的积极影响。（1）在高管团队中增加女性高管比例，调整高管团队性别结构。提高女性高管比例，以女性独特的善良母性情怀去影响管理层，承担精准扶贫社会责任。（2）慎重考虑高管的任期。特别是慎重考虑任期较长的高管，以免对公司精准扶贫社会责任带来不利影响。（3）吸收优秀的党员进入高管团队。我国党员在各行各业中具有政治素质过硬、专业突出的特点，上市公司可以吸纳优秀党员进入高管团队。

其次，区分不同产权的上市公司，才能更好地发挥高管背景特征对精准扶贫社会责任的影响。国企的高管一般由上级或政府任命，涉及政治背景等因素；而非国企的高管多由董事长、总经理有一定关系的人员担任，因而对精准扶贫社会责任的认识不一样，对精准扶贫投入的程度不一样。即使积极推动精准扶贫行动，其采取的具体扶贫方式也不一样，例如非国企在产业扶贫中投入较多，而国企在社会扶贫、其他项目扶贫中投入较多，因而需要分清不同企业的产权、高管的不同特征，提高企业扶贫效率。

最后，为了引起高管对精准扶贫社会责任的重视，建议证监会指导、报告上市公司精准扶贫指数，以便社会大众进行识别、分析。同时对国有企业，建议将精准扶贫社会责任纳入高管绩效考核指标体系。上市公司精准扶贫指数有利于公司高管积极投入精准扶贫行动；国有企业考核精准扶贫社会责任，有利于国企积极开展精准扶贫活动，履行精准扶贫社会责任。

第三篇

经济后果篇

第 10 章
上市公司精准扶贫的融资约束
效应研究

10.1 引言及相关文献回顾

目前国内外学术界有关企业履行社会责任对融资约束的影响研究颇多,研究结论基本趋于一致,即履行社会责任对融资约束有积极的影响。刘柏和刘畅(2019)基于利益相关者理论,研究发现公司承担的社会责任越多,受到的融资约束越小。达利瓦尔等(Dhaliwal et al.,2011)、亚历山德克(Alniacik,2011)基于信号传递理论和信息不对称理论研究发现履行社会责任是企业向外部利益相关者传递企业财务状况和经营能力良好的信息,使得外部债务人对企业未来发展充满信心,进而更愿意进行信贷投资。高凡雅和王筱萍(2018)研究发现中小企业自觉承担社会责任活动会增强公司信息透明度,减少信息的不对称从而吸引债权人和投资者的资金流入,缓解融资约束。何贤杰等(2012)认为企业履行社会责任通过改善企业外部环境来降低企业内外部信息不对称从而缓解融资约束带来的压力。郭磊回和唐更华(2019)认为良好的企业社会责任信息披露政策和实践,能够降低企业的信息不对称程度,提升企业声誉,进而缓解公司的融资约束。谢赤和杨茂勇(2013)认为企业履行社会责任有助于提高企业的声誉,树立良好的企业形象,这样在融资环节更容易获得债权人的信任,缩小外部融资缺口。冷建飞和高云（2019）研究发现企业对内部利益相关者履行社会责任时，融资约束显著降低，但是对外部利益相关者履行社会责任时，只能缓解部分融资约束压力。纳贾·阿提格（Najah Attig，2013）认为企业完善社会责任披露会影响信贷评级机构对企业债务评级等级，可以降低债务融资成本。钱明等（2016）认为社会责任信息的披露有助于缓解融资约束。邵建军和张世焦（2019）认为企业履行社会责任的质量越高，缓解企业融资约束的作用越强。鹿翠和沈函廷（2016）发现社会责任履行程度高的房地产企业面临更低的融资约束。王晓颖等（2018）通过研究发现高企业社会责任水平会使企业获得更多的银行贷款，从而降低了融资约束。

　　由于扶贫政策实施时间较短，与扶贫相关的经济后果需要一个比较长的周期才能体现出来，国内对扶贫与融资约束相关的研究较少。目前已有文献观点认为实施扶贫可以缓解企业面临的融资约束。潘健平等（2021）研究发现，实施扶贫能够显著缓解扶贫企业的融资约束。印重等（2021）基于政策导向的企业社会责任视角实证检验得出企业开展扶贫能够缓解企业的融资约束，同时，企业产权性质、资产负债率及地区的发展程度等因素都会影响到两者之间的关系。王帆等（2020）以民营企业为样本实证发现民企进行扶贫的驱动力在于可以减少融资约束，并且融资约束程度高的企业，通过实施扶贫能够提高投资效率。王善平和王娟萍（2020）指出，落实扶贫和政治关联均能够缓解企业的融资约束，两者对融资约束存在协同效应，但是产权性质的不同，导致国有企业的融资约束效应来自政治关联和扶贫行为，民企的融资约束效应仅来自扶贫责任。董竹和张欣（2021）研究指出企业参与扶贫能够缓解融资约束，进而可以提升企业的创新绩效，也能够发挥降低债务融资成本和提高税收优惠、增加媒体正面报道，提高声誉等外部融资作用。

10.2 上市公司精准扶贫对融资约束的研究设计

10.2.1 研究假设

中华工商联发布的《企业参与扶贫的"百问百答"》中强调各部门应该在融资、政策等方面给予履行了扶贫责任的企业一定的支持和帮助。首先，企业承担扶贫责任，可以获得政府的好感和信任，有利于建立良好的政企关系，更加容易获得政府补助等资源，而政府补助可以直接增加企业资金来源，减少了对内部资金的依赖，这在一定程度上缓解了企业融资约束（吴莉昀，2019）。同时，良好的政企关系促进银行等金融机构对企业的信任，国有银行会对履行了扶贫责任的企业给予一定的政策倾斜，提高贷款额度，有助于缓解企业的融资约束（印重等，2021）。其次，上交所发布的《关于进一步完善上市公司扶贫工作信息披露的通知》指出企业应当在年报中披露企业参与扶贫等信息，企业向外部利益者披露自己积极履行扶贫责任相关信息，能够降低贷款机构和投资者搜集企业信息的评估成本，向外部投资者传递企业财务状况良好的信息，减少信息不对称带来的影响，可以增强投资者的投资意愿，从而可以缓解企业的融资约束（洪佳莹，2018）。

基于上述分析，本书提出假设10-1：

H10-1.1：企业履行扶贫责任会缓解企业融资约束。

H10-1.2：企业扶贫投入水平越高，企业面临的融资约束程度越低。

10.2.2 样本的选择和数据来源

2016年沪深交易所对上市公司履行扶贫社会责任的信息披露制定格式

指引，上市公司的年报中才披露了关于企业扶贫的计划和具体项目等内容。本书收集沪深 A 股上市公司的 2016~2020 年财务报告，分别发现 499 家、832 家、1108 家、1000 家、1257 家上市公司披露了精准扶贫信息，剔除了下列公司：（1）金融公司，因为很多银行把对贫困户的贷款金额算成精准扶贫金额，导致其精准扶贫金额显著过大；（2）数据不全的公司；（3）ST 以及 *ST 的公司，筛选后 2016~2020 年的样本公司数分别为 454 家、782 家、1046 家、986 家、924 家，最后以 4192 家公司年度数据作为研究样本。为了消除极端值的影响，对连续变量在 1% 和 99% 分位上进行缩尾处理（Winsorize）。数据主要来源是 CSMAR 数据库和各公司财务报告。

10.2.3　模型设定

基于本书的研究，为了验证 H10－1，本书构建了如下的回归模型：

$$KZ_{it} = \beta_0 + \beta_1 \times TPADum_{it} + \beta_3 \times Controls_{it} + \varepsilon_{it} \qquad (10-1)$$

$$KZ_{it} = \beta_0 + \beta_1 \times TPADona_{it} + \beta_3 \times Controls_{it} + \varepsilon_{it} \qquad (10-2)$$

使用模型检验 H10－1.1，$TPADum_{it}$ 为解释变量，若 β_1 的系数显著为负，则本书的 H10－1.1 成立，表示企业履行扶贫责任能够缓解企业的融资约束；使用模型检验 H10－1.2，$TPADona_{it}$ 为解释变量，若 β_1 的系数显著为负，则本书的 H10－1.2 成立，说明企业扶贫责任投入水平越高，对缓解企业融资约束的作用越强。

10.2.4　变量测度

1. 被解释变量

参考杜世风等（2019）和甄红线等（2021）的研究，以及结合深交所发布的关于上市公司开展扶贫工作的披露标准，上市公司扶贫工作中需要披露投入资金、物资折款、帮助建档立卡贫困户及是否有后续扶贫计划等信息。因此，本书利用《上市公司精准扶贫工作情况统计表》中是否披露相关指标，判断企业是否履行扶贫责任，设置了企业扶贫责任行为指标（TPADum），若企业履行了扶贫责任，赋值为 1，否则为 0。同时，采用上市公司扶贫工作统计表中所披露的投入资金和物资折款这两个指标之和作为企业扶贫总额，再对企业扶贫总额取自然对数作为衡量企业扶贫责任投入水平的指标（TPADona）。

2. 解释变量

衡量融资约束常用的指标有投资—现金敏感度、KZ 指数、现金—现金敏感度、WW 指数和 SA 指数。本书参考卡普兰和津盖尔斯（Kaplan & Zingales，1997）、魏志华和曾爱民等（2014）的研究，利用影响企业融资约束程度的五个因素：企业成长性、负债水平、经营性净现金流量、货币现金持有量及现金股利派发水平来构建 KZ 指数，且 KZ 指数系数越大，表明企业面临的融资约束程度越高。

构建 KZ 指数步骤：（1）对全样本各年度按照经营活动产生的现金流量净额/本年年初总资产（CF/A）、现金股利额/本年年初总资产（DIV/A）、货币资金持有量/本年年初总资产（C/A）、资产负债率（Lev）和企业成长性（Tobin's Q）来进行分类。如果 CF/A 小于中位数时，kz_1 取 1，否则取 0，DIV/A 小于中位数时，kz_2 取 1，否则取 0，C/A 小于中位数时，kz_3 取 1，否则取 0，Lev 高于中位数，kz_4 取 1，否则取 0，Tobin's Q 高于中位数，kz_5 取 1，否则取 0。（2）将上述五个分项指标求和计算出 KZ 指数。$KZ = kz_1 + kz_2 + kz_3 + kz_4 + kz_5$。（3）将 KZ 指数作为因变量，CF/A、C/A、DIV/A、Lev、Tobin's Q 作为自变量，采用排序逻辑回归（Ordered Logistic Regression）进行回归，估计出各变量的回归系数。（4）将回归系数与各样本自变量相乘即可计算出每家上市公司每年的 KZ 指数。KZ 指数越大，说明了公司面临的融资约束程度越大。

3. 控制变量

参考胡浩志和张秀萍（2020）、甄红线等（2021）的研究文献，同时结合本书的研究重点，本书控制了会对企业财务绩效产生影响的其他变量，包括：产权异质性（State）、公司规模（Size）、上市年限（Age）、企业成长性（Growth）、独立董事占比（Indep）、大股东持股数量（Firstshare）、资产负债率（Lev）、股权集中度（Top10）。同时，还控制了行业（Industry）和年度（Year）虚拟变量。各变量的具体含义如表10-1所示。

表 10-1　　　　　　　　变量的定义与计算方法

变量名称	符号	计算说明
企业是否履行扶贫责任	TPADum	若企业本期参与扶贫，取值为1，否则为0
企业扶贫责任投入水平（万元）	TPADona	Ln(本期企业扶贫金额+1)
融资约束	KZ	参考 Kaplan 和 Zingales（1997）、魏志华和曾爱民的等（2014）的研究，选取企业成长性、负债水平、经营性净现金流量、货币现金持有量及现金股利派发水平来构建 KZ 指数
产权异质性	State	是否国有控股（国有控股为1，否则为0）
公司规模	Size	上市公司年末总资产自然对数
总资产收益率	Roa	年度净利润/年末总资产
资产负债率	Lev	年末总负债/年末总资产
上市年龄	Age	截止当年年末的公司上市年龄
成长性	Growth	营业收入增长率
上市年限	Age	从企业成立年到观测年的年限
企业成长性	Growth	主营业务收入的同比增长率
独立董事占比	Indep	独立董事人数占董事会总人数的百分比
大股东持股数量	Firstshare	第一大股东持股比例
资产负债率	Lev	总负债/总资产
股权集中度	Top10	企业前十大股东持股比例之和

10.3 上市公司精准扶贫对融资约束的实证分析

10.3.1 描述性统计

上市公司精准扶贫对融资约束的描述性统计结果如表 10 - 2 所示。

表 10 - 2 描述性统计

	变量	观测值	均值	标准差	最小值	最大值
履行扶贫责任样本	TPADum	4192	0.848521	0.3585579	0	1
	TPADona	4192	3.972086	2.520471	0	10.47367
	KZ	4192	0.7837777	1.901583	- 5.541232	4.166844
	State	4192	0.53125	0.499082	0	1
	Size	4192	23.03812	1.458427	20.44124	27.0987
	Age	4192	20.97567	5.375642	9	34
	Growth	4192	0.1426028	0.3388407	- 0.542635	2.08929
	Indep	4192	0.3763399	0.0548471	0.3125	0.5714286
	Firstshare	4192	35.85151	15.34818	9.59	75.72
	Lev	4192	0.4647166	0.1912172	0.082965	0.870432
	Top10	4192	59.7718	15.44219	24.6	92.33

表 10 - 2 反映了主要变量描述性统计的情况。在 2016 ~ 2020 年沪深 A 股上市公司中，33.349% 的上市公司履行了扶贫责任。在履行扶贫责任这个样本中，扶贫责任投入水平这个指标的最小值为 0，最大值为 10.474，均值为 3.972，可以看出上市公司履行扶贫责任的总体水平不高，这将不会对企业正常运营产生影响，也不会加重企业的资金约束。各个企业之间

对扶贫责任的投入水平差异较大，说明企业对扶贫政策的响应程度不同。有53.125%的国有企业履行扶贫责任，说明了国有企业在扶贫行动中承担重要作用。公司规模最小值为20.441，最大值为27.099，均值为23.038，说明履行了扶贫责任的公司的规模相当。企业年限最小值为9，最大年限为34，均值为20.976，大部分企业成立时间比较早。企业成长性的最小值为-0.543，最大值为2.089，均值为0.143，可以看出各企业的营业收入增长差异不大，且普遍处于较好水平。大股东持股比例最小值为9.59%，最大值为75.72%，标准差为15.348%，企业前十大股东持股比例最小值为24.6%，最大值为92.33%，标准差为15.442%，可以看出各企业的第一大股东持股水平和股权集中度差异较大。资产负债率的均值为46.472%，标准差为19.122%，说明企业之间的偿债能力差异不大，但是都面临着一定的偿债风险。在扶贫责任样本中，融资约束的最小值为-5.541，最大值为4.167，均值为0.784，整体数据的差异较大，说明了我国上市公司面临的融资约束程度差别较大。

10.3.2　相关性分析

利用Pearson相关检验，表10-3列示了被解释变量、解释变量以及控制变量进行相关性检验后的结果。在检验结果中可以发现，企业是否履行扶贫责任与融资约束相关系数为负且5%显著，扶贫责任投入水平与融资约束在10%上显著，这需要后续的回归分析进一步去验证。其余变量之间的系数低于0.5，说明这些变量不存在严重的多重共线性问题，为接下来的回归分析提供了较好的控制环境。

10.3.3　回归分析

企业是否履行扶贫责任与融资约束两者关系的回归结果如表10-4所示。

表 10 - 3

相关性分析

	TPADum	TPADona	KZ	State	Size	Age	Growth	Indep	Firstshare	Lev	Top10
TPADum	1										
TPADona	0.366***	1									
KZ	-0.01**	-0.006*	1								
State	0.123***	0.095***	0.169***	1							
Size	0.102***	0.435***	0.238***	0.309***	1						
Age	0.0180	0.00900	0.096***	0.193***	0.067***	1					
Growth	0.0120	0.00400	-0.124***	-0.058***	0.029*	-0.095***	1				
Indep	0.0200	0.072***	0.026*	0.0190	0.090***	-0.051***	-0.0210	1			
Firstshare	0.056***	0.126***	-0.098***	0.286***	0.254***	-0.111***	0.00900	0.076***	1		
Lev	0.033**	0.185***	0.452***	0.185***	0.453***	0.096***	0.068***	0.050***	0.054***	1	
Top10	0.043***	0.167***	-0.153***	0.118***	0.304***	-0.147***	0.068***	0.067***	0.362***	0.051***	1

注：***、**和*分别表示在 1%、5% 和 10% 的水平下显著。

表 10 - 4　　　　　　企业是否履行扶贫责任与融资约束回归结果

变量	融资约束		
	（1）	（2）	（3）
TPADum	-0.060 （-0.73）	-0.125 ** （-2.14）	-0.098 * （-1.68）
State		0.399 *** （8.56）	0.355 *** （7.41）
Size		-0.189 *** （-10.13）	-0.219 *** （-11.49）
Age		-0.008 * （-1.93）	-0.005 （-1.22）
Growth		-0.880 *** （-14.22）	-0.926 *** （-14.83）
Indep		0.303 （0.80）	0.385 （1.01）
Firstshare		-0.007 *** （-3.66）	-0.007 *** （-3.55）
Lev		7.311 *** （55.31）	7.295 *** （52.50）
Top10		-0.014 *** （-7.55）	-0.013 *** （-7.02）
行业变量	NO	NO	YES
年度变量	NO	NO	YES
常数项	0.834 *** （11.06）	2.899 *** （7.21）	3.583 *** （8.24）
样本数	4192	4192	4192
R^2	0.0001	0.504	0.520
调整 R^2	-0.0001	0.502	0.516
F 值	0.529	471.3	145.2

注：***、** 和 * 分别表示在 1%、5% 和 10% 的水平下显著，括号内为 t 值。

列（1）反映的是企业是否履行扶贫责任对企业融资约束的回归。列（2）是在列（1）的基础上引入了除行业和年份外的其他控制变量，两者的回归系数为 -0.125，且在5%的水平下显著，R^2 的系数为 0.504，模型的拟合程度较好。列（3）是在列（2）的基础上控制了行业和年份变量后的回归结果，企业是否履行扶贫责任与融资约束回归系数为 -0.098，且能在10%的显著性下通过检验，R^2 的系数为 0.52，比列（1）和列（2）的 R^2 系数要大，说明了模型的拟合程度变好。通过结果可以发现企业履行扶贫责任会对企业融资约束产生一定的负向影响。因此，假设 10 - 1.1 得到验证。

企业扶贫责任投入水平与融资约束的回归结果如表 10 - 5 所示。

表 10 - 5　　　　　　企业扶贫责任投入水平与融资约束

变量	融资约束		
	（1）	（2）	（3）
TPADona	0.004 (0.36)	-0.047 *** (-5.12)	-0.040 *** (-4.31)
State		0.379 *** (8.19)	0.340 *** (7.13)
Size		-0.153 *** (-7.63)	-0.188 *** (-9.19)
Age		-0.008 * (-1.95)	-0.005 (-1.29)
Growth		-0.886 *** (-14.35)	-0.928 *** (-14.91)
Indep		0.362 (0.95)	0.429 (1.13)
Firstshare		-0.007 *** (-3.69)	-0.007 *** (-3.58)

续表

变量	融资约束		
	（1）	（2）	（3）
Lev		7. 274 *** （55. 07）	7. 274 *** （52. 41）
Top10		− 0. 014 *** （ − 7. 45）	− 0. 013 *** （ − 6. 96）
行业变量	NO	NO	YES
年度变量	NO	NO	YES
常数项	0. 767 *** （13. 99）	2. 144 *** （5. 05）	2. 929 *** （6. 39）
样本数	4192	4192	4192
R^2	0. 000	0. 506	0. 521
调整 R^2	− 0. 000208	0. 505	0. 518
F 值	0. 128	476. 1	146. 2

注：*** 、** 和 * 分别表示在1%、5%和10%的水平下显著，括号内为 t 值。

表 10 – 5 回归结果显示，在没有引入其他控制变量之前，扶贫责任投入水平与融资约束不显著，但是在引入产权性质、公司规模、公司年龄等控制变量后，扶贫责任投入水平与融资约束的系数为 − 0. 047，且在 1% 的水平下显著为负。当控制行业和年份后，企业扶贫责任的投入水平和融资约束还是能够在 1% 的显著性下通过检验，R^2 的系数为 0. 521，模型的拟合程度大幅提高，说明模型拟合得较好。根据结果可以说明企业在履行扶贫责任过程中投入水平越高，企业面临的融资约束程度就越低。因此，可以验证假设 10 – 1. 2 的成立。

10. 3. 4 进一步分析

不同产权性质企业是否履行扶贫责任以及投入水平与融资约束的回归结果如表 10 - 6 所示。

表 10 - 6　　　　　　扶贫责任、产权性质与融资约束的回归结果

变量	融资约束			
	(1)		(2)	
	国企	非国企	国企	非国企
TPADum	-0.156 * (-1.92)	-0.064 (-0.76)		
TPADona			-0.044 *** (-3.53)	-0.039 *** (-2.89)
Size	-0.215 *** (-8.70)	-0.296 *** (-9.47)	-0.182 *** (-6.85)	-0.266 *** (-8.05)
Age	-0.011 * (-1.90)	0.001 (0.18)	-0.011 ** (-2.00)	0.001 (0.19)
Growth	-0.992 *** (-13.07)	-0.870 *** (-8.59)	-0.994 *** (-13.12)	-0.871 *** (-8.63)
Indep	0.721 * (1.66)	-0.051 (-0.08)	0.809 * (1.86)	-0.058 (-0.09)
Firstshare	-0.005 ** (-2.30)	-0.007 ** (-2.16)	-0.005 ** (-2.40)	-0.007 ** (-2.13)
Lev	6.797 *** (41.35)	8.089 *** (34.64)	6.773 *** (41.26)	8.069 *** (34.63)
Top10	-0.005 ** (-2.22)	-0.022 *** (-7.29)	-0.005 ** (-2.14)	-0.022 *** (-7.28)
常数项	4.079 *** (7.78)	4.945 *** (6.35)	3.305 *** (5.94)	4.353 *** (5.41)
样本数	2227	1965	2227	1965
调整 R^2	0.553	0.494	0.555	0.496
年度变量	YES	YES	YES	YES
行业变量	YES	YES	YES	YES

注：*** 、** 和 * 分别表示在 1%、5% 和 10% 的水平下显著，括号内为 t 值。

表 10 - 6 的回归结果显示，国企是否履行扶贫责任与融资约束的回归系数为 -0.156 且能在 10% 的水平下显著，扶贫投入水平也与融资约束在

1%的水平下显著为负。非国企是否履行扶贫责任对融资约束不存在明显的显著性关系，当采用扶贫投入水平来检验与融资约束的关系时，能在1%的水平下通过显著性检验。在扶贫投入水平与融资约束的关系中，国企的回归系数大于非国企，可以看出相比较于非国企，国企进行扶贫活动更能够缓解企业的融资约束。

10.3.5　稳健性检验

由于企业履行扶贫责任以及扶贫责任投入水平的不同，都具有一定的滞后性，通常需要经过一定的时期才能看到结果。因此本书在回归的过程中，对企业扶贫责任投入水平做滞后一期的处理。验证 2016～2019 年的企业扶贫责任投入水平是否分别影响 2017～2020 年的融资约束，这在一定程度上能够缓解内生性影响的问题。回归结果如表 10－7 所示，扶贫责任与融资约束在 1%的水平下显著为负。同时，对比发现，扶贫责任投入水平对企业融资约束的影响在当期更为显著。企业扶贫责任投入的确能够缓解企业的融资约束，结论稳健。

表 10－7　　　　　　　　　　变量滞后一期的回归结果

变量	融资约束	t 值
L. TPADona	－ 0.029 ***	（－ 2.60）
State	0.378 ***	（6.64）
Size	－ 0.177 ***	（－ 7.20）
Age	－ 0.010 *	（－ 1.88）
Growth	－ 0.851 ***	（－ 9.63）
Indep	0.315	（0.71）
Firstshare	－ 0.007 ***	（－ 2.96）
Lev	7.196 ***	（42.63）
Top10	－ 0.011 ***	（－ 5.07）
常数项	2.849 ***	（5.17）

续表

变量	融资约束	t 值
样本数	2658	
调整 R^2	0.528	
年度变量	YES	
行业变量	YES	

注：*** 、** 和 * 分别表示在1%、5%和10%的水平下显著，括号内为 t 值。

10.4 上市公司精准扶贫对融资约束的实证结论

10.4.1 结论

本书以2016～2020年沪深 A 股上市公司为研究样本，从声誉效应和资源效应角度分析了企业履行扶贫责任对企业财务绩效的影响。实证发现企业的扶贫责任行为能够缓解企业面临的融资约束，而且，企业扶贫投入水平越高，企业受到的融资约束越小。

10.4.2 建议

为继续激励企业持续服务脱贫攻坚成果，政府部门应当根据实际情况，强化资源的回馈承诺及建立激励机制。目前，发布的扶持政策主要是税收优惠，政府补助等，形式过于单一，建议可以从政策优惠、信贷资源等多个方面扩展扶持领域，使得企业能够继续参与到巩固脱贫攻坚成果的任务中来。例如可以对进行了巩固脱贫攻坚成果的企业提供低利率的专项贷款、低息免息的商业地产、产业孵化等。同时，政府要鼓励金融机构对继续履行扶贫责任的企业增加信贷投入，降低融资成本，促进金融资源最大化的服务巩固脱贫和国家乡村振兴的重大战略。

第 11 章
上市公司精准扶贫的税收补偿效应研究

11.1 引言及相关文献回顾

2021 年 2 月，习近平总书记在全国脱贫攻坚总结表彰大会上宣布，我国脱贫攻坚战取得了全面胜利，现行标准下 9899 万农村贫困人口全部脱贫，832 个贫困县全部摘帽，12.8 万个贫困村全部出列，区域性整体贫困得到解决，完成了消除绝对贫困的艰巨任务。中国如期完成新时代脱贫攻坚目标任务，不仅创造了人类发展史上的伟大奇迹，也为全球减贫事业贡献了中国智慧。在脱贫攻坚的伟大进程中，中国企业开创性地发掘了多元化的精准扶贫模式，其中不乏产业扶贫、异地搬迁安置扶贫、转移就业扶贫、消费扶贫、生态保护扶贫、教育扶贫等具有中国特色的扶贫模式。我国上市公司参与精准扶贫的数量由 2016 年的 688 家增加为 2019 年的 1487 家，扶贫投入金额亦从 2016 年的 138 亿元增加为 2019 年的 2880 亿元，由此可知，上市公司参与精准扶贫为我国的脱贫攻坚事业做出了重要贡献。

目前，关于上市公司参与精准扶贫的动机与经济后果的研究，学术界已取得了较为丰富的研究成果。现有研究认为，上市企业参与精准扶贫的动机主要包括以下几方面：第一，上市公司参与精准扶贫主要是基于公司价值最大化的视角，即认为上市公司参与精准扶贫主要是为了建立良好的社会形象，树立企业品牌以及缓解企业面临的竞争压力和融资压力，从而获得长期的竞争优势以及实现公司价值最大化和股东财富最大化的目标（甄红线等，2021；张曾莲、董志愿，2020）；第二，上市公司参与精准扶贫主要是基于合理税收筹划动机的视角，即认为上市公司通过参与精准扶贫能够显著缓解上市公司的税费负担，同时提高财务绩效（刘春济，2021；张玉明、邢超，2019）；第三，上市公司参与精准扶贫主要是基于政治动机的视角，即认为上市公司可以通过参与精准扶贫与所属地的政府机构建立友好联系，从而获得政府资源支持以及相对宽松的环境规制（严若森、唐上兴，2020；杨义东、程宏伟，2020）；第四，上市公司参与精准扶贫主要是基于利他动机的视角，即认为参与精准扶贫并不是出于管理者的私利动机，而是公司利他性动机与战略性动机的结合，能够实现公司和社会的共赢（潘健平等，2021）。而关于参与精准扶贫对上市公司产生的经济后果，目前的研究认为，上市公司参与精准扶贫除了能够获得更多的经济资源，从而缓解融资约束（邓博夫等，2020），还能够促进企业创新（易志高等，2021；刘春等，2020），提升企业的财务和经济绩效（王帆等，2020；胡浩志、张秀萍，2020）。

然而，通过对现有文献的梳理可以发现：现有研究大多是从企业视角探讨上市公司参与精准扶贫对其自身的影响，而鲜有文章将税收政策与企业参与精准扶贫相结合进行研究，因此，本书将从税收政策的角度出发，探讨在现行税收政策下上市公司参与精准扶贫能否获得税收效应。本书不仅丰富了关于精准扶贫与税收的相关研究，而且有助于进一步巩固和拓展脱贫攻坚成果，也为我国实施乡村振兴战略提供一些参考建议。

11.2　上市公司精准扶贫对税收补偿的研究设计

脱贫攻坚作为国家的扶贫战略，受到了党和国家的高度关注，为此政府也出台了包括精准扶贫在内的一系列重大政策和措施。特别是我国坚持动员全社会参与，发挥中国制度优势，构建了政府、社会、市场协同推进的大扶贫格局，形成政府、市场、社会互动，专项扶贫、行业扶贫、社会扶贫联动的强大合力，这需要积极引导包括上市公司在内的社会资源广泛参与。习近平总书记曾多次强调："要通过多种形式，积极引导社会力量广泛参与深度贫困地区脱贫攻坚，帮助深度贫困群众解决生产生活困难"。《中国农村扶贫开发纲要（2011–2020 年）》也提出引导和支持企业到贫困地区投资兴业，带动贫困农户增收。激励和引导包括上市公司在内的企业参与扶贫，已经成为一种国家战略要求，对完成脱贫攻坚任务及脱贫后的巩固工作都具有非常重要的现实意义。上市公司在产业发展、资金保障、市场项目等方面具有很大优势，是对政府扶贫职能的有力补充，也为全面脱贫接续乡村振兴植入内生要素。在激励企业等社会力量参与精准扶贫的过程中，各级政府和税务机关都陆续出台了许多激励企业参与扶贫的税收补偿政策，例如在 2020 年 6 月，国家税务总局发布了《支持脱贫攻坚税收优惠政策指引》，该指引指出，为助力全面打赢脱贫攻坚战，税收将从支持贫困地区基础设施建设、推动涉农产业发展、激发贫困地区创业就业活力、推动普惠金融发展、促进"老少边穷"地区加快发展、鼓励社会力量加大扶贫捐赠六个方面实施 110 项推动脱贫攻坚的税收优惠政策。由此可见，税收政策已成为脱贫攻坚的重要组成部分，对脱贫攻坚的胜利起着重要的推动作用。

11.2.1 研究假设

税收政策作为扶贫政策的重要环节，对精准扶贫及产业扶贫都具有不可忽视的影响，特别是在社会资本募集和产业转型升级等方面具有明显的促进作用（张洪剑，2017）。税收优惠和税收返还是上市公司获得税收补偿的两种直接表现方式，因此，本书基于税收优惠和税收返还对上市公司精准扶贫的税收补偿效应进行探讨。

1. 精准扶贫与税收优惠

精准扶贫政策是我国自 2013 年以来为又快又好地实现全面脱贫而大力

推进的扶贫政策。自国家提出精准扶贫以来，一大批上市公司响应国家政策号召，积极参与精准扶贫，成为我国精准扶贫的重要组成部分。但是，我国并没有对上市公司参与精准扶贫提出过任何强制性要求，也未将参与精准扶贫作为对上市公司的审批或考核指标，那么，上市公司投入大量人力、物力、财力参与精准扶贫的目的是什么呢？由"经济人"假设和成本效益原则可知，上市公司作为以营利为目的而存在的法人组织，其参与精准扶贫的目的不可能单纯只是为了履行社会责任。显然，必然有其他方面的利益吸引着上市公司作出参与精准扶贫的决策。根据利益相关者理论可知，公司需要通过满足不同利益相关者的需求来维持自身的长远发展（Frooman，1999），然而，在现行的经济体制下，一个公司的决策不仅需要聚焦于为公司和股东创造价值，还需要扩大利益群体，将监管者、社会公众等也作为利益相关者进行考虑。同时结合资源依赖理论的观点，可以认为上市公司具有与政府建立政治关联以获取政治资源的动机。已有研究表明，政治资源是关乎上市公司生存和发展的关键资源（李维安，2015），也是上市公司能够长远发展的重要基础（田志龙，2003）。上市公司有机会通过政治资源获取行政审批、财政补贴（李增福等，2016）、税收监管（Faccio. M. 等，2006；王仲玮，2015）等诸多方面的便利和实质性优惠。但是，上市公司要想从政府手中获取政治资源，就必须迎合政府的一些需求，特别是自发地为政府承担一些较为迫切的政治任务。脱贫攻坚是国家发展的优先事项，也是各级政府急于完成的政治任务。从 2013 年精准扶贫提出以来，中央和地方各级政府陆续颁布了多项鼓励各类企业参与精准扶贫的有力政策，其中也不乏对参与扶贫企业减免税负的政策。上市公司参与精准扶贫，无疑会提高获得政治资源的可能性。同时，上市公司参与精准扶贫也会获得其他方面的一些利益，包括树立企业良好形象、提升自身品牌价值、提高经营业绩（潘健平等，2021）、缓解自身融资压力（印重等，2021）、促进企业创新（易志高等，2021；岳佳彬、胥文帅，2021）等。因此，当上市公司接收到政府的需求后，就会权衡获取政治资源和一些其他附加利益所需付出的成本和收益，当资源的价值总和大于成本时，上市公司会选择响应政府的号召积极参与精准扶贫，反之则会退出与政府的这种资源交换。在上市公司选择参与精准扶贫并帮助政府实现扶贫目标的过程中，政府会通过税收政策给予上市公司适当的税收优惠，从而减轻参与扶贫公司的税负压力。

基于以上分析，本书首先提出如下假设：

H11-1：上市公司的精准扶贫行为能够为其带来税收优惠，即上市公司的精准扶贫投入与税收优惠呈显著正相关关系。

2. 精准扶贫与税收返还

通过税收返还的定义可知，税收返还是税收优惠的一种形式，但相对于基于税收优惠对税收补偿的衡量，税收返还是一种更加直接的衡量方式。税收返还指标可以直接通过财务报表中收到的税费返还的数据获得，而税收优惠则需要通过一些较为复杂的衡量方法才能对其进行衡量，且对税收优惠的衡量方法不同学者有不同的观点，因此可能会造成税收优惠衡量的不准确，故通过税收返还来衡量上市公司参与精准扶贫获得的税收补偿是一种更加稳健的方法。根据上述分析，提出假设：

H11-2：上市公司的精准扶贫行为能够为其带来税收返还，即上市公司的精准扶贫投入与税收返还呈显著正相关关系。

11.2.2 数据来源及样本选择

本书选取了我国沪、深两市 A 股上市公司 2016~2020 年的财务年报，分别发现 499 家、832 家、1108 家、1000 家、1257 家上市公司披露了精准扶贫信息，剔除了下列公司：（1）金融公司，因为很多银行把对贫困户的贷款金额算成精准扶贫金额，导致其精准扶贫金额显著过大；（2）数据不全的公司；（3）ST 以及 *ST 的公司，筛选后 2016~2020 年的样本公司家数分别为 454 家、782 家、1046 家、986 家、924 家，最后以 4192 家年度数据作为研究样本。精准扶贫数据根据上市公司财务报告中的披露手工整理得到，其余数据来自国泰安数据库，数据回归采用 Stata16.0。为了消除样本中异常值对研究结果的影响，本书在回归时对所有变量进行上下 1% 分位数的

Winsorize 处理。

11.2.3 模型构建

本书根据研究内容和研究目标，利用多元回归模型并考虑时间和行业效应，建立以下模型检验本书的假设：

$$
\begin{aligned}
ITR_{i,t} =\ & \alpha_0 + \alpha_1 PPA_{i,t} + \alpha_2 GROWTH_{i,t} + \alpha_3 FIRST_{i,t} + \alpha_4 LEV_{i,t} \\
& + \alpha_5 EBD_{i,t} + \alpha_6 PIS_{i,t} + \alpha_7 INDEP_{i,t} + \sum Year \\
& + \sum Industry + \varepsilon_{i,t}
\end{aligned}
\tag{11-1}
$$

$$
\begin{aligned}
TR_{i,t} =\ & \beta_0 + \beta_1 PPA_{i,t} + \beta_2 GROWTH_{i,t} + \beta_3 FIRST_{i,t} + \beta_4 LEV_{i,t} \\
& + \beta_5 EBD_{i,t} + \beta_6 PIS_{i,t} + \beta_7 INDEP_{i,t} + \sum Year \\
& + \sum Industry + \varepsilon_{i,t}
\end{aligned}
\tag{11-2}
$$

11.2.4 变量定义

被解释变量：上市公司获得的税收补偿。本书基于税收优惠和税收返还这两种衡量方式对上市公司获得的税收补偿进行衡量。税收优惠，借鉴储德银（2017）、陈东等（2020）学者的方法，选取企业所得税优惠额的自然对数作为衡量指标，记为 ITR；税费返还，是指政府按照国家有关规定采取先征后返（退）、即征即退等办法向企业返还的税款，属于以税收优惠形式给予的一种政府补助，选取上市公司获得的税费返还取自然对数作为衡量指标，记为 TR。

解释变量：上市公司的精准扶贫投入。本书使用参与精准扶贫的上市公司在其财务报告中所披露的精准扶贫投入金额取自然对数作为衡量指标，记为 PPA。

控制变量：为了更严谨地研究上市公司精准扶贫的税收补偿效应，本书参考王帆等（2020）的研究，选取了以下变量作为控制变量：企业成长性（GROWTH）、第一大股东持股比例（FIRST）、资产负债率（LEV）、股权制衡度（EBD）、机构投资者持股比例（PIS）、独立董事占比（IN-DEP），并设置了年度（Year）和行业（Industry）两个虚拟变量，以控制时间和行业效应。具体变量定义见表 11 - 1。

表 11 - 1 变量的定义与计算方法

变量	符号	定义与计算方法
税收优惠	ITR	ln［利润总额 ×（名义所得税税率 - 实际所得税税率）］
税收返还	TR	上市公司财务报告披露的税收返还取自然对数
精准扶贫投入	PPA	手工收集的精准扶贫投入金额取自然对数
企业成长性	GROWTH	（本期末总资产 - 上期末总资产）/上期末总资产
股权集中度	FIRST	第一大股东持股比例
资产负债率	LEV	负债合计/资产总计
股权制衡度	EBD	第 2 ~ 5 大股东持股比例/第一大股东持股比例
机构投资者持股比例	PIS	机构投资者持有的上市公司股份比例
独立董事占比	INDEP	独立董事数量与董事规模之比
时间效应	Year	年度虚拟变量
行业效应	Industry	行业虚拟变量

11.3 上市公司精准扶贫对税收补偿的实证分析

11.3.1 描述性统计

表 11 - 2 报告了描述性统计结果。由表 11 - 2 可知，被解释变量上市公司获得税收优惠（ITR）的最小值为 7.51，最大值为 22.76，均值为 17.52；而税收返还（TR）的最小值为 0，最大值为 21.45，均值为 12.20，说明上市公司获得的税收补偿存在较大差异。但由于税收优惠指标（ITR）

存在较多的缺失值，因而被解释变量为税收返还（TR）就显得更加稳健。解释变量上市公司的精准扶贫投入（PPA）的最小值为 0，最大值为 10.49，表明上市企业在精准扶贫上的投入存在较大差异，但 PPA 的均值和中位数接近，表明数据分布较均匀，离散程度较低。产权性质（SOE）的均值为 0.557，即样本中国有企业与非国有企业的数量相当，这为下述基于产权性质分类的进一步检验增加了可行性。行业变量（Industry）中行业数量为 71 个，表明该样本较全面的囊括了不同行业的上市公司。

表 11 - 2 描述性统计结果

变量	样本数	均值	标准差	最小值	最大值	极差	中位数
ITR	4192	17.52	1.666	7.510	22.76	15.25	17.51
TR	4192	12.20	7.713	0	21.45	21.45	15.84
PPA	4192	4.515	2.152	0	10.49	10.49	4.354
GROWTH	4192	0.111	0.172	-0.233	0.897	1.130	0.0760
FIRST	4192	36.52	15.32	10.08	75.39	65.31	34.29
LEV	4192	0.466	0.193	0.0770	0.863	0.786	0.470
EBD	4192	0.679	0.552	0.0340	2.439	2.405	0.519
PIS	4192	52.13	23.97	0.679	93.33	92.65	55.24
INDEP	4192	37.67	5.606	31.25	58.33	27.08	36.36
SOE	4192	0.557	0.497	0	1	1	1
Industry	4192	37.89	20.52	1	71	70	40

11.3.2 相关性分析

表 11 - 3 列示了主要变量的相关性分析结果。由表中结果可知：上市企业的精准扶贫投入（PPA）与税收返还（TR）均显著正相关，说明上市公司的精准扶贫投入越多，其获得的税收补偿越多，初步验证了本书提出的假设。企业成长性（GROWTH）与上市企业的精准扶贫投入（PPA）显著正相关，表明发展越快的上市公司对参与精准扶贫表现得越积极，可能

的原因是，发展较快的企业一般处于成长阶段，其参与精准扶贫等带有公益性质的活动有利于其建立良好的企业形象，而这正是推动其进一步发展的有利因素，因而发展较快的企业更愿意参与到精准扶贫中。相关性分析中主要变量的系数均在 0.4 以下，说明模型各变量之间不存在严重的多重共线性问题。

表 11 - 3 相关性分析结果

	TR	PPA	GROWTH	FIRST	LEV	INDEP
TR	1					
PPA	0.073 ***	1				
GROWTH	− 0.0190	0.091 ***	1			
FIRST	0.0100	0.117 ***	− 0.036 **	1		
LEV	0.166 ***	0.220 ***	0.074 ***	0.048 ***	1	
INDEP	0.081 ***	0.083 ***	0.00300	0.101 ***	0.046 ***	1

注：*** 、** 和 * 分别表示在 1%、5% 和 10% 的水平下显著，括号内为 t 值。

11.3.3 回归分析

表 11 - 4 列示了模型的多元回归结果，其中第（1）列是没有加入控制变量的情形。多元回归结果的 R^2 超过了 0.2，表明拟合优度较好，模型具有一定的统计学意义。回归结果表明，不管是否加入控制变量，解释变量都在 1% 的显著性水平下正相关，说明随着精准扶贫投入的增加，企业获得的税收优惠与税收返还都显著增加，即验证了本书的假设，证明了上市公司的精准扶贫投入行为具有税收补偿效应。

表 11 - 4 多元回归检验

变量	（1）	（2）	（1）	（2）
	ITR	ITR	TR	TR
PPA	0.276 *** (19.13)	0.224 *** (16.18)	0.382 *** (7.12)	0.225 *** (4.11)

续表

变量	(1)	(2)	(1)	(2)
	ITR	ITR	TR	TR
LEV		0.624 ***		6.108 ***
		(3.46)		(8.48)
PIS		0.021 ***		0.037 ***
		(14.24)		(5.86)
INDEP		0.012 **		0.090 ***
		(2.48)		(4.85)
GROWTH		0.829 ***		− 1.740 ***
		(5.08)		(− 2.63)
FIRST		0.001		− 0.026 **
		(0.28)		(− 2.00)
EBD		0.033		− 0.337
		(0.42)		(− 1.13)
常数项	16.174 ***	14.073 ***	7.519 ***	0.798
	(81.48)	(46.36)	(5.22)	(0.45)
年度变量	YES	YES	YES	YES
行业变量	YES	YES	YES	YES
调整 R^2	0.2677	0.3601	0.2616	0.2930

注: *** 、** 和 * 分别表示在 1% 、5% 和 10% 的水平下显著,括号内为 t 值。

11.3.4 稳健性检验

为了缓解可能的遗漏变量引发的内生性问题,同时考虑到本期的精准扶贫投入带来的税收补偿可能在投入的下一期才会体现,故本书将解释变量 PPA 滞后一期进行回归。如表 11 - 5 所示,回归结果与前述多元回归结果无显著变化,故上述实证结果是稳健的。

表 11 - 5   稳健性检验

变量	(1)	(2)
	ITR	TR
L. PPA	0. 230 *** (13. 22)	0. 194 *** (2. 77)
LEV	0. 475 ** (2. 04)	6. 512 *** (6. 86)
PIS	0. 023 *** (10. 67)	0. 045 *** (5. 12)
INDEP	0. 010 * (1. 69)	0. 092 *** (3. 95)
GROWTH	1. 227 *** (5. 05)	- 1. 658 * (- 1. 69)
FIRST	0. 006 (1. 25)	- 0. 015 (- 0. 84)
EBD	0. 189 * (1. 70)	- 0. 038 (- 0. 09)
常数项	14. 180 *** (32. 98)	- 1. 937 (- 0. 78)
年度变量	YES	YES
行业变量	YES	YES
调整 R^2	0. 2179	0. 2360

注：*** 、** 和 * 分别表示在1%、5%和10%的水平下显著，括号内为 t 值。

11.3.5　进一步研究

在我国社会主义市场经济的制度背景下，产权性质差异对上市企业生产经营具有重要影响，并主要突出地表现在融资难度、资源配置、行政监督等方面。同时，融资约束也是制约上市公司精准扶贫投入的重要因素。因此，本书基于产权性质差异和融资约束差异进行异质性检验，结果如表 11 - 6 所示，以求对上市公司精准扶贫投入和税收补偿的关系进行进一步研究。

表 11 – 6   异质性检验

变量	产权性质		融资约束	
	国有	非国有	弱	强
	TR	TR	TR	TR
PPA	0. 326 *** (3. 98)	0. 072 (0. 92)	0. 227 *** (2. 99)	– 0. 025 (– 0. 28)
LEV	7. 156 *** (7. 32)	5. 780 *** (5. 36)	2. 289 ** (2. 10)	6. 119 *** (5. 46)
PIS	0. 051 *** (2. 72)	0. 037 *** (4. 70)	0. 055 *** (4. 26)	0. 002 (0. 30)
INDEP	0. 124 *** (5. 24)	0. 021 (0. 64)	0. 116 *** (4. 78)	0. 053 * (1. 73)
GROWTH	– 2. 355 ** (– 2. 06)	– 0. 977 (– 1. 20)	– 3. 295 *** (– 3. 55)	– 0. 430 (– 0. 46)
FIRST	0. 013 (0. 48)	– 0. 103 *** (– 5. 87)	– 0. 048 ** (– 2. 20)	– 0. 024 (– 1. 36)
EBD	0. 226 (0. 34)	– 1. 204 *** (– 2. 97)	– 0. 480 (– 0. 96)	– 0. 690 * (– 1. 80)
常数项	– 4. 073 * (– 1. 69)	6. 871 ** (2. 50)	– 1. 746 (– 0. 69)	8. 011 *** (3. 53)
年度变量	YES	YES	YES	YES
行业变量	YES	YES	YES	YES
调整 R^2	0. 1745	0. 1183	0. 1963	0. 2184

注: *** 、 ** 和 * 分别表示在 1%、5% 和 10% 的水平下显著,括号内为 t 值。

首先,对不同产权性质背景下上市公司精准扶贫的税收补偿效应进行检验。本书将样本按照产权国有与非国有进行分组回归,如表 11 – 6 中产权性质所对应的列示。分组结果表明产权性质使得上市公司精准扶贫的税收补偿效应存在显著差异。国有企业的 PPA 的系数在 1% 的水平下显著为正,而非国有企业的 PPA 虽然为正但并不显著,这说明税收补偿效应仅在国有上市公司的精准扶贫中存在且为正向影响,而对于非国有上市公司并不明显。可能的原因主要有两方面:一方面,国有上市公司相对于非国有上市公司能够享受更多的税收优惠和税收返还政策；另一方面，国有上市企业一般规模较大，其法务部门和税务筹划部门较为健全，能够更多地争取到税收补偿机会。

其次，对不同融资约束下上市公司的精准扶贫效应进行检验。借鉴郎香香等（2022）、顾雷雷等（2020）、陈峻等（2020）的研究，本书采用FC指数作为对企业融资约束的衡量，FC指数越高代表融资约束越严重。按照FC指数的中位数来区分融资约束较弱组和融资约束较强组，并基于此进行分组回归。分组回归结果显示，融资约束较弱的企业其PPA在1%的水平下显著为正，而融资约束较强的企业其PPA并不显著，说明精准扶贫的税收补偿效应仅在融资约束较弱的上市公司中明显。实证结果似乎与常理相悖，因为普遍的认识是融资约束较强的上市公司会更关注自己能够获得资源的机会，因而会更注重精准扶贫带来的税收补偿，即注重参与精准扶贫为自己带来的收益。但有一点是需要考虑的，即上市公司参与精准扶贫虽然能够带来一定的税收补偿，但其获得的税收补偿相比于其在精准扶贫中的投入成本还有待权衡。上市公司参与精准扶贫，一方面是为了更好地履行社会责任从而树立自身良好的形象，另一方面是为了通过精准扶贫获得一定的收益并提高经营业绩（潘健平等，2021），当然也可以在一定程度上缓解自身融资压力（印重等，2021）、促进企业创新（易志高等，2021；岳佳彬、胥文帅，2021），因而对于正常经营的上市公司，获得税收补偿不一定是其参与精准扶贫的主要目的。因此，融资约束较弱的上市公司更积极地参与精准扶贫也就不难理解，而这一行为也恰恰为其带来了更多的税收补偿。

11.4　上市公司精准扶贫对税收补偿的研究结论

11.4.1　研究结论

本书利用我国A股上市公司2016～2020年的数据，研究了上市公司精准扶贫的税收补偿效应。研究发现，我国上市公司的精准扶贫投入行为具有税收补偿效应，且该种补偿效应在上市公司获得的税收优惠和税收返还中均可体现。在考虑到精准扶贫投入的税收补偿可能会延迟体现的因素后，实证结果依然稳健。进一步研究发现，上市公司精准扶贫的税收补偿效应在国有企业和融资约束较弱的公司中更为显著。上述结果表明，在我国精准扶贫的过程中，政府会通过减轻上市公司的税收负担以激励上市公司积极参与到精准扶贫中，即上市公司在精准扶贫过程中会获得税收补偿，但上市公司会根据自身情况判断参与精准扶贫的程度，例如在自身融资约束较弱即自身有较充足资金时会有更加积极的表现。

11.4.2 启示

在脱贫攻坚的进程中，政府在引导上市公司参与精准扶贫时发挥了重要且积极的作用。但是，脱贫攻坚的胜利不是终点而是新任务的起点。当前，我国发展不平衡不充分的问题依然突出。随着脱贫攻坚的结束，全面实施乡村振兴的号角已经吹响，政府应当继续在乡村振兴中发挥引导作用。政府的精准扶贫税收优惠和返还政策是吸引上市公司参与精准扶贫的重要力量，因此，在实施乡村振兴战略的现在，政府应参考从精准扶贫中获得的可取经验，制定能够吸引上市公司参与乡村振兴计划的税收政策，积极引导上市公司承担社会责任，同时保证参与乡村振兴的上市公司能够享受到税收政策所带来的红利。

由实证结果可知，相对于非国有上市公司，国有上市公司能够通过精准扶贫享受到更多税收补偿。但是，在我国社会主义市场经济的背景下，非国有企业占据了企业数量的多数，且非国有企业相对于国有企业处于相对弱势的地位。因此，政府应完善对非国有上市公司承担社会责任的补偿政策，使更多的市场主体参与到乡村振兴的行列中。

第 12 章
上市公司精准扶贫的财务绩效研究

12.1　引言及相关文献回顾

近年来，越来越多的企业参与到扶贫工作中，企业扶贫这一热点逐渐成为反贫困领域研究中的新命题，这一新命题也为我国开展进一步的扶贫工作提供了新的思路。企业参与扶贫有独特的优势，可以把自身发展与贫困地区紧密连接在一起，共同推进贫困地区产业发展，这样不仅能将资源达到最优化的配置，也可以提高贫困对象的自我脱贫意识，达到脱贫效果的可持续性。企业对扶贫的介入，可以与政府扶贫形成一个良好的互补。在这样的现实背景下，对企业参与扶贫这一新的命题进行研究是实践发展的需要，也是我国人民全面实现小康生活的重要条件。通过研究企业参与扶贫工作与其财务绩效之间的关系，能够对企业扶贫工作的情况进行分析，探索更多参与扶贫开发的路径，找到更有效的扶贫方法，从而更有效地开展扶贫开发。在扶贫的同时，做到既能帮助贫困人员脱贫，也能更好地促进企业的发展。

目前，关于企业承担社会责任对其绩效会产生什么样的影响，国内外学者得出几种不同的结论。其中，大多数得出的研究结果是企业履行社会责任对其绩效具有正向的影响，有少数得出的结果是二者负相关，也有个别研究认为承担社会责任对财务绩效影响具有不相关和无固定关系。在理性经济人假设的利己主义下，企业进行扶贫活动目的就是增加公司利润。波克（Bock，1984）认为包括企业扶贫活动在内的所有行为都是为了给企业创造利润。皮特和马伦（Peters & Mullen，2009）研究发现企业社会责任对企业财务绩效具有积极强化关系（2009）。宋涛（2008）也得到同样的结论，认为履行社会责任与公司的财务绩效呈显著的正相关关系。企业履行社会责任虽然投入成本，增加了支出，却可以为企业带来良好的声誉和口碑，为企业发展带来种种直接或者潜在的"好处"。

12.2 上市公司精准扶贫对财务绩效的研究设计

12.2.1 研究假设

目前，越来越多的企业响应国家号召，参与到扶贫项目中来，无论是有意识的主动行为还是被动或者"跟风"行为，是意识到企业的扶贫活动或多或少影响着社区、政府、公众及企业员工对企业的社会评价，进而可以影响到企业的财务绩效，这与企业的可持续发展密切相关。虽然目前有纯利他性的公益性活动，但大多数企业已把公益活动与企业发展结合起来，期望营造出企业和社会互利双赢的良好局面。企业参与扶贫活动影响财务绩效的途径一般有两种：一是通过满足顾客、政府、社区、股东等不同利益相关者的要求，提高企业适应外部需求的能力；二是通过参与扶贫开发活动提高企业的声望和口碑，从而进一步增加企业的财务绩效。据此，本书提出假设：

H12-1：企业参与扶贫的力度越大，则企业当期的财务绩效越好。

我国政府在行政上对国有企业具有"超强控制"。相对于国有企业，非国有企业的社会责任则具有更大的自主权。公众的普遍观念会认为国有企业参与扶贫是理所当然的。相对而言，非国有企业的扶贫更大程度上是一种自主意愿行为，因此社会公众对于非国有企业的扶贫行为可能会有着较为强烈的期待。大多数学者认为，在同样情况下，国有企业在履行社会责任方面比非国有企业有更好的表现。那么，国有企业与非国有企业参与扶贫的这种差异性是否也会反映在财务绩效上呢？即国有企业与非国有企业同样的扶贫行为对财务绩效是否会产生不一样的影响呢？据此，本书提出假设：

H12 - 2：国有企业的扶贫行为与非国有企业的扶贫行为具有显著的绩效效应差异。

12.2.2 样本选取和数据来源

本书以 2016 ~ 2020 年沪深 A 股上市企业为研究样本，应用截面数据，分析上市公司精准扶贫对其财务绩效的影响情况。扶贫金额数据主要来自上市企业的年报及社会责任报告，由上市公司年度报告中披露的精准扶贫成效中的资金支出和物资折款这两个项目之和得出，并且认为未披露的公司，其年扶贫金额均为 0。这样选取的样本更客观，不具偏向性。其他数据则是通过国泰安系列研究数据库取得。为使实证结论更加可靠，对选取的样本以下面的标准进行筛选：（1）剔除 ST 及 *ST 的上市公司；（2）剔除保险业、金融业上市公司；（3）剔除数据不全的上市公司。满足条件的上市公司样本总数量为 17602 个。

12.2.3 模型设定

借鉴前人成果，针对假设 12 - 1 的检验模型如下：

$$ROA = \beta_0 + \beta_1 \times PV + \beta_2 \times Size + \beta_3 \times LEV + \beta_4 \times Top1 + \beta_5 \times Zczz$$
$$+ \beta_6 \times Growth + \mu \tag{12 - 1}$$

对于假设 12 - 2 的检验模型如下：

$$ROA = \beta_0 + \beta_1 \times PV + \beta_2 \times Size + \beta_3 \times LEV + \beta_4 \times Top1 + \beta_5 \times Zczz$$
$$+ \beta_6 \times Growth + \beta_7 \times SOE + \beta_8 \times PV \times SOE + \mu \tag{12 - 2}$$

12.2.4　变量定义

各变量定义及说明见表 12 – 1。

表 12 –1　　　　　　　　　　　变量设置及变量定义

变量类型	变量名称	变量符合	变量定义
被解释变量	总资产收益率	ROA	净利润/平均总资产
解释变量	精准扶贫投入水平	PV	精准扶贫投入金额的自然对数
控制变量	企业规模	Size	期末总资产的自然对数
	资产负债率	Lev	期末负债总额/期末总资产
	股权结构	Top1	第一大股东比例
	资产周转率	Zczz	销售收入净额/平均资产总额
	成长性	Growth	营业收入增长率
调节变量	产权性质	SOE	若是国有企业为 1，否则为 0

12.3　上市公司精准扶贫对财务绩效的实证分析

12.3.1　描述统计

变量的描述统计结果如表 12 – 2 所示。

表 12 –2　　　　　　　　　　　描述统计结果

样本数 N = 17602	均值	中位数	最小值	最大值
ROA	0. 0342	0. 0285	– 0. 2535	0. 2358
PV	5. 2639	2. 4637	0	20. 3524
Size	21. 5023	20. 2431	7. 4732	28. 4683
Lev	0. 4872	0. 4694	0. 1202	0. 7835

续表

样本数 N = 17602	均值	中位数	最小值	最大值
Top1	0.3577	0.3486	0.0534	0.7356
Zczz	0.5692	0.4864	0.0007	8.3632
Growth	0.1240	0.0853	-0.7825	21.7454
SOE	0.5142	1	0	1

从表 12 - 2 可以得到：从因变量看，财务绩效 ROA 的均值为 0.0342，说明上市企业还有很大的提升空间；ROA 的值有正有负，说明企业不管是盈利还是亏损，都有可能参与精准扶贫。从自变量看，上市公司精准扶贫投入水平的均值为 5.2639，最小值为 0，最大值为 20.3524，说明各上市公司参与精准扶贫的力度有巨大的差异性。从控制变量来看，企业规模的均值为 21.5023，说明上市公司的资产规模较大，但有一定的差异性。资产负债率作为企业风险的控制变量，资产负债率均值为 0.4872，说明沪深 A 股上市企业整体的负债占到资产总额的比率接近一半。

12.3.2 回归分析

上市公司精准扶贫对财务绩效的回归分析结果如表 12 - 3 所示。

表 12 - 3 回归分析结果

变量	模型（1）	模型（2）
常数	12.456 *** (17.463)	10.259 *** (14.278)
PV	0.247 *** (6.285)	0.145 *** (5.369)
Size	0.238 *** (9.574)	0.213 *** (8.245)
Lev	-0.374 *** (-7.545)	-0.183 ** (-2.133)

续表

变量	模型（1）	模型（2）
Top1	0.205 *** (7.345)	0.177 *** (6.505)
Zczz	0.068 * (1.784)	0.077 ** (1.988)
Growth	0.119 *** (5.687)	0.009 * (1.776)
SOE		0.123 ** (2.003)
SOE × PV		0.009 *** (6.241)
调整 R^2	0.135	0.157
F 值	28.56	36.39

注：*** 、 ** 和 * 分别表示在1%、5%和10%的水平下显著，括号内为 t 值。

表 12-3 是模型（1）和模型（2）的回归结果，在模型（1）中，调整 R^2 为 0.135，F 值为 28.56，而且检验结果是在 1% 水平下显著，说明整体的面板回归模型拟合度较优。数据显示，当置信水平为 1% 时，上市公司精准扶贫投入水平对公司财务绩效影响系数为 0.247，说明支持假设 12-1，即上市公司参与的精准扶贫行为对企业财务绩效有显著的正向促进作用。控制变量的统计数据显示，企业规模对财务绩效的影响系数是 0.238，说明企业规模与公司财务绩效呈正相关关系。公司资产负债率对财务绩效的影响系数为 -0.374，并且在 1% 置信水平下显著，说明公司资产负债率与财务绩效呈显著的负相关关系，即公司资产负债率越高则风险越大，进一步会给企业的财务绩效带来负面影响。第一大股东持股比例和企业绩效的相关系数为 0.205，并且通过了 1% 的显著性检验，反映了第一大股东持股比例对公司财务绩效有显著的正向促进作用。第一大股东对公司管理者的经营决策具有监督管理权，企业的管理者要为股东负责，第一大

股东持股比例越高，股权集中度越高，进而越有助于提高管理者经营决策的有效性。总资产周转率对财务绩效的影响系数为 0.068，并且在 10% 置信水平下显著，公司总资产周转速度越快，销售能力越强，资产的利用效率越高，说明对财务绩效越有正向的影响。

由表 12-3 可知，模型（2）的拟合数值逐渐提高，反映了随着自变量和调节变量的增加，模型方程的拟合回归结果逐渐变优。从模型（2）回归结果来看，上市公司精准扶贫投入水平对财务绩效的影响通过了 1% 水平下的显著性检验，进一步验证了假设 12-1，即上市公司精准扶贫对财务绩效有显著的积极正向的影响。同时，从控制变量来看，上市公司资产负债率的增加会降低财务绩效，第一大股东持股比例的提高会增加企业的财务绩效水平；企业总资产周转率越高，销售水平越强，企业资产的利用效率越高，会对企业的财务绩效有积极的正面促进作用。

将产权性质作为调节变量加入模型（2），数据显示回归模型中的产权性质 SOE 系数均为正值。同时，重点研究将产权性质作为调节变量检验其是否有显著的调节效应，即主要分析调节变量 PV 和自变量 SOE 的交叉乘积项系数是否显著。由表 12-3 可知，交叉乘积项系数结果是 0.009，并且通过了 1% 水平下的显著性检验，说明了调节变量产权性质 SOE 对上市公司精准扶贫投入水平和财务绩效的关系具有显著的调节作用。本章假设中设定国有企业为虚拟变量 1，说明该正向调节效应对应的是国有企业，也就反映了国有企业的精准扶贫对公司绩效水平的影响作用更大。该结论支持假设 12-2，即国有企业的扶贫行为与非国有企业的扶贫行为具有显著的绩效效应差异。

12.4　上市公司精准扶贫对财务绩效的实证结论

12.4.1　结论

上市公司精准扶贫能促进公司利润增长与产业发展，对公司财务绩效有正向促进作用。参与精准扶贫开发项目可以为上市公司带来良好的声誉和口碑，为企业发展带来种种直接或者潜在的"好处"，比如提高企业在顾客群体中的认知度和接受度，提升员工对企业的认同感与忠诚度，寻求与政府之间的良好关系，进而为企业带来各种所需的稀缺资源，最终这些都会表现在企业的财务绩效上。进一步分析，在其他条件不变的情况下，国有企业参与扶贫与非国有企业参与扶贫对财务绩效的影响具有显著的差异，扶贫行为对国有企业财务绩效影响更大。

12.4.2　建议

上市公司的社会责任感被提升到了新高度，目前我国正在营造出一片浓厚的企业扶贫社会责任氛围。

第一，国家层面应积极倡导企业参与精准扶贫行动。为参与扶贫的企业提供政策上的优惠、资金上的支持以及扶贫项目上的辅助等方面的措施。比如，为参与扶贫的企业给予税收减免，降低贷款利息和提供专项扶贫资金，也可以经常开展一些评选活动，甄选一些做得比较好的企业，这对企业来说也是一种鼓励和引导。

第二，企业应积极响应国家的扶贫政策，充分发挥自身的优势，参与农村扶贫不但可以帮助贫困对象有效实现生产与市场的对接，还可以通过产业发展等手段实现贫困人口的可持续发展能力建设，企业在参与过程中也可实现生产基地的建设。实现贫困帮扶从以往"输血式"向"造血式"的转变，逐步建立健全企业扶贫的长效机制，在政策的指导下将企业未来的发展与农村相结合，实现经济效益和扶贫效益的共赢。

第四篇

启示篇

第 13 章
巩固我国乡村振兴的工作机制

13.1 健全乡村振兴工作机制

党的二十大报告指出，"完成脱贫攻坚、全面建成小康社会的历史任务，实现第一个百年奋斗目标"是新时代十年对党和人民事业具有重大现实意义和深远历史意义的三件大事之一。在以习近平同志为核心的党中央坚强领导下，我国打赢了人类历史上规模最大的脱贫攻坚战，历史性地解决了绝对贫困问题，创造了又一个彪炳史册的人间奇迹。脱贫攻坚战的全面胜利，标志着我们党在团结带领人民创造美好生活、实现共同富裕的道路上迈出了坚实的一大步。完成脱贫攻坚这一伟大事业，不仅在中华民族发展史上具有重要里程碑意义，更是中国人民对人类文明和全球反贫困事业的重大贡献。在脱贫攻坚的伟大历程中，我们党立足我国国情，把握减贫规律，出台一系列强有力的政策举措，构建了一整套行之有效的政策体系、工作体系、制度体系，走出了一条中国特色减贫道路，形成了中国特色反贫困理论。脱贫攻坚取得丰硕的实践和理论成果，为发展中国家解决好"三农"问题开辟了路径、积累了经验。

新时代脱贫攻坚目标任务如期完成，现行标准下 9899 万农村贫困人口全部脱贫，832 个贫困县全部摘帽，12.8 万个贫困村全部出列，区域性整体贫困得到解决，创造了人类减贫史上的奇迹。接续做好巩固拓展脱贫攻坚成果同乡村振兴有效衔接，全面建立防止返贫动态监测帮扶机制，确定160个国家乡村振兴重点帮扶县并给予倾斜支持，深化东西部协作、定点帮扶和易地搬迁后续扶持，工作机制、政策举措、机构队伍等衔接有序推进，守住不发生规模性返贫底线。习近平总书记指出，脱贫攻坚取得胜利后，要全面推进乡村振兴，这是"三农"工作重心的历史性转移。全面推进乡村振兴，其深度、广度、难度都不亚于脱贫攻坚，需要借鉴脱贫攻坚经验，紧密结合新形势新任务进行创造性转化和创新性发展，走好中国特色乡村振兴之路。

党的十九大提出实施乡村振兴战略以来，先后制定出台《中共中央 国务院关于实施乡村振兴战略的意见》《乡村振兴战略规划（2018～2022年)》《中国共产党农村工作条例》和《中华人民共和国乡村振兴促进法》，乡村振兴制度框架和政策体系初步健全，重点任务扎实推进。乡村产业发展势头良好，新产业新业态层出不穷、蓬勃发展。但是全面推进乡村振兴是一项长期任务、系统工程，需要进一步完善政策体系、工作体系、制度体系，以更有力的举措、汇聚更强大的力量来推进。

理顺乡村振兴工作机制。新时代抓"三农"工作就是抓全面推进乡村振兴，现阶段两者的内涵、外延基本是一致的，不能机械分开，搞成"两张皮"。各级党委农村工作领导小组要发挥农村工作牵头抓总、统筹协调等作用，一体承担巩固拓展脱贫攻坚成果、全面推进乡村振兴议事协调职责。在党委农村工作领导小组领导下，党委农办、农业农村部门、乡村振兴部门拧成一股绳，从不同层面、不同角度、不同分工共同予以推进，进一步完善工作协同运行机制，真正形成合力。

强化乡村振兴责任落实。2022年12月13日中共中央办公厅、国务院办公厅印发的《乡村振兴责任制实施办法》指出，中央和国家机关有关部门乡村振兴责任主要包括：深入学习贯彻习近平总书记关于"三农"工作的重要论述和重要指示精神，认真落实党中央、国务院关于乡村振兴战略的方针政策和决策部署，以及相关法律法规要求，结合职责研究和组织实施乡村振兴战略；加快建设农业强国，扎实推动乡村产业、人才、文化、生态、组织振兴，拟订并组织实施乡村振兴战略规划、重大政策、重大工程等，组织起草有关法律法规草案，指导推进和综合协调乡村振兴中的重大问题；全方位夯实粮食安全根基，强化藏粮于地、藏粮于技物质基础，健全辅之以利、辅之以义保障机制，执行最严格的耕地保护制度；巩固拓展脱贫攻坚成果，完善并组织实施配套政策，在干部配备、要素配置、资金投入、公共服务等方面对乡村振兴予以优先保障，健全城乡融合发展体制机制和政策体系，畅通城乡要素流动；总结推介乡村振兴经验典型。组织开展乡村振兴战略实施情况监测评价。按照规定组织开展乡村振兴有关督查考核、示范创建、表彰奖励等工作。

省级党委和政府对本地区乡村振兴工作负总责，并确保乡村振兴责任制层层落实，省级党委和政府主要负责人是本地区乡村振兴第一责任人，责任主要包括：结合本地区实际谋划确定乡村振兴阶段性目标任务和针对性政策措施，抓好乡村振兴重点任务分工、重大项目实施、重要资源配置等；每年主持召开党委农村工作会议，部署乡村振兴年度重点任务，组织开展乡村振兴督促指导和工作调研，总结推广典型经验，及时纠正和处理乡村振兴领域违纪违规问题。

市级党委和政府负责本地区乡村振兴工作，做好上下衔接、域内协调、督促检查，发挥好以市带县作用，市级党委和政府主要负责人是本地区乡村振兴第一责任人，责任主要包括：研究提出推进乡村振兴的阶段目标、年度计划和具体安排，及时分解工作任务，指导县级抓好落实，对乡村振兴有关项目实施、资金使用和管理、目标任务完成情况进行督促、检查和监督。

县级党委和政府是乡村振兴"一线指挥部"。县级党委和政府主要负责人是本地区乡村振兴第一责任人，应当把主要精力放在乡村振兴工作上，责任主要包括：结合本地区实际谋划制订乡村振兴规划和年度实施方案，明确阶段性目标和年度目标任务，整合各类资源要素，做好乡村振兴进度安排、资金使用、项目实施、工作推进等，组织落实好各项政策措施；推动建立乡村振兴推进机制，组织攻坚重点任务，谋划推进落实乡村振兴重点任务、重大项目、重要政策，确保乡村振兴每年都有新进展。

乡镇党委和政府应当把乡村振兴作为中心任务，发挥基层基础作用，健全统一指挥和统筹协调机制，"一村一策"加强精准指导服务，组织编制村庄规划，抓好乡村振兴资金项目落地、重点任务落实。乡镇党委和政府主要负责人是本地区乡村振兴第一责任人，谋划符合本地区实际的具体目标任务和抓手，每年制订工作计划，组织落实上级党委和政府部署的乡村振兴重点工作。

村党组织统一领导村级各类组织和各项工作，村民委员会和农村集体经济组织发挥基础性作用，全面落实"四议两公开"制度，组织动员农民群众共同参与乡村振兴。确定本村乡村振兴重点任务并组织实施，具体落实各级各部门下达的各类政策、项目、资金等。及时公开村级党务、村务、财务情况，公布惠农政策落实、土地征收征用以及土地流转、集体经营性建设用地入市、资金使用和项目建设等情况。村党组织书记是本村乡村振兴第一责任人，带领村"两委"班子成员抓好具体任务落实，加强与驻村第一书记和工作队等帮扶力量沟通协调，经常性入户走访农民群众，原则上每年要走遍或者联系本村所有农户，及时协调解决农民群众生产生活实际问题。

13.2 推进"三位一体"的乡村振兴格局

习近平总书记指出，乡村振兴战略作为新时代"三农"工作总抓手，是"五位一体"总体布局、"四个全面"战略布局在"三农"工作的体现。2018～2023 年中央一号文件均围绕乡村振兴作出重大决策部署，出台了一系列政策举措，强化了乡村振兴战略顶层设计。从中央到地方实行中央统筹、省负总责、市县乡抓落实的农村工作机制，建立了五级书记抓乡村振兴的工作方式，让乡村振兴成为全党全社会的共同行动。乡村振兴战略实施需要打通体制机制障碍，建立完善的支持保障机制。政府是乡村振兴的核心参与者，在其中发挥主导性作用，通过政策引领、规划制定、制度完善、法治保障、资源供给等途径起主要领导作用。乡村振兴本身是一项艰巨而漫长的任务，这决定了要以完善的市场机制作为持久支撑，只有激活主体、激活市场、激活要素，才能为乡村振兴释放持久活力。同时，乡村振兴要充分尊重农民意愿，调动农民积极性、主动性、创造性，充分发挥农民的主体性作用，让农民群众广泛参与到乡村振兴中来。为此，乡村振兴战略实施需要构建"政府有为+市场有效+农民主体""三位一体"的发展格局，不同主体协同发力，彻底扭转城乡发展失衡的局面。

13.2.1 政府主导

政府需要在农业农村发展中承担关键责任，这已成为当前我国农业农村发展研究中的共识。在中国经济发展中，政府作为一个"具有相当能力的市场主体"，在地方经济发展中具有主导作用，甚至是地方产业发展的决定性力量。在税费改革后，国家加大了对"三农"领域的投入力度，村集体所需资源依靠外生的政策性和制度性供给，外部资源输入成为村庄发展的重要依托。政府主要以"专项资金"方式将惠农资金投向农村，以项目制形式推动农村公共品供给，通过中央部、委、办的"发包"和招标，用项目奖励引导地方政府投入相应的"配套资金"来推动政策实施，这已经成为国家力量不断下渗到农村的重要途径。由此，政府是乡村振兴的主导性力量，在其中发挥着决定性作用。党的十八大以来，国家秉持农业农村优先发展思路，"三农"工作成了政府工作的重中之重，国家向农村投入资源规模空前。在乡村振兴战略实施过程中，政府将以更大规模资源支持村庄发展。2020 年 9 月 23 日中办、国办印发的《关于调整完善土地出让收入使用范围优先支持乡村振兴的意见》指出，要稳步提高农村土地出让收入用于农业农村比例，到"十四五"期末，这一比例达到 50% 以上，这意味着每年土地出让收益投向农业农村的比例将在现有基础上至少提高 16 个百分点，约为 1 万亿元。政府支持成为村庄发展"第一桶金"的重要来源，可以以此撬动村庄资源，将沉睡的资源激活，奠定村庄发展基础，促进乡村全面振兴。

13.2.2 市场盘活

乡村振兴背景下强调政府作用并不意味着政府完全替代市场。如何建立有效的市场机制，打破阻碍城乡要素流动的障碍是乡村振兴的核心问题。乡村振兴过程中要处理好政府和市场的关系，坚持市场配置农村资源要素。从农村经济发展现状来看，中国农村资源性、经营性资产存量巨大，但是长期缺乏转化为资本的机制，市场化程度偏低，资产的财产性功能发挥不足，对农民收入的贡献不高。从动态发展来看，市场化经营是激活农村资产性资源，强化村庄发展动能，进而实现农村集体经济发展壮大与乡村振兴的重要途径。为此需要通过进一步赋权与市场化改革，赋予农村集体产权更加充分的发展权能，构建开放式和包容性的集体经济发展制度。同时，在城乡融合发展进程中，鼓励企业参与乡村振兴，大量工商资本涌入农村，进行土地开发整理、进入农业领域并参与村庄建设等活动。当然，资本下乡并非是静态的资源单向度流动行为，而是一个与村庄持续互动交流的过程。如果外部资本"脱嵌"于村庄，不仅无法获得所需的发展资源，而且容易形成与村庄的对立关系，并最终导致资本与村庄的冲突，阻碍资本在村庄的发展。

13.2.3 农民推动

尽管过去政府在农业农村领域投入了大量的人力、物力和财力，同时不断进行市场化改革，但农业农村发展的不平衡不充分始终存在。其根本原因可归结为政府施政和激进市场化改制中忽视了农民的主体地位。农民主体性不论是在社会权利、市场权利还是政治权利上，都存在着明显的不足。《关于实施乡村振兴战略的意见》指出：乡村振兴过程中要充分尊重农民意愿，切实发挥农民在乡村振兴中的主体作用。因此，不能将乡村振兴片面理解成政府要去振兴乡村，而是政府引导、帮助农民自主振兴乡村，农民必须意识到乡村振兴是自己的使命，自己行动起来，不能被动地等待政府来"振兴或拯救"。解决农民主体性问题的核心在于"还权赋能",加强农民在乡村社会治理领域的话语权,充分实现乡村自治要求,保障农民社会治理权利。此外,还要提高农民的组织化程度,使他们适应现代农业的发展,担当起乡村振兴的主体责任。在乡村振兴背景下,发挥村集体在"统"上的重要作用的同时还要发挥农户在"分"上的积极性与主动性。村集体作为平台积极主动承接外部资源发挥了"统"的功能,同时需要将农户组织起来,增强集体行动能力,发挥农户主体性作用。

13.3 鼓励企业参与乡村振兴

加强社会动员。中央定点帮扶单位和国有企业应当履行帮扶责任,聚焦巩固拓展脱贫攻坚成果和全面推进乡村振兴,制订年度计划,发挥自身优势创新帮扶举措,持续选派挂职干部和驻村第一书记,加强工作指导,督促政策落实,提高帮扶实效。企事业单位和社会组织应当积极履行社会责任,支持乡村振兴。深入实施"万企兴万村"行动,探索建立健全企业支持乡村振兴机制。发挥第三次分配作用,鼓励引导各类公益慈善资金支持乡村振兴。鼓励公民个人主动参与乡村振兴。

为促进民营经济发展壮大,中共中央、国务院 2023 年 7 月 19 日发布《关于促进民营经济发展壮大的意见》,指出民营经济是推进中国式现代化的主力军,是高质量发展的重要基础,是推动我国全面建成社会主义现代化强国、实现第二个百年奋斗目标的重要力量。支持参与国家重大战略。鼓励民营企业自主自愿通过扩大吸纳就业、完善工资分配制度等,提升员工享受企业发展成果的水平。支持民营企业到中西部和东北地区投资发展劳动密集型制造业、装备制造业和生态产业,促进革命老区、民族地区加快发展,投入边疆地区建设推进兴边富民。支持民营企业参与推进碳达峰碳中和,提供减碳技术和服务,加大可再生能源发电和储能等领域投资力度,参与碳排放权、用能权交易。支持民营企业参与乡村振兴,推动新型农业经营主体和社会化服务组织发展现代种养业,高质量发展现代农产品加工业，因地制宜发展现代农业服务业，壮大休闲农业、乡村旅游业等特色产业，积极投身"万企兴万村"行动。

"万企兴万村"行动，是全国工商联等机构倡导广大民营企业投身农业农村现代化发展、参与巩固拓展脱贫攻坚成果和全面推进乡村振兴的重大举措，是决胜脱贫攻坚之后对"万企帮万村"行动的持续接力。从脱贫攻坚到乡村振兴，从"万企帮万村"到"万企兴万村"，由"帮"到"兴"的一字之变，体现的是发展新阶段的新要求。深刻领会一字之变包含的三重转变：一是支持对象转变，由以前直接支持建档立卡贫困村、贫困户变为支持乡村具有市场潜力的产业、项目；二是支持方式的转变，由以前参与企业直接投钱、捐物不计回报支持变为参与企业与"兴"村项目按市场经济规则共同推进；三是收益受益主体的转变，由以前侧重贫困村、贫困户直接受益变为注重"兴"村项目和"兴"村企业共同受益。

自 2021 年全国正式启动"万企兴万村"、持续推进乡村振兴对口帮扶以来，湖南省溆浦县委、县政府对标对表上级部署，立足县域经济发展实际，紧紧围绕引导什么样的企业兴乡村、企业在乡村兴什么产业、企业与乡村如何实现共同发展等关键课题，扛牢政治责任，凝聚发展合力，创新推出"企业兴村发展共同体"建设，支持民营企业和商会组织面向农村延伸产业链条、壮大产业优势、拓展经营业态，支持广大农村借助资本投入、市场运行不断夯实产业兴旺、生活富裕、全面振兴的物质基础，推动民企投资兴业与乡村经济实体深度融合、以共同创业促共同振兴。截至2023 年 8 月底，全县共组织 83 家民营企业和商会参与对口帮扶 115 个行政村，实施"兴村"项目 93 个，完成经营类项目投资 7.59 亿元，新增对口帮扶村"家门口就业"岗位 3070 个，推动对口帮扶村村级集体经济增收 1918.89 万元。"万企兴万村"带动县域经济高质量发展，全县 GDP 首次突破 200 亿元大关，县域经济从 2021 年全省 15 个重点帮扶县排名第 10位跃升至第 1 位，被评为全省县域经济发展先进县。

溆浦县是湖南西部的山区农业大县，自然资源丰富，人文历史悠久，民间经济殷实。县委县政府持续发力"二次创业"，大抓营商环境，大力招商引资，大办工业园区，大兴富民产业，县域经济空前活跃，2022 年全县 GDP 增长 6.5%，规模工业增加值增长 7.5%，固定资产投资增长 11%，社会消费品零售总额增长 4.5%，地方一般公共预算收入增长 27.6%、税收增长 25.1%，城乡居民人均可支配收入分别增长 8%、10.5%。在民营经济方面，雪峰山区相继建成 2 个国家 4A 级景区，山背雪景登上北京冬奥会闭幕式舞台；总投资 32 亿元的鸿新实业硅砂提纯项目投产，溆浦硅砂精深加工百亿产业正在形成；雪峰食品、顺成服装、绿之然农业入选省级"专精特新"小巨人企业，健乐美体育、大和矿业、福龙石材申报制造强省重大项目，全县规模以上民营企业达 204 家，国家高新技术产业达 39 家，2022 年新增经营主体 7928 户，增长达 179%。在乡村振兴产业发展方面，县委县政府紧紧抓住溆浦县纳入全省十五个乡村振兴重点帮扶县的政策机遇，整合各类产业发展资金 1.53 亿元，实现 217 个集体经济薄弱村全部消薄，全县所有行政村集体经济经营性收入达 5 万元以上；加快发展农业特色产业，持续推进农产品品牌建设，成功创建 3 个国家地理标志证明商标产品、1 个国家驰名商标、82 个特色农业品牌，村级经营主体自主发展意识明显提升。

企业兴村，根基是双方合作，成败看经营效益，关键在企业主导。主要就是要通过政府组织引导，把谋求发展的民营企业和乡村经营主体有效联结起来，聚合力量布好局。为此，县委县政府专门成立"万企兴万村"工作领导小组，由工商联、乡村振兴、自然资源、农业农村、市场监督、住建、工信、文旅、商务等部门抽调人员组建相应工作专班，对全县民营企业和乡村振兴帮扶村发展状况进行深入摸底。一是建立候选企业信息，将有在乡村投资意向、劳动用工主要来自乡村、优势资源主要集中在乡村的民营企业列入候选名录，建立了 327 家民营企业和在外溆浦商会的信息资料库；二是突出村级集体经济薄弱村重点，组织原有 217 个村级集体经济相对薄弱的行政村积极申报企业兴村发展项目，从中筛选出 225 个具备一定产业基础、具有较强发展潜力的项目作为备选，按照企业主导的基本原则提供相关企业选择；三是主动做好对接，根据企业初步选中的备选项目，安排相应工作专班人员做好对接联络，安排兴村企业与兴村项目经营主体见面洽谈、商讨合作、签订协议，推动合作双方加快兴村项目实施。

乡村振兴是全面振兴，要推动乡村产业振兴、人才振兴、文化振兴、生态振兴、组织振兴。在"五大振兴"中，产业振兴是基础，是首要。习近平总书记明确指出，产业振兴是乡村振兴的重中之重，产业兴旺是解决农村一切问题的前提。抓好了乡村产业，就能提升农业、繁荣农村、富裕农民，建设宜居宜业的和美乡村就有了基础支撑。那么，企业投身乡村振兴，投入乡村产业，可以从六个方面入手：

（1）现代种养业。发展乡村产业，首先要保障国家粮食安全和重要农产品有效供给，企业可以通过流转土地资源发展现代规模经营，通过规模化、机械化、集约化、市场化、信息化推动传统种养业转型升级，提高农业质量效益和竞争力。

（2）农产品加工业。农业不加工，等于一场空。农产品加工业从种养业延伸出来，包括初加工、精深加工、综合利用加工等。通过延长农业产业链、价值链，从而实现农业增效、企业增利、农民增收、就业增加。

（3）乡村特色产业。包括特色种养、特色食品、特色手工和特色文化等。这些传统土特产业和产品，承载着历史的记忆，传承着农耕义明，有着独特的产业价值。

（4）乡村休闲旅游业。现在城市越来越大，城市人口越来越多，生活节奏越来越快，人们就会越来越想回归田园。可以挖掘乡村生态涵养和文化体验功能，打造休闲农庄、农业公园、田园综合体、农业嘉年华等新业态，发展休闲观光、乡村民宿、健康养生等，让农区变景区、农房变客房、产品变礼品。

（5）乡村新型服务业。包括生产性服务业和生活性服务业，如农机作业、产品加工、运输，以及购销、仓储、物流、市场信息等服务。将来大量城里人回归农村养老、康养、休闲、旅游，也必将为农村生活服务业发展提供新的空间。

（6）乡村基础设施建设。这方面还有短板。企业可以通过投资兴业、承包工程、公益捐赠等形式，参与农田水利、村庄道路、通信、清洁能源建设，参与农村住房改造、公共服务、厕所革命、污水和生活垃圾处理、村容村貌改善等设施或项目建设。

第14章
上市公司参与乡村振兴的影响因素

14.1 环境因素

前面实证发现，经济政策不确定性对上市公司精准扶贫有重要影响，对乡村振兴也不例外，需要关注经济政策不确定性对上市公司乡村振兴的影响情况。

经济政策不确定性主要指的是在经济政策发生变化时，人们对未来经济领域可能发生的事件无法准确预测，并且可能造成经济的运行状态及经济参与者的评估与预期不一致的现象。尤其在政府频繁出台系列政策时，经济政策不确定性水平不断攀升。经济政策不确定性会提高企业的融资成本并对企业的投资行为产生影响。经济政策不确定性提高信息不对称程度还会导致金融机构提高企业提供抵押品的质量与价值，当经济政策不确定性上升时，企业的抵押品价值有可能会下降，企业的融资困难加大。经济政策不确定性对企业资产配置的影响有很多条传导渠道，会对利率、消费、生产、跨境资金流动等宏观因素产生影响，这些宏观因素又会对企业的乡村振兴等投资决策行为及企业资产配置产生影响。

现金流不确定性的作用渠道：现金流是一个企业能正常运行的保障，

反映企业在经营活动中现金流入与流出的情况。现金流管理是现在企业关注的重点，良好的现金流管理是企业安全运行的保障。在日常经营中企业在进行投资活动时要通过现金流预测决定乡村振兴项目的可行性。而当经济政策不确定性升高时，市场波动变大，加大了未来现金流的可预测性的难度，也加大了乡村振兴项目参与的风险。当企业的资金处于不确定性时，企业更容易提高投资的谨慎性，通过增持现金或者投资短期金融资产保持流动性，所以出于防御性动机，现金流的不确定性提高会降低企业的乡村振兴投资。

融资成本的作用渠道：当经济政策不确定性升高时，企业作为融资方与金融机构之间的信息不对称进一步扩大，即企业有私人信息优势，贷出方对企业经营的利润率及对企业未来现金流的预测难度加大，金融机构为了降低风险，提高了对企业资格的筛选要求，此时银行增加了对企业的财务状态验证成本，这些成本最后都会由企业负担。从财务角度讲，当经济政策不确定性升高时，未来的投资收益率预测难度加大，投资者出于谨慎态度会对降低对企业的乡村振兴投资。

投资不可逆性的作用渠道：资产的可逆程度反映了资产的变现能力，企业可逆程度低时，当企业置出资产时会有更大的沉没成本和交易成本，因此可逆性决定了企业投资的转换灵活性是影响企业资产配置的重要因素。乡村振兴投资的可逆性较弱而金融资产的可逆性较强，尤其是短期的金融资产。不可逆投资与资产专用性及沉没成本有关，专用性指投资特定企业或乡村振兴项目，当资产置出时会面临部分沉没成本。

经济政策不确定性影响企业资产配置的作用渠道。从融资约束理论视角，经济政策不确定性可通过提高企业的融资成本来影响企业的乡村振兴投资。从预防性储蓄理论视角，经济政策不确定性可能会通过加大企业的现金流不确定性或提高管理层的谨慎，从而刺激企业加大对流动性较强的金融资产的投资，减少乡村振兴投资。从实物期权理论视角，经济政策不确定性会通过企业投资的不可逆性来推迟企业对乡村振兴的投资，增加流动性较强的金融资产的投资或增加对现金的持有。

14.2 行 业 因 素

14.2.1 市场机制在乡村振兴中发挥重要作用

实施乡村振兴战略的关键是使市场在资源配置中起决定性作用和更好发挥政府作用。政府更好发挥作用不仅体现在对公共性事务的主导作用上，而且也体现在政府为充分发挥市场制度的作用奠定基础。当前，充分发挥市场在资源配置中的决定性作用，不仅需要政府转变职能，而且需要政府主导建构与市场制度相匹配的产权制度。既要发挥政府在顶层设计、政策引导、示范带动以及在公共投入和推动改革等方面的作用，又要充分发挥市场在要素配置、主体激活、产业竞争、效率增进等方面的作用。在乡村振兴战略下，市场不仅要在产业发展中起决定性作用，而且在乡村集体经济改革发展中起重要作用。

基于对我国乡村振兴战略实施的实践观察，依据党的十九届四中全会关于"必须坚持社会主义基本经济制度，充分发挥市场在资源配置中的决定性作用，更好发挥政府作用"的制度架构，重点围绕乡村振兴中产业兴旺、生态宜居，以及农村集体经济制度的深化改革，就发挥市场在资源配置中的决定性作用以及更好发挥政府作用问题进行讨论。本书的基本论点是市场能否在资源配置中起决定性作用，取决于政府更好发挥作用。政府更好发挥作用不仅体现在对公共性事务的主导作用，而且也体现在政府为充分发挥市场制度的作用奠定基础。当前，充分发挥市场在资源配置中的决定性作用，不仅需要政府转变职能，而且需要政府主导建构与市场制度相匹配的产权制度。在乡村振兴战略的实施中，处理好政府与市场的关系同样十分重要，既要发挥政府在顶层设计、政策引导、示范带动以及在公共投入和改革推动等方面的作用，又要充分发挥市场在要素配置、主体激活、产业竞争、效率增进等方面的作用。作为我国现代化发展战略的重要组成部分，乡村振兴战略总体上由政府主导是毋庸置疑的，但这并不意味着乡村振兴战略的具体实施均要由政府来包办，而应有多方力量参与和多种机制协同，特别是让市场在资源配置中起决定性的作用。市场不仅要在产业发展中起决定性作用，而且也可在生态转化与环境治理，以及乡村集体经济改革发展中起重要作用。

在乡村振兴战略的产业发展和振兴中，政府主要发挥规划制定、政策引导和示范带动的作用，而产业的选择、要素的配置、主体的行为以及价格的形成等，应该由市场来发挥决定性作用。然而，从近些年乡村振兴战略实施的实践看，我国乡村产业发展的方方面面，似乎都是由各级政府在主导和推动，不仅产业规划如此，产业项目的建设和投资都是政府占主导。政府在乡村产业发展中的介入与杠杆作用远远超过了市场机制的作用，使得乡村产业的经营主体普遍形成依赖政府支持，而不是着眼市场竞争的行为。乡村各种类型的农业园区、农业综合体、家庭农场、合作社的发展都离不开政府的支持，尽管发展很快，但大多缺乏自我持续发展能力，并且还导致过度竞争和主体分化。这样的产业项目虽然能满足政府短期"政绩"的需求，但未必能适应消费需求和市场竞争，一旦政府支持减弱，就可能成为"僵尸"项目。以我国苹果产业为例。2017 年，世界苹果总产量 7621 万吨，中国达 4450 万吨，生产和消费规模占世界比重均在 50% 以上；纵向来看，中国 2007 年的苹果产量是 2734 万吨，到 2017 年产量增长了 62.7% 产量增速过快与政府的产业政策干预紧密相关。我国传统的苹果主产区集中在渤海湾和西北地区的黄土高原地带，以陕西、山东、河北、甘肃、河南、山西和辽宁七省最多。近几年，随着贵州云南地区基础设施改善，加大了引种苹果招商引资力度，动辄发展几万亩以上的矮化苹果，产量增长非常迅猛。与此相对应的是苹果市场持续低迷。2018 年，作为主产区的山东省某地区的普通苹果价格曾跌到八毛钱一公斤，农民入不敷出。如果按市场规律来运行，很难想象会出现如此大规模的一哄而上、一哄而下的现象，然而，由于政府不是市场主体，其在农业产业上的主导行为和作用替代了市场机制，市场就难以在资源配置中起决定性作用，以致竞争的过度、无序和资源的浪费就成为常态现象。

在乡村振兴中发挥市场在资源配置中的决定性作用，同时更好发挥政府作用，关键是定位好政府的作用边界。公共领域是政府最主要的作用领域，在非公共领域中，政府主要应发挥顶层设计的作用，例如规划制定、政策指导、市场规制、示范引领等。至于产业发展及其资源配置则应让市场发挥主导作用。

14.2.2 同群效应激励更多上市公司参与乡村振兴

本书拓展了上市公司精准扶贫的影响因素和同群效应领域的研究，同时为企业社会责任决策以及国家持续性减贫和乡村振兴战略提供现实参考：

（1）为上市公司积极参与乡村振兴工作、履行社会责任提供依据。研究结论表明，基于精准扶贫的行业同群效应对企业价值具有正向影响，说明资本市场认可和鼓励上市公司参与精准扶贫。同理，积极投身到乡村振兴的行列，能够帮助企业自身走上长期高质量发展之路。企业应当转变传统的以慈善捐赠为主体的社会责任履行方式，创新产业振兴模式，努力在"授人以渔"的同时实现自身的价值增长。

（2）为地方政府巩固脱贫攻坚成果、稳步推进乡村振兴工作提供参考。在履行乡村振兴社会责任时，企业具有向行业领先者学习的强烈动机，并且竞争压力会进一步强化这种学习效应。因此，政府应当恰当利用企业社会责任履行行为中的"同群效应"，进而达到事半功倍的政策效果。例如，积极宣传和推广企业参与乡村振兴的优秀典型案例，在同群企业中树立标杆，并给予适当的奖励，鼓励落后企业向先进企业看齐，形成良好的政策溢出效应，充分调动上市公司的积极性，进而巩固脱贫攻坚的成果，稳步推进乡村振兴。

（3）为证券监管部门引导和完善企业社会责任信息披露提供借鉴。企业在模仿和学习同行业企业的乡村振兴行为时，存在只注重振兴的形式而不注重振兴质量的现象。当前我国正处于由巩固拓展脱贫攻坚成果和乡村振兴有效衔接的重要时期，部分脱贫地区的发展基础仍相对薄弱，为了避免企业的乡村振兴行为只追求短期利益和表面达标的问题，监管部门可以定期对企业乡村振兴的目标对象进行调研和访谈，建立健全乡村振兴成效评价体系，同时让更多社会主体参与到对乡村振兴的多元共治中来，以探索政府和市场机制的融合之道。在要求企业完善社会责任信息披露时，除了引导企业披露是否履行乡村振兴社会责任以及投入金额之外，监管部门也应鼓励企业披露乡村振兴社会责任建设成效，进而提升企业乡村振兴社会责任的履行质量。

14.3　自身因素

14.3.1　公司特征对参与乡村振兴的影响

产业发展振兴是上市公司首选的乡村振兴方式，对于脱贫地区或脱贫村，可以寻找或开发当地具有一定基础的旅游、中药材、水果种植、家禽养殖等项目，列出乡村振兴产业发展目录，吸引上市公司在当地开展产业振兴，例如可以建立公司、专业社、农户等新型农业组织，设立产业基地，同时就地帮助脱贫人口实现就业，更好地扩大上市公司支持产业发展振兴的程度，实现更好的乡村振兴效果。

由于上市公司参与乡村振兴行为的主要影响因素是公司业绩、公司规模和国有产权。因而对于我国证监机构来说，可以鼓励和引导公司规模较大、业绩较好的上市公司更多地参与乡村振兴项目，对国有企业加强社会定点帮扶，设立专职乡村振兴人员和振兴基金，并且对乡村振兴的投入金额、投入形式、脱贫人数进行监督，包括当地乡村振兴局和年度审计机构的沟通与监督，确保上市公司乡村振兴投入及振兴效果信息真实、可靠、有效。

14.3.2　公司高管特征对参与乡村振兴的影响

（1）公司乡村振兴社会责任是高管团队集团的决策，合理配备高管团队，考虑团队的异质性，发挥高管不同特征对企业参与乡村振兴行为的积极影响。①在高管团队中增加女性高管比例，改变高管团队性别结构。提高女性高管比例，以女性独特的善良母性情怀去影响管理层，承担乡村振兴社会责任。②慎重考虑高管的任期。特别是慎重考虑任期较长的高管，以免对公司乡村振兴社会责任带来不利影响。③吸收优秀的党员进入高管团队。我国党员在各行各业中具有政治素质过硬、专业突出的特点，上市公司可以吸纳优秀党员进入高管团队。

（2）区分不同产权的上市公司，才能更好地发挥高管背景特征对乡村振兴社会责任的影响。国企的高管一般由上级或政府任命，涉及到政治背景等因素；而非国企的高管多由董事长、总经理等具有一定关系的人员担任，因而对乡村振兴社会责任的认识不一样，对乡村振兴投入的程度不一样。即使积极推动乡村振兴行动，其采取的具体振兴方式也不一样，例如非国企在产业振兴中投入较多，而国企在其他方式中投入较多，因而需要分清不同企业的产权、高管的不同特征，提高企业乡村振兴效果。

（3）为了引起高管对乡村振兴社会责任的重视，建议证监会指导，编制上市公司乡村振兴指数，以便社会大众进行识别、分析。同时对国有企业，建议国资委将乡村振兴社会责任纳入高管绩效考核指标体系。上市公司乡村振兴指数有利于公司高管积极投入乡村振兴行动；国有企业考核乡村振兴社会责任，更有利于国企积极开展乡村振兴活动，履行乡村振兴社会责任。

第 15 章
完善上市公司参与乡村振兴的激励政策

15.1　优化上市公司参与乡村振兴的激励政策

2021 年 4 月 29 日，《乡村振兴促进法》由中华人民共和国第十三届全国人民代表大会常务委员会第二十八次会议通过，公布后自 2021 年 6 月 1 日起施行。实施乡村振兴战略，是新时代做好"三农"工作的总抓手。制定乡村振兴促进法，是贯彻落实党中央决策部署，保障乡村振兴战略全面实施的重要举措；是立足新发展阶段，推动实现"两个一百年"奋斗目标的重要支撑；是充分总结"三农"法治实践，完善和发展中国特色"三农"法律体系的重要成果。制定出台乡村振兴促进法，为全面实施乡村振兴战略提供有力法治保障，对促进农业全面升级、农村全面进步、农民全面发展，全面建设社会主义现代化国家，实现中华民族伟大复兴中国梦具有重要意义。

坚持乡村全面振兴。统筹推进农村经济建设、政治建设、文化建设、社会建设、生态文明建设和党的建设，整体部署促进乡村产业振兴、人才振兴、文化振兴、生态振兴、组织振兴的制度举措。坚持农业农村优先发展。按照干部配备优先考虑、要素配置优先满足、资金投入优先保障、公共服务优先安排的要求，建立健全实施乡村振兴战略的组织保障、资金投入、政策支持等制度政策体系。

国家建立健全农业支持保护体系和实施乡村振兴战略财政投入保障制度，省、自治区、直辖市人民政府可以依法发行政府债券，用于现代农业设施建设和乡村建设。国家综合运用财政、金融等政策措施，完善政府性融资担保机制，依法完善乡村资产抵押担保权能，改进、加强乡村振兴的金融支持和服务。国家支持以市场化方式设立乡村振兴基金，重点支持乡村产业发展和公共基础设施建设。县级以上地方人民政府应当优化乡村营商环境，鼓励创新投融资方式，引导社会资本投向乡村，县级以上人民政府设立的相关专项资金、基金应当按照规定加强对乡村振兴的支持。

地方政府应加快有关农业方面的特色立法，优化上市公司参与乡村振兴的激励政策，因地制宜配套制定乡村振兴方面的地方性法规、规章，将法律确定的重要原则和制度要求等转化为可操作、能考核、能落地的制度措施。

15.2 继续上市公司乡村振兴的融资扶持

融资扶持是国家或政府从资金方面支持企业发展采取的手段，主要包括降低贷款利率、提高贷款额度、延长还款期限、提高企业信用等级等。对乡村振兴的融资扶持则是以财政资金支持为引导、以信贷资金支持为核心、以社会资本参与为新动力，将资金直接投入乡村振兴相关企业，进而导向农村，给乡村振兴注入新的动能。

融资扶持在乡村振兴中具有以下重要意义：

第一，对上市公司的融资扶持可以为乡村产业链提供大规模资金，促进乡村产业振兴。农业产业化发展必然导致产业链延长，只有投入一定规模的资金，打通各个环节的难点、堵点，才能确保产业链保持健康运转。仅靠上市公司一家之力，很难满足产业振兴资源需求，故而需要依靠政府提供的融资扶持。

第二，对上市公司的融资扶持可以分散、转移农业生产中的自然风险和市场风险，以保障行业产出与农民收入。农业极易受各种自然风险、农产品价格、产量周期变化而产生的市场风险的影响。上市公司需要寻求更优质的融资途径去规避、转移这些风险，比如借助农产品期货、期权等金融衍生手段，利用其锁定价格的功能来避免市场波动给农产品造成的直接冲击。

第三，对上市公司的融资扶持有利于推动以创新为主体的乡村振兴发展。新时代的乡村振兴发展方式从传统的资源驱动、要素驱动、人力驱动向科技驱动、创新驱动转变。新技术的研发需要大量资金，离转化为实际生产力还存有差距，政府应当通过融资扶持与上市公司共同承担先期风险，鼓励创新创造。

继续上市公司的融资扶持可以从以下几个方面入手：

一是完善乡村振兴融资的金融支持体系，并综合运用信贷、农业补贴贴息、税收优惠等政策，逐步建立一套合理鼓励和严格限制有机结合的宏观政策体系；打造更加完备的农村金融生态体系。完备的乡村金融业生态是融资助力乡村振兴的重要基石，既要解决好"硬件"问题，强化金融基础设施建设，也要解决好"软件"问题，妥善处理信息不对称、金融服务不到位等现有矛盾。

二是健全与乡村振兴融资相适应的保障机制。做好政策协同配合，进一步健全和完善农村金融服务政策的综合协调体系。继续强化各政府部门统筹协调能力，由各级地方人民政府引导，加强农村与财政、银行等部门的协调合作，做到政策信息的资源共享互通。

三是充分发挥金融机构在融资中的重要作用。例如可以持续发挥农村信用社在乡村振兴中的作用，推进农业农村现代化与做好"三农"工作，在此过程中，农村信用社的力量不可忽视。农村信用社要在增加自身资金实力和风险抵御能力的同时，不断提高服务乡村振兴的质量。

15.3　稳定上市公司乡村振兴的税收优惠

税收优惠是国家为了一定时期政治、经济和社会发展总目标，运用税收政策在法律或行政法规中对某一部分特定企业给予减轻直至免除税收负担的一种措施。为企业提供税收优惠是助力实现乡村振兴的重要政策法宝。

税收优惠的基本意图就是要鼓励特定资本的形成与积累。对于企业来说，政策是发展的晴雨表，由于缺乏对未知技术和市场的足够信息以及资本时间等因素，使得企业的投资行为具有不确定性，但政府通过税收优惠政策进行激励，可以引导企业进行产业结构的调整，进而降低企业成本、提高预期收益。具体来说：一方面，在特定方面的税收优惠政策能够降低企业生产经营的成本。另一方面，税收优惠政策能够提高企业预期收益。在既定的市场风险条件下，企业往往追求较高的期望报酬率，而税收优惠能够扣除或者按一定比例减免税务支出，有利于降低企业战略创新风险，提高企业预期收入。

在政策、资本、人才、科技等资源要素中，政策是最核心的要素，而税收优惠政策又是国家政策的重要组成部分，是支持全面推进乡村振兴的最直接、最有效措施之一。用好税收优惠政策将会促进乡村振兴的发展，具体地说，应从以下三个方面着手：

一是加强"顶层设计"，做好新旧税收优惠政策的衔接。在脱贫攻坚过程中，国家陆续出台了六大类 110 项支持脱贫攻坚税收优惠政策，涉及多个领域和多个税种，涵盖支持贫困地区基础设施建设、推动涉农产业发展、激发贫困地区创业就业活力等诸多方面。进入新时期，全面推进乡村振兴发生新变化，面临新挑战，税收政策需要更加贴合实际，做好新旧税收政策的衔接对巩固拓展脱贫攻坚成果同乡村振兴有效接轨有重要意义。

二是完善法律法规，建立与乡村振兴相匹配的政策机制。从《乡村振兴战略规划》到《中国共产党农村工作条例》，再到《乡村振兴促进法》，搭建了乡村振兴制度框架和政策体系的"四梁八柱"，为全面实施乡村振兴战略提供了强有力的法治保障。在此基础上，及时把脱贫攻坚以及乡村振兴实践中的好做法和好经验依据法定程序上升为制度，构建新的税收政策体系，形成长期稳定的税收政策机制，为实施乡村振兴战略提供税收政策支撑。同时修订和完善已有的支持乡村振兴的税收政策，加速政策落地，确保各方面有法可依、有据可循，充分发挥税收政策优势助推乡村全面振兴。

三是用好政策工具，充分发挥税收政策的调节作用。税收具有调节经济的重要职能。用好用足税收优惠政策，"自上而下，一把尺子，一个口径"落实税费优惠政策，以税惠农、以税助农、以税兴农，充分发挥税收政策的调节作用以及溢出效应，进一步激发乡村振兴的内生动力和发展活力；要坚持依法组织税费收入与落实减税降费措施两并重。按照法规政策的要求，不该收的坚决不收，该收的一分不少，维持健康长效的税收政策工具。

第 16 章
提升上市公司参与乡村振兴的
实施效果

16.1 确权现有扶贫资产

2022 年 3 月 31 日《中国减贫四十年：驱动力量、借鉴意义和未来政策方向》报告发布会上，财政部副部长余蔚平表示，脱贫攻坚 8 年期间中央财政累计投入 6601 亿元，今后将持续强化对于乡村振兴的政策供给与投入保障。财政部持续加强基本民生保障，推动幼有所育、学有所教、劳有所得、病有所医、老有所养、住有所居、弱有所扶。2012~2021 年的十年间，全国一般公共预算中，教育支出从 2.12 万亿元增长到 3.82 万亿元，文化旅游体育与传媒支出从 2268.35 亿元增长到 4179.88 亿元，社会保障和就业支出从 1.26 万亿元增长到 3.44 万亿元，卫生健康支出从 8058 亿元增长到 18659 亿元，人民群众生活水平显著改善，获得感、幸福感、安全感大大增强。

脱贫攻坚 8 年期间，切实加强扶贫资金管理，扎实推进定点扶贫工作，引导、带动行业和社会帮助，中央、省市县财政专项扶贫资金累计投入近 1.6 万亿元，其中中央财政累计投入 6601 亿元。乡村振兴是中国农村迈向共同富裕的必由之路，将坚持农业农村优先发展，谋划好、落实好财政支持乡村振兴的工作任务和政策措施，持续强化投入保障，坚决保障粮食等重要农产品的供给安全，扎实有序推进乡村发展、乡村建设、乡村治理重点工作。

政府和全社会为脱贫攻坚投入了上千亿的各路资金和物资，保障了农村贫困人口的脱贫攻坚工作成效，取得了决定性胜利。但是这些资产和项目投入完成后，必须加强扶贫项目资产后续管理，确保扶贫项目在巩固拓展脱贫攻坚成果、接续全面推进乡村振兴中持续发挥效益。

坚持中央统筹、省负总责、市县乡抓落实的工作机制，坚持精准方略，在巩固拓展脱贫攻坚成果同乡村振兴有效衔接框架下，按照现有资产管理制度及农村集体产权制度改革等要求，建立健全扶贫项目资产的长效运行管理机制，确保项目资产稳定良性运转、经营性资产不流失或不被侵占、公益性资产持续发挥作用，为巩固拓展脱贫攻坚成果、全面实现乡村振兴提供更好保障。

结合农村集体产权制度改革，按照"谁主管、谁负责"的原则，稳妥推进符合条件的扶贫项目资产确权登记，做好资产移交，并纳入相关管理体系。对经营性资产，根据资金来源、受益范围、管理需要等明确权属，尽可能明确到获得收益的个人、村集体经济组织等。难以明确到个人的扶贫项目资产，原则上应明确到村集体经济组织，纳入农村集体资产管理范围，并按照农村集体产权制度改革要求有序推进股份合作制改革。对公益性资产，项目建成后应及时办理移交手续，按照行业相关要求进行确权和管理。到户类资产归农户所有。对属于不动产的，依法办理确权登记。

扶贫项目资产按经营性资产、公益性资产和到户类资产进行管理。经营性资产主要为具有经营性质的产业就业类项目固定资产及权益性资产等，公益性资产主要为公益性基础设施、公共服务类固定资产等，到户类资产主要为通过财政补助等形式帮助贫困户发展所形成的生物性资产或固定资产等。对党的十八大以来使用各级财政资金，地方政府债券资金，东西部协作、社会捐赠和对口帮扶等投入形成的扶贫项目资产进行全面摸底，分类建立管理台账，重点是经营性资产和公益性资产。各级财政扶贫资金（含财政专项扶贫资金、统筹整合财政涉农资金、彩票公益金、东西扶贫协作资金、用于支持脱贫攻坚的政府债券等）、社会扶贫资金投入形成的资产，不包括易地扶贫搬迁项目建设形成的资产；鼓励将行业扶贫资金投入形成的资产纳入管理范围。对 2016 年以前形成的扶贫资产，要尽可能追溯资产状态、厘清权属关系、做好资产登记，在清产核资基础上纳入扶贫资产管理。对扶贫资产资本变动、收益分配情况及时进行补充登记，做到钱物平衡。

全面排查摸清扶贫资产底数，扶贫项目竣工验收后，项目实施主体及时向扶贫资产所有者办理资产交接手续，资产所有者及时办理扶贫资产确权登记。在确定权属基础上，对已形成的扶贫资产应纳尽纳、应登尽登，建立健全扶贫资产管理台账，确保不漏一物、不缺一项。资产登记内容包括资产名称、类别、购建时间、预计使用年限、规格数量、原始价值、资金来源构成、实施单位、收益分配及资产处置等信息。规范资产分类，按照经营性资产、公益性资产和到户类资产三个类别进行登记管理。

根据扶贫资产项目的资金构成和组织实施单位确定扶贫资产权属。到户类扶贫资产原则上归属于农户；各级组织实施的单独到村项目形成的资产纳入村集体管理，产权归属于村集体；跨村实施的项目原则上由乡级统筹，将权属量化到村集体，也可归属于国有资产；跨乡实施的项目原则上由县级统筹，将权属量化到乡到村集体，也可归属于国有资产。整合后的行业扶贫领域资产原则上按照行业相关要求进行确权和管理。对于产权无法清晰界定的，由县级人民政府按照相关规定和项目实际情况，确定产权归属。

行业主管部门实施的扶贫项目形成的资产，由县人民政府授权行业主管部门完成确权登记；乡镇实施的扶贫项目形成的资产，由县人民政府授权乡镇确权登记。扶贫资产确权采取"先试点、后普及"的方式，晴隆、安龙两县要全力做好扶贫资产确权试点，为扶贫资产确权提供切实可行的、可复制的经验，其他县（市、新区）也要积极探索，逐步推进扶贫资产确权。资产确权要围绕资产形成进行清查评估，颁发产权证书，明晰资产权属。

扶贫资产确权对上市公司加强后期管理、核算、分配都具有重要的实际意义，特别是上市公司扶贫投入分为教育扶贫投入、医疗扶贫投入、产业扶贫投入、社会扶贫投入等细项，有的具有捐赠性质，有的具有投资性质，明确确权有助于强化后期资产管理、抓资产效益。

16.2　巩固利益连接机制

16.2.1　巩固利益连接机制

根据扶贫项目资产特点，明确产权主体管护责任，探索多形式、多层次、多样化的管护模式。对经营性资产，要加强运营管理，完善运营方案，确定运营主体、经营方式和期限，明确运营各方权利义务，做好风险防控。各地可根据实际，探索实行集中统一管护。管护经费根据运营方案原则上从经营收益中列支。对公益性资产，要加强后续管护，完善管护标准和规范，由相应的产权主体落实管护责任人和管护经费。可通过调整优化现有公益性岗位等方式解决管护力量不足问题，优先聘请符合条件的脱贫人口参与管护。属于村集体的公益性资产管护经费，可由村集体经营收益、地方财政资金统筹解决。落实受益群众责任，引导其参与管护和运营。对到户类资产，由农户自行管理，村级组织和有关部门要加强指导和帮扶，使到户扶贫项目资产更好地发挥效益。

扶贫资产归属国有资产的按照国有资产管理规定进行管理；产权归属村集体所有的按照农村集体"三资"管理规定进行管理；产权归属到户类资产由农户自行管理，村集体要加强监督指导。全面落实扶贫资产管护责任，明确管护主体和责任人，项目实施单位要与管护主体签订扶贫资产管护责任书，鼓励探索多形式、多层次、多样化的管护模式。公益性资产由相应的产权主体落实管护责任人，可通过开发公益岗位等方式解决管护力量不足问题，优先吸纳低收入家庭劳动力参与扶贫资产管护。经营性资产要明确运营各方权利义务、经营责任、管护责任、绩效目标、股权的退出和处置方式等，确保扶贫资产保值增值；权属明确给村级的经营性资产由村集体经济组织负责经营，经营方式包括自主经营、委托经营、合作经营、承包或租赁经营等多种方式，采取民主决策程序，确定经营方式，属于政府采购、招投标管理范围的，执行相关法律、法规及制度规定。专业性较强的扶贫资产可通过购买服务形式进行管护。扶贫资产管护费用优先从经营收益中列支，对无经营收益的公益性扶贫资产，由受益地乡级人民政府和村集体进行管护。

入股企业、成立合作社、建设扶贫产业加工厂等，在立项之初大都确定了收益分配方案：在脱贫攻坚期内，所得收益部分用于贫困户分红，部分充作村集体资产；脱贫攻坚结束后，所得收益用作村里公益基金或者村集体资产。

扶贫资产收益要先落实到村集体，由村集体负责分配使用。按照"村提方案、镇级审核"的流程，以村为单位研究提出的扶贫资产收益分配使用方案，经村内公示后，报经镇级审核同意后实施并在村内公告。扶贫资产收益到村集体账户后，要在一个扶贫年度内制订分配方案并实施。对项目实施方案确定的帮扶对象，在制订收益分配使用方案时，可根据巩固拓展脱贫攻坚成果与乡村振兴有效衔接情况适当进行调整。扶贫资产收益除重点用于帮扶老弱病残缺乏劳动能力等脱贫不稳定人口外，还可用于设立村内扶贫专岗、公益岗位、就业虚拟岗位，奖励补助，发展村级公益事业等，激发贫困群众脱贫发展内生动力。对因病因灾因学因意外等出现生活困难列入即时帮扶范围的农户家庭，可使用扶贫资产收益进行即时帮扶解困，防止返贫和新致贫。加强对扶贫资产收益资金的监管，收益分配要留有余地、不分光吃净，严禁新的简单发钱发物，一分了之、一股了之的做法。

16.2.2 做好相关收益收入的分配

利益收入核算也可以帮助上市公司更加精准地把握扶贫对象的需求以及扶贫项目的效果和进展情况，有效监测和评估投入资产的使用情况和效益，能够根据实际情况及时调整和优化扶贫项目的运营策略和措施，并在此基础上提高实效性和可持续性。

首先，需明确相关利益收入核算的具体指标体系。利益收入的核算需要明确利益收入的类型、数量和价值，并对相应的扶贫项目的收益进行量化和分析。比如，可以对扶贫对象的生产生活条件、收入增长、教育程度、生活必要支出等多个方面进行核算，制定合理的核算指标体系。

其次，可以建立相应的利益收入核算平台。利益收入的数据核算需要依托数据平台，将各项数据进行收集、整合和分析，横向和纵向比对扶贫项目的收益情况，借助数据平台良好的分析能力、安全性、准确性和实时性，便于上市公司及时了解扶贫项目的收益情况，以便做出调整与优化。

最后，出于监管的目的，还可以定期发布扶贫项目利益收入核算的报告。核算报告应该包括扶贫项目的投入、收益、效益、增长率等多方面信息，以便于上市公司和相关利益方了解和监督扶贫项目进展的情况和效果。

总之，开展相关收益核算是巩固上市公司利益连接机制的重要手段，可以为上市公司在精准扶贫过程中提供有力的保障和支持。在乡村振兴的过程中，通过收益核算，可以更直观地把握农村资源利用的情况和效果。还可以针对不同的资源特点，制订相应的资源配置方案，推动农村资源的有效开发和利用，提高资源利用的效率，从而帮助提升农村经济效益，了解自身公共服务的供给情况和质量，进一步推进农村公共服务的优化升级。在乡村振兴的过程中，收益核算可以为各类农村发展项目的实施提供有力的保障和支持，加强上市公司与农村群众的利益联系，推动乡村振兴的顺利实施。

16.3 公开振兴项目清单

脱贫攻坚目标任务完成后，自摘帽之日起设立五年过渡期，贯彻落实摘帽不摘政策、不摘责任、不摘帮扶、不摘监管的要求，持续巩固拓展脱贫攻坚成果，建立"一平台三机制"，加强巩固拓展脱贫攻坚成果同乡村振兴有效衔接，全面推进乡村振兴。按照中央统筹、省负总责、市县抓落实的工作机制，建立完善与贫困县涉农资金统筹整合使用和资金项目审批权限下放相适应的项目管理制度，贫困县编制和建立巩固脱贫攻坚成果和乡村振兴项目库，保证资金使用精准安全高效。

上市公司参与乡村振兴，可以对接各县公开的巩固脱贫攻坚成果和乡村振兴项目库清单，选择合适的项目，开展乡村振兴工作。例如以云南省龙陵县为例。龙陵县于 1994 年被确定为国家级贫困县，2012 年被确定为新阶段国家扶贫开发工作重点县，全县共有 80 个贫困村（其中深度贫困村 21 个），建档立卡人口 15737 户 64539 人。2019 年 2 月中旬，顺利通过省级第三方专项评估检查，4 月 30 日，省委、省政府正式批准龙陵县退出贫困县序列。截至 2020 年底，80 个贫困村全部出列、所有建档立卡贫困户全部脱贫退出。但由于资源优势不突出、产业发展不平衡、基础设施建设薄弱、农村劳动力受教育程度低、因病因灾等因素制约，区域发展不平衡、收入差距加大、贫困代际传递、致贫返贫等问题不同程度持续存在。截至 2022 年 11 月，按照监测标准，全县仍有未消除风险 1041 户 3171 人。县党委政府对此高度重视，及时召开专题会议，及时组织县、乡、村三级挂包单位人员、驻村工作队员进行了认真的入户走访调查、研究编制，汇总成龙陵县 2023 年度巩固拓展脱贫攻坚成果和乡村振兴项目库目库（实施方案），项目库共涉及 10 个乡镇、121 个村（社区），建设内容包括产业发展、乡村建设、"三保障" 3 个部分。项目实施周期为一年。

2023 年围绕农业高质高效、乡村宜居宜业、农民富裕富足目标，支持脱贫乡村特色产业发展壮大，以高原特色现代农业为载体，进一步完善乡村产业规划布局，规模发展优势特色产业，培育新型经营主体，强化科技推广，加大政策扶持，提升脱贫地区农户持续增收能力，全面推进乡村振兴。加快发展高原特色现代农业，强化三产融合发展，力促产业项目进村到户。围绕巩固拓展脱贫攻坚成果同乡村振兴有效衔接，持续推动经济社会发展和群众生活改善。加快交通、水利等农村基础设施建设，继续实施农村危房改造和农房抗震改造，实施农村饮用水保障、农村污水治理等项目。按照统筹城乡发展的要求，完善农村基础设施，夯实农业生产基础，改善农村生产生活条件和农村生态环境。2023 年计划实施产业发展项目 62 个，计划投资 20010.85 万元，其中，申请乡村振兴专项 1370 万元，沪滇协作资金 3200 万元，其他涉农整合资金 395 万元，县级筹措 192.25 万元，企业等其他投入 2483.6 万元。项目库建设目标是脱贫成果全面巩固拓展，攻坚成效进一步提升，乡村振兴全面推进，低收入人口生活水平进一步提高，脱贫出列村和基础薄弱村经济活力和发展后劲明显增强，乡村产业质量效益和竞争力进一步提高，农村基础设施和基本公共服务水平进一步提升，生态环境、人居环境和生产生活条件持续改善，美丽宜居乡村建设扎实推进，乡风文明建设取得显著进展，农村基层组织建设不断加强，农村低收入人口分类帮扶长效机制逐步完善，脱贫群众和低收入群众人均支配收入水平增长幅度高于全省农村平均水平，基本公共服务领域指标接近全省平均水平。

对于这些公示的项目清单，上市公司可以发挥市场、技术、资金和管理优势，协作完成这些项目，持续参与乡村振兴。

第 17 章
强化上市公司参与乡村振兴的
信息披露

17.1 鼓励上市公司披露乡村振兴信息

中国证监会应继续对上市公司履行社会责任、服务国家乡村振兴战略给予支持和鼓励。沪深交易所则应修订发布《关于进一步完善上市公司乡村振兴工作信息披露的通知》和《关于做好上市公司乡村振兴工作信息披露的通知》，并规定上市公司在年度报告全文"重要事项"章节中，充分披露公司年度乡村振兴概要、乡村振兴工作具体成果、后续乡村振兴计划等内容；披露社会责任报告的公司，还应当在社会责任报告中单独、重点披露履行乡村振兴社会责任的情况。鼓励上市公司通过临时报告的形式披露设立乡村振兴产业基金、参加乡村振兴活动、实施乡村振兴投资项目的重大进展等有助于投资者了解上市公司积极履行乡村振兴社会责任的相关信息。

中国上市公司协会在 2022 年 12 月 22 日发布《中国上市公司巩固脱贫攻坚和助力乡村振兴白皮书》，并指出：党的十八大以来，党中央、国务院把脱贫攻坚纳入"五位一体"的总体布局和"四个全面"的战略部署，通过颁布系列重大政策文件，完成了脱贫攻坚的顶层设计，吹响了脱贫攻坚的冲锋号。在此背景下，我国上市公司积极响应国家脱贫攻坚和助力乡村振兴的号召，通过金融扶贫、产业扶贫、消费扶贫、教育扶贫、智慧扶贫、就业帮扶、基建扶贫、生态扶贫、健康扶贫和捐赠扶贫等举措，深入脱贫一线，在脱贫攻坚战中发挥了重要作用。2020 年上市公司披露数据显示，共 1514 家上市公司披露参与了脱贫攻坚和助力乡村振兴系列工作，其中有资金投入的共 1244 家，扶贫投入共 889.98 亿元，在产业扶持、解决就业和金融支持等各方面都取得了显著的成效，但在行业、地区和产权性质等维度还呈现差异化特征。

乡村振兴是党中央、国务院率先提出的战略部署，作为具有中国特色的企业社会责任披露事项，乡村振兴工作将经济与社会、企业与政府紧密联系在一起。早在 2016 年沪深交易所便发布《关于进一步完善上市公司扶贫工作信息披露的通知》和《关于做好上市公司扶贫工作信息披露的通知》，要求上市公司细化披露与扶贫相关社会责任方面信息；同时，随着ESG 理念的影响力扩大，越来越多的上市公司主动发布社会责任报告。在这样的背景下，鼓励上市公司做好关于乡村振兴信息的披露工作，激发企业信息披露的内驱动力，无论是对政府、企业还是社会来说都具有积极意义。

对于政府而言，有利于更好地引导与监管。党的十九大提出了乡村振兴战略，同时确定了农业农村、教育、就业"三个优先"发展的方针，这要求在政府执行乡村振兴工作时要明确重点，抓住矛盾的主要点。在这样的背景下，企业信息披露水平的高低往往决定了与其沟通和对其监督效果的大小。上市公司对乡村振兴信息披露得越多，越有助于政府部署乡村振兴工作资源，避免资源分配浪费，使得政府能够全面、精准了解企业在乡村振兴中的行为表现，及时规范指导上市公司践行企业扶贫社会责任的有效制度。

对于企业而言，有利于自身价值的提升。响应国家战略的同时，为了践行 ESG 理念，企业逐渐加大对社会责任的关注。企业对社会责任信息的披露可以让利益相关者们充分了解企业的文化、价值观和社会责任感，提升企业的社会形象，给产品品牌增加与同类企业的识别度，增加消费者的认同感，打造广泛的市场口碑。可以让投资者了解更多关于公司的非财务信息，突出的企业社会责任业绩能够增强投资者对企业的信心。体现出企业的可持续发展能力，有助于提升企业的市场价值。此外，扶贫信息的披露使得对当地经济发展做出贡献的企业往往能够获得政府在政策、税收、财政等方面的支持。有助于企业降低在当地投资发展的政治壁垒。

对于社会而言，有利于实现社会的稳定健康发展。企业将自身利益对齐社会总福利，通过绿色投资、雇佣就业、社区参与等行为巩固拓展脱贫攻坚成果，带动农民就业增收，解决农民的就业和收入问题。并且企业的精准帮扶有助于加快构建现代农业产业体系、生产体系、经营体系。

17.2　做好上市公司乡村振兴宣传

17.2.1　评选上市公司乡村振兴优秀案例

在巩固脱贫攻坚成果和助力乡村振兴战略的总体布局里，上市公司作为其中一支重要的力量，秉承乡村区域特点与企业资源优势，采用"输血"与"造血"的双重模式，我国形成了具有特色的上市公司帮扶模式。这样的模式无论是对脱贫地区拉动投资、促进就业还是优化营商环境、推动产业化发展都贡献了力量。上市公司的努力为打赢脱贫攻坚战，推进乡村产业的可持续、高质量发展起到关键作用。在新发展格局下乡村振兴的实践路径应当是协同发展，这需要落实乡村自身之间以及城乡之间的协同合作。而在这之间的协调发展中，上市公司的精准帮扶起到重要调节作用。

中国上市公司协会在各地上市公司协会的支持下，发布了《上市公司乡村振兴最佳实践案例》，该案例收录了 111 家上市公司在巩固脱贫攻坚和助力乡村振兴方面的好的经验和做法，期望通过《案例》的发布，引导更多社会力量更加积极地履行社会责任，为巩固脱贫攻坚成果、推动乡村高质量发展、实现共同富裕做出更大的贡献。为展示上市公司在巩固脱贫攻坚成果和全面推进乡村振兴所作出的积极贡献，中国上市公司协会自2021 年 11 月起开展了上市公司乡村振兴案例的征集。经过层层选拔和专家评审，山西证券"智惠雨露"教育帮扶项目从数百个案例中脱颖而出，成为 110 家入选《上市公司乡村振兴优秀实践案例》的上市公司之一。为此，中国上市公司协会应当每年评选一次上市公司乡村振兴优秀实践案例，鼓励更多上市公司参与乡村振兴。

评选上市公司优秀乡村振兴案例主要作用包括以下几方面：

（1）直观展示社会层面在响应全面建设小康社会，大力发展乡村经济，实现乡村振兴所做出的贡献。是一股重要力量，是全社会共同行动参与的一项任务。

（2）对企业在乡村振兴上所作的贡献给予肯定有助于激发企业在社会责任层面的自觉性。让更多的市场参与者看到这类企业的社会责任心，有助于培养其口碑，企业意识到这样的多赢局面便能继续推进其在乡村振兴产业领域的投资投入。

（3）有助于起到示范引领作用，让更多上市公司受到启发参与到乡村振兴建设中来；通过评选出的优秀案例，可以使其他企业了解其参与项目的价值点与相关产业的发展潜力，有助于带动更多的助农项目与相关产业投资成功落地。

（4）通过评选出的优秀案例可以进一步指导其他企业，使其在参与乡村振兴战略时能够找到可操作、可改进的抓手和着力点，通过了解优秀案例企业的策略与机制做到取长补短。

（5）同样也是对政府工作的一种逆向反馈，加快其建立帮扶长效机制，并更好地制定政策与分配资源实现乡村振兴。

17.2.2 塑造上市公司乡村振兴的典型人物

为鼓励上市公司参与乡村振兴，需要塑造上市公司乡村振兴的典型人物。例如农业农村部表彰的一批全国农业农村系统先进集体和先进个人，或者各省、市、区政府开展乡村振兴先进集体和先进个人评选活动，有关部门应组织开展类似塑造上市公司乡村振兴的先进人物活动。例如，表彰先进，弘扬正气，进一步激励农业农村系统广大干部职工新时代新担当新作为，凝心聚力投身"三农"事业，深入实施乡村振兴战略，加快推进农业农村现代化，农业农村部决定 2019 年评选表彰一批全国农业农村系统先进集体和先进个人。

在乡村振兴大背景下，媒体的人物报道应该贴近乡村、贴近基层，塑造出生动形象的典型人物，发挥出积极向上、感染读者、弘扬主流价值观的力量。尤其对于传统媒体来说引领舆论、传播积极向上的一面是其主要职能，其中一项重要内容就是对典型人物的报道。

通过塑造上市公司乡村振兴典型人物：

（1）起到示范作用。通过典型人物来展示传达当下国家在脱贫攻坚的坚定信念。依靠上市公司乡村振兴典型人物的旗帜作用，展现出上市公司在参与精准扶贫与全面参与乡村振兴工作中的生力军作用。明确在乡村振兴战略中，上市公司未来仍将处于重要位置。

（2）为大家树立好的榜样，典型人物的事迹与经历为全面推进乡村振兴提供了宝贵经验。切实耕耘于农业乡村的典型事例与人物传记经历的表现形式，更容易引发社会与广大群众共情。这也使得无论是在传统媒体还是新媒体平台，通过塑造乡村振兴典型人物能够引发社会的关注，从而为整个乡村振兴建设添动力。

（3）有助于激发上市公司内驱动力，无论是在企业顶层的政策制定者还是基础的辛勤耕耘者，都可以通过典型人物汲取精神力量，达到以点带面，以面带全局的效果，进而激励整个企业活力继而为乡村振兴建设提供支持。

17.3　监督上市公司参与乡村振兴的信息披露质量

上市公司在年度报告、社会责任报告或 ESG 报告中披露其参与乡村振兴信息，但要监督其乡村振兴信息的披露质量，即上市公司参与乡村振兴信息的真实性等。

对于企业而言，特别是上市公司，不管出于经济动机，还是利己主义，其乡村振兴投入金额的真实性、吸纳贫困人口就业的准确性，以及这些企业是否按规定享受国家金融优惠贷款政策、因贫困人员就业的补贴政策、国家税收优惠政策，都需要国家审计加以监督确认。目前对于国有企业乡村振兴审计可以通过财务收支审计、经济责任审计等形式对国有企业参与乡村振兴情况进行审计，但是较少有对非国有企业乡村振兴情况的审计。2021年新修订的《审计法》规定：审计机关能够"对其他关系国家利益和公共利益的重大公共工程项目的资金管理使用和建设运营情况"以及"社会捐赠资金以及其他公共资金的财务收支"进行监督。因而乡村振兴审计应覆盖非国有企业乡村振兴情况的审计，但在实践中较少开展。

参与乡村振兴的企业既包括国有企业，又包括非国有企业。国有企业可以通过国有企业财务收支审计、国有企业领导干部经济责任审计等方式来实现对其参与乡村振兴情况的审计。而非国有企业参与乡村振兴情况进行审计，则没有明确规定。但是这些非国有企业确实通过多种方式参与了乡村振兴，同时享受了乡村振兴的金融贷款优惠、税收优惠以及贫困人口就业补贴等政策，并且上市公司可在企业社会责任报告中披露这些乡村振兴情况，这些政策落实情况都需要进行审计监督。并且依据2021年新修订的《审计法》，对于涉及国家利益、公共利益的非国有资源，可以进行国家审计。因而各级审计机关可以对非国有企业参与乡村振兴情况进行跟踪审计。

乡村振兴领域的审计仍存在薄弱环节，主要是审计力量薄弱，履职尽责不到位。审计监督事项较多、任务繁重，致使乡村振兴领域审计主要依赖于上级统筹安排，审计监督的力度偏弱，存在几年或多年审计一次的问题，而且从审计的资金、项目和对象来看审计覆盖面较窄，有部分村、部分项目、部分上市公司没有覆盖到，成了审计盲区和死角。

对此，地方审计机关可以将乡村振兴审计的查证业务外包给上市公司内部审计机构或社会审计机构，委托开展包括上市公司在内的乡村振兴审计，但最后审计决定权、处罚权还是保留在地方审计机关手中。

参 考 文 献

[1] 包军军. 旅游扶贫效应研究 [D]. 兰州: 西北师范大学, 2015.

[2] 戴亦一, 潘越, 冯舒. 中国企业的慈善捐赠是一种"政治献金"吗? ——来自市委书记更替的证据 [J]. 经济研究, 2014, 49 (2): 74 - 86.

[3] 董家丰. 少数民族地区信贷精准扶贫研究 [J]. 贵州民族研究, 2014, 35 (7): 154 - 157.

[4] 杜世风, 石恒贵, 张依群. 中国上市公司精准扶贫行为的影响因素研究——基于社会责任的视角 [J]. 财政研究, 2019 (2): 104 - 115.

[5] 付晓亮, 唐嘉玲. 农业保险对精准扶贫的作用与效应分析——以四川省为例 [J]. 山西农经, 2018 (20): 25 - 26.

[6] 黄承伟, 覃志敏. 论精准扶贫与国家扶贫治理体系建构 [J]. 中国延安干部学院学报, 2015, 8 (1): 131 - 136.

[7] 胡伟, 龙珍妮, 胡顺义. 《环境保护税法》实施的短期市场效应分析 [J]. 财会月刊, 2018 (20): 56 - 62.

[8] 贾雨佳. 精准扶贫水平与利润相关性研究——基于 A 股上市公司的经验证据 [J]. 行政事业资产与财务, 2018 (15): 36 - 38.

[9] 贾明, 张喆. 高管的政治关联影响公司慈善行为吗? [J]. 管理世界, 2010 (4): 99 - 113 + 187.

[10] 李会琴, 侯林春, 杨树旺等. 国外旅游扶贫研究进展 [J]. 人文地理, 2015, 30 (1): 26 - 32.

[11] 刘建生, 陈鑫, 曹佳慧. 产业精准扶贫作用机制研究 [J]. 中国人口·资源与环境, 2017, 27 (6): 127 - 135.

[12] 吕林欣. 扶贫背景下的山西乡村旅游产业链优化研究 [D]. 太

原：山西财经大学，2017.

[13] 刘伟，韩喜艳．社会资源参与精准扶贫的动机与激励路径研究 [J]．潍坊学院学报，2019，19（1）：18－25，29.

[14] 李祥．旅游扶贫理论与实证研究 [D]．上海：华东师范大学，2017.

[15] 潘越，翁若宇，刘思义．私心的善意：基于台风中企业慈善捐赠行为的新证据 [J]．中国工业经济，2017（5）：133－151.

[16] 苏畅．"精准扶贫"中财政政策效应的实证分析——基于对贫困人口经济帮扶视角的研究 [J]．经济与管理评论，2018，34（6）：133－142.

[17] 山立威，甘犁，郑涛．公司捐款与经济动机——汶川地震后中国上市公司捐款的实证研究 [J]．经济研究，2008，43（11）：51－61.

[18] 谭果林，王小林．透视"府谷现象"——对陕西省府谷县民营企业参与扶贫开发的思考 [J]．创新科技，2009（6）：17－19.

[19] 王思铁．"十三五"时期四川脱贫攻坚构想 [J]．党政研究，2016（1）：22－28.

[20] 汪三贵，郭子豪．论中国的精准扶贫 [J]．贵州社会科学，2015（5）：147－150.

[21] 唐丽霞，罗江月，李小云．精准扶贫机制实施的政策和实践困境 [J]．贵州社会科学，2015（5）：151－156.

[22] 许年行，李哲．高管贫困经历与企业慈善捐赠 [J]．经济研究，2016，51（12）：133－146.

[23] 谢飞．我国上市公司大股东增持、减持动机及市场效应研究 [D]．南昌：江西财经大学，2013.

[24] 张琦．企业参与扶贫开发的机理与动力机制研究——以陕西省"府谷现象"为例 [J]．中国流通经济，2011，25（4）：58－63.

[25] 张侨．旅游扶贫模式和扶贫效应研究——基于海南省贫困地区的调查数据分析 [J]．技术经济与管理研究，2016（11）：124－128.

[26] 庄天慧，陈光燕，蓝红星．精准扶贫主体行为逻辑与作用机制研究 [J]．广西民族研究，2015（6）：138－146.

［27］朱文胜．金融精准扶贫理论探讨与实践探索——兼论黄冈大别山模式构建与功能拓展［J］．金融经济，2017（2）：14－17.

［28］朱文胜．扶贫小额信贷创新发展研究——基于黄冈大别山扶贫开发重点县案例［J］．金融理论探索，2018（3）：45－55.

［29］章元，李全，黄露露．习近平精准扶贫论述的理论基础［J］．毛泽东邓小平理论研究，2019（2）：20－27，107.

［30］张正勇．产品市场竞争、公司治理与社会责任信息披露——来自中国上市公司社会责任报告的经验证据［J］．山西财经大学学报，2012，34（4）：67－76.

［31］余欣荣．特色产业扶贫重在"精准"［J］．行政管理改革，2016（4）.

［32］刘建生，陈鑫，曹佳慧．产业精准扶贫作用机制研究［J］．中国人口资源与环境，2017（6）.

［33］王丽，王太利．美国农村产业扶贫的经验和启示［J］．现代农业科技，2009（2）：16－18.

［34］姜一凡．建设中国现代农业的思路和实践［M］．北京：中国农业出版社，2009：21.

［35］刘海棠．国内外农村产业扶贫模式与启迪［J］．青海草业，2007（3）：25.

［36］柏振忠．我国农村产业扶贫模式建设与完善的路径分析［J］．科学管理研究，2017，28（5）：16－18.

［37］盛明．无锡市锡山区一村一园农村产业扶贫模式研究机［J］．江苏农业科学，2011（6）：16－20.

［38］刘北桦，詹玲．农业产业扶贫应解决好的几个问题［J］．中国农业资源与区划，2016（3）：1－4.

［39］马良灿．农村产业化项目扶贫运作逻辑与机制的完善［J］．湖南农业大学学报（社会科学版），2014（6）：10－14.

［40］凌静秋，赵禹骅．产业扶贫到户：新阶段扶贫攻坚的重中之重［J］．桂海论丛，2014（6）：124－127.

［41］谭英俊. 重构社会资本：新时期创新农村扶贫开发机制的逻辑选择 ［J］. 求实，2016（4）：81 － 87.

［42］马铃，万光华. 为什么贫困农户种植业收入低下 ［J］. 农业技术经济，2012（5）：4 － 13.

［43］陈光燕，庄天慧，杨浩. 连片特困地区农业科技服务减贫成效影响因素分析——基于四川省 4 县农户的调研 ［J］. 科技管理研究，2015（18）：100 － 105.

［44］许佳贤，谢志忠，苏时鹏等. 科技扶贫过程中利益相关主体的博弈分析 ［J］. 中南林业科技大学学报（社会科学版），2011（4）：68 － 70.

［45］郭劲光，高静美. 我国基础设施建设投资的减贫效果研究：1987 － 2006 ［J］. 农业经济问题，2009（9）：63 － 71.

［46］鞠晴江. 道路基础设施、经济增长和减贫—基于四川的实证分析 ［J］. 软科学，2016（6）：52 － 55.

［47］单德朋，郑长德. 经济发展方式贫困减缓效应的微观机制与影响因素述评 ［J］. 经济问题探索，2018（11）：161 － 166.

［48］郭建宇. 农业产业化扶贫效果分析——以山西省为对象 ［J］. 西北农林科技大学学报（社会科学版），2010（4）：20 － 26.

［49］程名望，Jin Yanhong，盖庆恩等. 农村减贫：应该更关注教育还是健康？——基于收入增长和差距缩小双重视角的实证 ［J］. 经济研究，2014（11）：130 － 144.

［50］陈聪，程李梅. 产业扶贫目标下贫困地区公共产品有效供给研究 ［J］. 农业经济问题，2017（10）：44 － 51.

［51］阿玛蒂亚·森. 贫困与饥荒 ［M］. 北京：商务印书馆，2001.

［52］林毅夫. 新结构经济学——重构发展经济学的框架 ［J］. 经济学（季刊），2011，10（1）：1 － 32.

［53］李云才. 以产业为抓手实现精准扶贫——关于特色产业精准扶贫的启示与建议 ［J］. 中国合作经济，2016（6）：44 － 47.

［54］邓维杰. 精准扶贫的难点、对策与路径选择 ［J］. 农村经济，

2014（6）：78－81.

　[55] 董佳苹. 阜平县大枣产业扶贫现状及对策研究 [D]. 保定：河北农业大学，2015.

　[56] 韩震. 农业产业化扶贫的政策效果及影响因素研究 [D]. 南宁：广西大学，2015：30－37.

　[57] 孙晗霖. 连片特困地区财政扶贫绩效评价及影响因素研究 [D]. 重庆：西南大学，2016：17.

　[58] 刘北桦，詹玲. 农业产业扶贫应解决好的几个问题 [J]. 中国农业资源与区划，2016（3）：1－4.

　[59] 朱启臻.“柔性扶贫”理念的精准扶贫 [J]. 中国农业大学学报（社会科学版），2017（1）：126－129.

　[60] 王小志. 农村贫困山区扶贫开发的影响因素分析及对策——基于河北省承德市的调查 [J]. 农业经济，2019（5）：9－10.

　[61] 刘静. 新型农业生产经营主体的生产效率研究 [J]. 中国农业资源与区划，2017（1）：157－161.

　[62] 刘北桦，詹玲. 农业产业扶贫应解决好的几个问题 [J]. 中国农业资源与区划，2016（3）：1－4＋175.

　[63] 荀关玉. 云南乌蒙山片区农业产北化扶贫绩效探析 [J]. 中国农业资源与区划，2017（1）：193－198.

　[64] 覃志敏. 连片特困地区农村贫困治理转型：内源性扶贫——以滇西北波多罗村为例 [J]. 中国农业大学学报，2015，32（6）：5－11.

　[65] 庄丽娟. 我国农业产业化经营中利益分配的制度分析 [J]. 农业经济问题，2000，21（4）.

　[66] 闫磊，刘震，朱文. 农业产业化对农民收入的影响分析 [J]. 农村经济，2016（2）.

　[67] 马丽文. 农业产业化为扶贫拔“穷根”[J]. 中国扶贫，2018（7）.

　[68] 侯军岐. 论农业产业化的组织形式与农民利益的保护 [J]. 农业经济问题，2003，24（2）.

［69］黄承伟，覃志敏．贫困地区统筹城乡发展与产业化扶贫机制创新——基于重庆市农民创业园扶贫案例的分析［J］．农业经济问题，2013，34（5）：51-55.

［70］郭晓鸣，虞洪．具有区域特色优势的产业扶贫模式创新——以四川省苍溪县为例［J］．贵州社会科学，2018（5）：143-150.

［71］周兵，黄显敏，任政亮．民族地区旅游产业精准扶贫研究——以重庆市酉阳县为例［J］．中南民族大学学报（人文社会科学版），2018（1）：85-89.

［72］熊正贤．特色文化产业扶贫的特征分析与绩效问题研究——以武陵山区为例［J］．云南民族大学学报（哲学社会科学版），2017（7）：108-115.

［73］韩斌，孔继君，王婧．我国集中连片特困地区精准脱贫的难点及对策研究——以乌蒙山区为例［J］．江苏农业科学，2018，46（15）：359-362.

［74］李辉婕，胡侦，肖萍等．政府主导下的农村地区产业扶贫实践与路径优化——基于江西省 N 村产业扶贫现状的考察［J］．农林经济管理学报，2018，17（2）：235-244.

［75］修兴高．产业扶贫模式：运行成效、影响因素与政策建议——福建省产业扶贫模式典型案例分析［J］．福建论坛（人文社会科学版），2018（4）：188-194.

［76］Chen S. , Ravallion M. . An update to the World Bank's estimates of consumption poverty in the developing world［M］. Washington, DC: World Bank, 2012.

［77］Lukman Raimi, Innocent Akhuemonkhan, Olakunle Dare Ogunjirin. Corporate Social Responsibility and Entrepreneurship (CSRE): antidotes to poverty, insecurity and underdevelopment in Nigeria［J］. Social Responsibility Journal, 2015, 11 (1).

［78］Martina Wuttke, Arnis Vilks. Poverty alleviation through CSR in the Indian construction industry［J］. Asian Economic Journal, 2007, 12 (2):

67 – 79.

［79］ Fama E. F. . The Behavior of Stock – Market Prices ［J］. Journal of Business, 1965, 38 (1): 34 – 105.

［80］ Ball R. , P. Brown. An empirical evaluation of accounting income numbers ［J］. Journal of Accounting Research, 1968 (6): 159 – 178.

［81］ Daimon T. . The Spatital Dimension of Welfare and Poverty Lessons from a Regional Targeting Programme in Indonesia ［J］. Asian Economic Journal, 2001, 15 (4): 345 – 367.

［82］ Mkondiwa M. , Jumbe C. B. L. , Wiyo K. A. . Poverty – Lack of Access to Adequate Safe fater Nexus: Evidence from Rural Malawi ［J］. Afican Development Review, 2013, 25 (4): 537.

［83］ Nurkse, R. . Problems of Capital Formation in Underdeveloped Areas ［M］. New York. Oxford University Press, 1953.

［84］ Leibenstein, H. . Economic Backwardness and Economic Growth ［M］. New York: John Wiley andSons, Inc, 1957.

［85］ Naschola F. . The Poor Stay Poor, Household Asset Poverty Traps in Rural Semi-arid India ［J］. World Development, 2012, 40 (10): 2033 – 2043.

［86］ Christiaensen L. , Defferent J. , Todo Y. . Urbanization and Poverty Reduction: The Role of Rural Diversification and Secondary Towns ［J］. Policy Research Working Paper Series, 2013, 44 (4 – 5): 435 – 447.

［87］ Townsend P. . Poverty in the Kingdom: A Study of the Household Resource and Living Standard ［M］. London: Allen Lane and Penguin Books, 1979.

［88］ Piketty T. . Capital in the Twenty-first Century ［M］. Bostonr, The Belknap Press, 2014.

［89］ Mughal W. H. . Human Capital Investment and Poverty Reduction Strategy in Pakistan ［J］. Labour and Management in Development, 2007, 7 (4): 1 – 33.

[90] Gounder R. , Xing Z. . Impact of education and health on poverty reduction: Monetary and non-monetary evidence from Fiji [J]. Economic Modelling, 2012, 29 (3): 787 – 794.

[91] Meuwissen, M. . EM, Van Asscldonk, M. A. P. M. , Huime, R. B. M. . Alternative risk financing instruments forswine epidemics [J]. Agricultural Systems, 2013, 75 (2 – 3): 305 – 322.

后　记

　　贫困是人类社会的顽疾，反贫困始终是古今中外治国安邦的一件大事。2013 年党中央提出精准扶贫理念，创新扶贫工作机制。2016 年 9 月 9 日中国证监会发布《关于发挥资本市场作用服务国家脱贫攻坚战略的意见》，明确指出：各上市公司应全面了解、深刻把握习近平扶贫思想引领形成的我国贫困治理新体系及其对于打好精准脱贫攻坚战的指导意义，发挥资本市场和企业自身优势，将精准扶贫工作纳入企业管理工作，强化组织领导，明确责任分工，加大精准扶贫力度，促进企业形象建设。自 2016 年至 2020 年，我国的上市公司参与精准扶贫的程度逐年加深，公司数量从 499 家跃升至 1257 家，年平均扶贫投资金额由 2625 万元增长至 7041 万元，实现脱贫人数由 2016 年的 86.6 万攀升至 2020 年的 512 万人。通过上交所的鼓励引导和上市公司自身的自觉参与，许多上市公司都结合着各自公司业务在贫困地区资源等方面的优势，通过帮扶优势产业、支持教育发展、促进就业扶贫等多种措施，提高了贫困地区自身可持续发展的能力。

　　精准扶贫是打赢脱贫攻坚战的制胜法宝，脱贫摘帽不是终点，而是新生活、新奋斗的起点，乡村振兴是实现中华民族伟大复兴的一项重大任务。乡村振兴既是我国现代化的必由之路，又是实现共同富裕的必然要求。随着乡村振兴战略的进一步推进，农业农村要素资源将进一步盘活，广大上市公司应积极履行社会责任，深刻把握乡村振兴对经济社会发展的重大意义，抓住机遇，挖掘乡村振兴工作衍生的巨大市场空间，不断拓展工作的宽度和深度，将乡村振兴工作与企业自身的 ESG 建设有机融合，实现乡村振兴和上市公司高质量发展的同频共振。参与乡村振兴既是企业拓展发展空间的需要，也是企业履行社会责任促进共同富裕的需要。本书希望为上市公司参与乡村振兴活动提供一定的参考和借鉴。

本书在写作过程中得到了重庆工商大学科研启动项目（中国上市公司精准扶贫行为研究，编号：1955035）的资助，同时本书在出版过程中得到了重庆工商大学优秀学术著作出版基金的资助，在此表示感谢。另外本书还得到重庆工商大学詹学刚副教授和 13 名研究生的大力支持，其中重庆工商大学詹学刚副教授撰写了第 1~4 章，字数约 5.3 万字；重庆工商大学研究生李秋明撰写了第 5 章，约 1.2 万字；重庆工商大学研究生王玉撰写了第 6 章，约 1.3 万字；重庆工商大学研究生何源丰撰写了第 7 章，约 1.5 万字；其他 10 位研究生撰写了后续各章，在此一并表示感谢。由于作者水平所限和研究数据的限制，书中难免存在一些疏漏，恳请大家批评指正。

石恒贵

2024 年 3 月